VOIES DE SAGES

DU MÊME AUTEUR

*Mont Athos*, Albin Michel, 1963. Épuisé.
*Empédocle d'Agrigente*, Éditions Traditionnelles, 1969.
*Littérature française et Pensée hindoue*, C. Klincksieck, 1973/1992. Prix de l'Asie, de l'Académie des sciences d'outre-mer.
*Athos – Voyage à la Sainte-Montagne*, Dervy, 1980.
*Passeports pour des temps nouveaux*, Dervy, 1982.
*Retour à l'Essentiel*, Dervy, 1986.
*Art, gnose et alchimie*, Le Courrier du livre, 1987.
*Trois Tragédies de jeunesse*, Raymond Crès, 1989.
*L'Initiatrice*, Éditions J. Renard – Le Dauphin, 1990.
*La Porte de l'appartement des femmes*, Éditions J. Renard – Le Dauphin, 1991.
*Lettre recommandée aux professeurs malades de l'enseignement*, Éditions du Rocher, 1993.
*Miroir de poésie*, Centre de recherches polypoétiques, 1994.
*Sagesses de la Terre*, Les Deux Océans, 1996.
*Paroles d'urgence*, Terre du Ciel, 1996.

Jean Biès

# VOIES DE SAGES

## Douze maîtres spirituels témoignent de leur vérité

PHILIPPE LEBAUD

10, rue La Vacquerie, 75011 Paris.

ISBN : 2-86645-243-7

# INTRODUCTION

« Quand un livre vous a plu, allez rendre visite à son auteur pour voir s'il met en pratique ce qu'il écrit », m'avait dit le Swāmi Siddheswarānanda [1]. Ce conseil, donné au jeune homme que j'étais, ne m'a jamais quitté. Durant plus de trente ans, tel l'apprenti du Moyen Âge se mettant en chemin pour compléter ses connaissances auprès des maîtres, chaque fois que je me suis senti interpellé par des ouvrages déroutants ou remarquables, je n'ai pas hésité à quitter ma campagne, son silence et sa paix, pour en rencontrer les auteurs. Je dois avouer que si quelques-uns m'ont déçu, d'autres m'ont enthousiasmé. Ce sont eux que nous allons rencontrer ici.

J'ai la passion des rencontres comme d'autres ont celle des dates ou des faits. J'aurais voulu connaître Racine ou Rimbaud pour leur demander les vrais motifs de leur silence. J'aurais aimé interroger Beethoven sur sa *dixième Symphonie*, Tagore dans son arbre de Shantiniketan, Jung dans sa tour onirique de Bollingen, ou saint Séraphim dans son ermitage forestier de Sarov. Mes carnets abondent d'adresses de femmes comme Lou Andréas-Salomé, Isabelle Eberhardt, Alexandra David-Neel. Mais le son de leur voix, depuis longtemps, s'en est allé sans qu'on puisse compter sur la chance de Pantagruel, qui « ouyt parolles dégelées ».

C'est donc bien auprès des vivants qu'il faut se rendre, ou plutôt ceux que je considère comme deux fois nés.

Peut-être y a-t-il eu pure inconscience de ma part ? Spécialiste de rien, j'eus le front d'interroger des spécialistes de haut niveau. Voilà qui est mal considéré en France. C'est passer pour amateur, esprit dispersé, incapable de choisir, que de s'intéresser simultanément à la nonviolence, à l'alchimie, au zen, et – pourquoi pas ? – à la physique quantique. Malheur à qui n'a pas son étiquette ! – Il faut entrer dans une spécialité, n'en plus sortir, entrer dans une « collection » comme dans un cercueil sur mesure, et, toute sa vie, refaire le même livre... Or, j'ai

1. Le Swāmi Siddheswarānanda fut le représentant de la mission Rāmakrishna en France, de 1934 à 1957, date de sa mort.

toujours pensé que l'honnête homme est un « homme mêlé », et que là se tient l'humanisme. Au lieu de myopie garder, il convient d'avoir un large éventail de points de vue en laissant à chacun la possibilité de choisir – ce qui ne signifie évidemment pas qu'on n'ait pas soi-même ses options personnelles, ses préférences, ses certitudes.

Rien n'est plus contestable, en réalité, ni davantage périmé, que cette façon fragmentaire, exclusive, d'opérer, à l'heure de l'holistique et du transdisciplinaire. L'avenir sera précisément dans l'éclatement des cloisons, dans la jonction des disciplines et, d'abord, des religions.

Au reste, être spécialiste de haut niveau, est-ce encore être spécialiste ? Ceux que j'ai approchés me sont plutôt apparus comme des esprits régnant au-delà de leurs catégories : des veilleurs et des éveilleurs, des hommes de rupture, doublant leur pensée d'une vision, des précurseurs, des « phares », des « sentinelles ».

Partis des mêmes constatations : l'insuffisance des références horizontales, l'effondrement de l'ordre extérieur consécutif du chaos intérieur, l'incapacité de la pensée réductrice à maîtriser des paramètres emballés, tous parviennent, selon des démarches, des modalités différentes, aux mêmes conclusions : la nécessité de s'améliorer soi-même, l'urgence de restaurer la priorité de l'être.

Un élément puissant les relie par-delà leur diversité : la situation paradoxale qu'ils occupent au carrefour du christianisme et de l'Orient. Qu'ils aient ou non quitté leur christianisme d'origine, ou n'en aient même jamais fait partie, tous savent que les apports orientaux sont probablement de nature à revivifier et à enrichir un christianisme en crise. (La même ouverture orientale fut celle de Durkheim, d'Eliade, de Corbin, de Merton.) On ne peut ignorer en effet qu'en proposant non pas une religion avec un credo, des dogmes, un rituel, qu'il est loisible à chacun de conserver, mais une sagesse, un mode de vie, l'Orient peut fort bien s'adjoindre à la religion sans se surimposer à elle, sans la faire dévier, ou la détruire. Lanza del Vasto traduit bien cette idée par cette remarque rassurante : « C'est parce que le yôg n'est pas attaché à une religion particulière que je puis m'y exercer sans apostasie. » Marie-Magdeleine Davy, quant à elle, considère que « l'ouverture à l'Orient s'avère indispensable », et que sa connaissance apparaît « primordiale ». C'est que l'une et l'autre semblent seules encore capables de contrebalancer ce matérialisme intensif et omniprésent, et de contribuer à la « formation d'une supra-conscience ».

Il y a d'ailleurs un certain temps que l'Église d'Occident a reconnu la validité de ce qu'elle s'était contentée de traiter de « paganisme » par simple absence d'information et en se dispensant de l'étudier. La

Déclaration sur les relations de l'Église avec les religions non chrétiennes proclame que celle-ci « ne rejette rien de ce qui est vrai et saint dans ces religions... Toutefois, elle annonce, et elle est tenue d'annoncer sans cesse le Christ [1] ».

Certes, le rapprochement avec l'Orient se révèle à double tranchant. Il peut contribuer à accroître la confusion sous l'influence d'un syncrétisme délirant, dont sont porteuses des sectes à divers degrés subversives, et contribuer ainsi à la dissolution du christianisme. C'est ce qui est arrivé à la religion de la Rome antique submergée par le zoroastrisme, les cultes d'Isis et de Mithra et le christianisme lui-même ! Mais ce rapprochement peut être également bénéfique s'il est mené par des femmes ou hommes qualifiés – ceux-là mêmes que l'on trouvera dans ce livre. C'est assez dire qu'un tel travail incombe à une élite désintéressée, étrangère au prosélytisme, douée des qualités intellectuelles et spirituelles requises, d'une largeur de vue suffisante, exempte de toute attitude passionnelle, et informée des doctrines orientales dans leur pure orthodoxie.

L'ultime message de l'Orient ne serait-il pas, après tout, de nous faire redécouvrir les trésors que recèle notre propre tradition occidentale, et que nous nous sommes hâtés d'oublier ? Et si, curieusement, le christianisme oriental éprouve, à l'inverse du catholicisme, et, plus encore, du protestantisme, peu d'attirance – pour ne pas dire aucune – envers l'Asie, ne serait-ce pas tout simplement parce qu'il détient lui-même suffisamment d'éléments *orientaux* pour se dispenser d'aller en chercher ailleurs ? C'est ce qui explique en partie que ne figure pas ici de représentant de Byzance.

Mes choix seront peut-être jugés subjectifs et arbitraires. Il me semble pourtant que mes interlocuteurs sont de nature à retenir l'attention de tous ceux qu'intéresse la vie intérieure. Les questions posées ont été choisies pour qu'elles puissent les concerner.

Parce qu'on ne peut séparer l'homme de sa vie et de son œuvre, chacun de ces entretiens est précédé d'une introduction où la personne interrogée est située : sa vie, son espace, les circonstances de nos rencontres. Chacun est complété en fin d'ouvrage par une bibliographie non exhaustive mais signifiante pour ceux qui voudraient s'informer plus avant de ces personnalités et connaître leurs enseignements. Il convient de souligner que ceux-ci sont pour la plupart occultés par les

---

1. La Déclaration *Nostra aetate* (28 octobre 1965) ne rappelle pas seulement le lien qui relie le peuple du Nouveau Testament à la lignée d'Abraham, ni les valeurs positives de l'islâm. Elle voit aussi dans l'hindouisme des hommes scrutant le mystère divin, et l'exprimant par « la fécondité inépuisable des mythes », et dans le bouddhisme, une voie par laquelle les hommes peuvent acquérir « l'état de libération parfaite ».

médias officiels. Leurs conceptions, en effet, sont radicalement différentes de celles qui façonnent et automatisent la mentalité d'aujourd'hui et qui pensent qu'il est plus opportun de parler des terroristes révolutionnaires que de Gandhi, du fondamentalisme islamique que du soufisme, du *New Age* que de la *Philosophia perennis*.

La pensée de Malraux, brièvement résumée par la phrase célèbre : « Le XXIe siècle sera spirituel ou ne sera pas », concourt cependant à justifier la véracité de son intuition ; et tous ceux dont on fera la connaissance dans ces pages ont en commun, dans ce même état d'esprit, d'avoir sur notre siècle une époque d'avance. Au sein des difficultés et des dangers sans nombre qui nous attendent, leurs paroles, dérangeantes et lucides, seront de plus en plus reconnues comme utiles et nécessaires. J'ai eu à cœur de les conserver avec le respect qu'elles méritent, n'hésitant pas à demander à leurs auteurs de les réviser et de les compléter au besoin, à seule fin d'éviter toute interprétation ou déformation de ma part.

Que tous soient remerciés pour leur accueil, pour leur patience à l'égard de mon indiscrétion et pour l'amitié fraternelle avec laquelle ils ont bien voulu m'éclairer tout au long de ce qu'il faut bien appeler une quête spirituelle.

SHEIKH HĀDJ ADDA BENTOUNÈS

# L'âme de l'islâm

*O Dieu, donne-moi Ton Amour, donne-moi l'amour de celui qui T'aime, donne-moi l'amour de tout ce qui me rapproche de Ton Amour, et fais que je T'aime plus que l'eau fraîche!..*

Parole aux disciples.

*Ces entretiens avec le sheikh Hādj Adda Bentounès ont eu lieu à Tijditt (Algérie) quelques semaines avant sa mort en 1952.*

En 1952 – 1370 de l'hégire : l'apogée de Bertrand du Guesclin et l'anniversaire de mes dix-neuf ans –, j'eus le privilège de rencontrer le vénéré sheikh Hādj Adda Bentounès, éminent éducateur et célèbre savant en Dieu (que Dieu lui accorde Sa grâce unitive et pacifique !). Ces rencontres eurent lieu à Tijditt, près de Mostaganem, dans la *zāwiyah* [1] dont je dirai d'abord quelques mots.

## *Le Jardin de l'Essence*

Cette *zāwiyah* avait été fondée au début du siècle par le sheikh Ahmad al-Alawī (que Dieu illumine son tombeau !), directement relié par les chaînes ininterrompues de transmission initiatique au prophète Muhammad, et fondateur lui-même de la confrérie Al-Alaouiah. C'est dire qu'on était ici au cœur de l'ésotérisme musulman, le soufisme – *at-Taçawwuf* –, en tant que voie mystique de l'islâm : au-delà du formalisme sectaire et littéraliste, comme de la « raison » philosophique, des superstitions maraboutiques comme du ritualisme formel et alourdi de survivances païennes.

Incompris de l'institution officielle des *oulémas* fondamentalistes, inconnu des masses musulmanes, le soufisme est la petite communauté des disciples engagés dans la « voie de l'irradiation divine », l'assemblée des « intimes » et des « gens du souvenir ». En tant que tel, il exclut tout prosélytisme, « fanatisme », engagement politique ou temporel. Selon le dire du prophète : « Tout verset a un aspect extérieur et un aspect intérieur », il donne des textes coraniques une interprétation symbolique. (C'est ainsi que, pour les soufis, la « guerre sainte » combat l'*infidèle qui est en chacun de nous.*) Par le dépassement de la personnalité, il conduit à la connaissance métaphysique, en s'appuyant

1. Une *zāwiyah* désigne le « coin » d'une mosquée ; par suite, une sorte de monastère musulman où vivent en communauté un maître spirituel *(sheikh)* et ses disciples.

en même temps sur la « foi », d'ordre volitif et affectif, et sur la « gnose », d'ordre cognitif et intellectif.

Cette haute spiritualité imprégnait les lieux mêmes où elle était vécue. Je me souviens de la petite cour de la *zāwiyah*, où des roses, des jasmins et des balsamines montaient le long d'une treille, de l'antique olivier dont les racines tracassaient le sol, des colombes roucoulant au sommet des palmiers. Non loin de là se trouvaient la salle de prières nattée de jonc et le sombre catafalque du précédent sheikh, entouré de cassolettes, d'étendards et de soieries, sous un plafond brillant de plus d'une centaines de lustres, dont les pampilles de cristal s'entrechoquaient délicatement. Le chant d'un jet d'eau berçait notre tranquillité. L'hospitalité était d'une courtoisie exquise, d'une gentillesse naturelle de parole et de geste, au sein d'une pauvreté volontaire et digne. Lorsque nous nous y rendions, mes compagnons et moi, nul signe de rationalité ne venait entraver nos séjours, n'imposait d'horaires précis. Cette parcelle paradisiaque était faite de liberté, de transparence ; l'un de nous l'avait baptisée *Jannat edh-Dhāt*, « Jardin de l'Essence ». L'abandon à la Providence irisait les cœurs de joie. Même irisation parmi les disciples de tous âges, de tous milieux – du berger de l'Atlas et du balayeur des rues au professeur de faculté, du vendeur d'eau et du cireur de chaussures au magistrat et au médecin –, de tous niveaux intellectuels et de toutes confessions.

En 1949, sheikh Adda Bentounès avait lancé un message d'appel à la fraternité entre croyants, ce qui était tout à fait nouveau dans le Maghreb. Il se montrait curieux des différentes traditions, en particulier de la doctrine védantique de l'*Advaïta*, la Non-Dualité, dont il aimait à rapprocher la doctrine soufie de l'*Ahadiyah*, l'Unité suprême. Plusieurs d'entre nous l'ont entendu dire ces mots, dans les derniers jours de sa vie terrestre : « Je vous ai fait voir mon chemin, je vous ai livré mon secret. Mais s'il vous arrive de découvrir un être plus vrai que moi, je vous demande de ne pas aller à lui tout seuls, mais de me prévenir et de me donner la main : nous irons le voir ensemble. »

## *Les « haleines de la familiarité divine »*

On ne sait à peu près rien de la vie du sheikh Adda : la mentalité traditionnelle n'est pas plus historique que biographique. On disait seulement qu'il était le neveu par alliance du sheikh al-Alawī, lui-même reconnu comme personnalité éminente dans le monde de l'islâm. Il lui succéda comme maître spirituel en 1934, et mourut le 3 juillet 1952.

D'abord *moqaddem* [1], le futur sheikh avait accompagné son oncle dans son pèlerinage à La Mecque, en 1930. Tous deux avaient alors séjourné à Médine, à Damas, à Jérusalem et à Istanbul.

À défaut d'autres précisions, je recueillis au sujet de sheikh Adda deux anecdotes plus significatives que ne l'eût été une longue histoire.

Tout enfant – il était alors apprenti cordonnier –, il priait durant des heures, au pied d'un arbre. Un jour, le curé de Mostaganem passa et lui dit : « Tu crois en Dieu, petit musulman ? » L'enfant lui répondit : « Avec toute la force de mon cœur, Sidi ! – Mais tu ne l'as pas vu !... – Fait-il du vent, Sidi ? – Non, et c'est bien dommage ! », s'exclama le Français en s'épongeant le front. L'enfant reprit : « Regarde donc, mon frère, en haut de l'arbre, cette petite feuille qui bouge ! Elle bouge au vent parce qu'elle est légère. Si nous sommes légers comme elle, nous saurons, nous aussi, goûter le vent. »

Jeune homme, sa mère lui dit : « Voici le coffret de mes bijoux. Je les ai gardés pour toi, afin que tu fondes un foyer. – Que ferai-je de tout cet or ? – Cesse de suivre le sheikh al-Alawī, élève une famille ! Ces bijoux sont à toi, je te les donne. » Le jeune homme, obéissant, prit le coffret, puis il le rendit à sa mère en disant : « Et moi, je te les donne, afin que tu me laisses suivre le sheikh al-Alawī. »

L'avenir allait prouver que l'homme ferait honneur au jeune homme, et le vieillard à l'enfant. sheikh Adda devint un saint et fonda sa demeure dans les « haleines de la familiarité divine ». Il est toujours présent en moi, tel qu'en lui-même, coiffé d'un turban, drapé dans son ample *djellaba* de soie blanche qui, un jour, serait son suaire, et portant autour du cou le chapelet aux quatre-vingt-dix-neuf noyaux de datte, symboles des quatre-vingt-dix-neuf noms de Dieu (dont le centième reste inconnu et imprononçable), désignant les Perfections et les Activités divines, les Essences universelles contenues dans l'Essence immanente au monde. En lui se respiraient l'humilité, l'amour, la patience, la bonté, la simplicité.

Il avait des mots exquis ou sublimes.

Diabétique, le sucre lui était interdit. Comme un serviteur s'obstinait à en verser dans son thé, nous lui disions : « Voyons, Sheikh, il vous rend un mauvais service ! » Il nous répondait : « Mais il le fait avec son cœur. »

---

1. Suppléant d'un maître spirituel pour diriger les prières et guider les débutants.

## Le soufisme

Le soufisme – at-Taçawwuf – est la dimension ésotérique de l'islâm. Il vise à la connaissance directe de la divinité dans l'extinction complète (fanā) du moi. L'Union suprême est possible, quoique rarissime, en ceci que l'homme et Dieu sont un, le connaissant et le connu, indissociables. Cette connaissance n'est autre que le « Sceau de la Sainteté ».

Telle est l'Unité de Dieu (al-Ahadiyah) qu'il n'est possible de rien concevoir en dehors de Lui. Dieu transcende tout, cependant que son Unicité permet l'existence des créatures, elle qui contient les « possibilités principielles », ou archétypes, inhérents à l'essence, et les « qualités universelles » – aspects de l'essence incréés, mais immanents au monde. Se projetant dans la substance (al-habā) comme dans un miroir, ils la font exister dans ses formes multiples.

L'approche soufie du divin se situe au-delà de tout littéralisme. Le Coran, qui, à l'instar de toutes les Écritures, contient une superposition de sens, donne lieu à diverses interprétations symboliques ; c'est ainsi qu'à l'inverse de l'exotérisme la « guerre sainte » sera considérée comme guerre intérieure.

C'est dire que le soufisme a toujours été plus ou moins tenu en suspicion par les théologiens littéralistes. Un al-Hallāj sera crucifié et décapité pour avoir blasphémé en disant Ana'l-Haqq, « Je suis la Vérité ». Force a donc été au soufisme de recourir à la plus grande discrétion et à la loi du secret. Dans sa Revivification des sciences religieuses, Ghazâlî tentera de concilier la théologie légaliste et la mystique.

Le soufi ne se soustrait pas pour autant aux obligations de l'exotérisme, que sont le témoignage de l'Unité (shahādah), le jeûne annuel, les cinq prières quotidiennes, la dîme et le pèlerinage. Il suit la loi sociale, la sharī'ah, mais y ajoute la voie intérieure, la haqīqah. En tant que disciple (faqīr), « pauvre », il vit auprès d'un maître (sheikh, ou murschid) qui, lui-même, appartient à une chaîne initiatique (silsila) remontant au Prophète. Il reçoit du maître l'initiation, transmettrice d'une influence spirituelle (baraqah), ainsi qu'un enseignement oral. Celui-ci ne s'adresse pas au moi psychomental (an-nafs), mais à l'intuition intellective (ar-Rūh), différant de degré en chacun. De ce fait, le soufisme reste étranger au prosélytisme.

*Le soufi s'adonne souvent au chant, à la musique, aux danses sacrées (*samā*), tel Rūmī, l'auteur du* Mathnavi *(25 000 vers) et fondateur des* Mawlavi, *derviches dont le tournoiement symbolise la rotation des planètes autour du Soleil. Plus encore, il pratique le* dhikr-Allāh, *« souvenir-invocation » de Dieu, sa mention permanente jusqu'à identification à la Présence divine incluse dans le Nom.*

*Son mépris du monde peut conduire le soufi au non-conformisme, lui faisant feindre la folie ou un comportement répréhensible aux yeux des « bien-pensants ». Tel est le cas des* Malāmātiyah, *ou « Gens du Blâme ».*

*Le premier maître en date du soufisme fut al-Basrī, ascète et théosophe, suivi d'al-Muhasibī, Dhu'l-Nūn, Abū Yazid, l'homme « ivre de Dieu », al-Junayd. Sohrawardī intégra au soufisme l'héritage de la Perse. De nombreux poètes, surtout persans, utilisèrent la poésie érotique à des fins mystiques : Sana'i, Attar, l'auteur du* Langage des oiseaux. *Ibn al-Farīd composera un* Éloge du vin.

*De beaucoup le plus important reste Muhid'd-Dīn Ibn Arabī, le* Sheikh al-akbar, *– « le très grand maître », – le « Vivificateur de la religion », qui composa deux cent soixante-dix ouvrages, dont la* Sagesse des prophètes *et les* Révélations mecquoises. *Mystique, visionnaire, extatique, « fou de Dieu », Ibn Arabī donna de la doctrine soufie les interprétations les plus profondes et les plus élevées, établit les bases de l'unité des religions.*

*C'est au XII^e^ siècle qu'Abū-Madyān introduira le soufisme au Maghreb. Y deviendront particulièrement célèbres, au XVIII^e^ siècle, la* tarīqa *Darqawīya, fondée par le* sheikh *ad-Darqāwī, et au XX^e^, la* tarīqa *Allawīya, fondée par le* sheikh *al-Alawī, auquel succéda en 1934 le* sheikh *Bentounès.*

---

Il y avait à la *zāwiyah* un vieil aveugle. Le sheikh le conduisait par la main, l'installait toujours à la meilleure place, le menait au lieu de prières, le suivait comme un disciple. « Mais voyons, Sheikh, lui disions-nous, il exige de vous plus que vous-même n'exigez de nous !.. – Laissez-moi lui donner la main, pour l'amour de Dieu. Ne sommes-nous pas tous des aveugles ? »

Quelqu'un lui ayant demandé quelle était la plus grande grâce que Dieu lui avait faite, il répondit : « Celle de L'avoir connu. »

Quand sheikh Adda s'avançait vers nous, nous courions à sa rencontre avec le besoin de nous mettre à genoux devant lui. Sur cette forme fragile que minait la maladie, s'appuyaient les milliers de soucis et d'angoisses de milliers de disciples. Les entretiens avec les *foqāra* [1] l'épuisaient. Il ne se plaignait jamais. Il se contentait de dire : « La fatigue fait son travail ; nous, faisons le nôtre... » Loi cruelle mais ordinaire, qui veut que l'on soit tué par ceux qui nous aiment le plus.

Il avait pour lit une natte, une brique pour oreiller. Il se nourrissait de pain d'orge. Il posait parfois sa main sur la mienne, et je me sentais fondre comme neige en fusion.

Mais il est de ces êtres dont on ne peut rien dire, et dont on réduit la dimension par la parole. Il était de ceux qui ont goûté la saveur de l'Identité, senti le parfum de la Présence, immergés dans la lumière de la Singularité, dans le Monde du Pouvoir souverain, revêtus du Manteau de la Proximité devant la Face seigneuriale... À l'annonce qu'il n'était plus dans les liens de la vie et s'en était allé vers la miséricorde de Dieu, j'éprouvai une peine profonde. Lui seul aurait été capable de me faire supporter sa disparition.

Sheikh Adda n'a laissé pour toute œuvre écrite qu'un ouvrage de souvenirs sur son propre maître [2], et un recueil de poèmes mystiques. Quelques-uns de ses propos ont été rassemblés par un de ses disciples français, Abdallâh Redda [3]. Aux grandes théories intellectuelles il préférait la mise en pratique. Comme j'étais tout fier de lui énumérer les livres de spiritualité que j'avais déjà lus, il me dit un jour : – « Parlez-moi maintenant, mon frère, de ce que vous n'avez pas lu !.. » À l'enseignement écrit, il préférait l'oralité, comme tout homme de tradition, pour qui, plus que les écrits, demeurent les paroles, plus sûrement gravées dans la mémoire que dans le marbre. Il s'exprimait en phrases courtes, ponctuées de longs silences, modelées de gestes vagues. Paroles concrètes et imagées, gracieuses paraboles, *modaqara* [4] d'une apparente naïveté. « Dieu, dit-on en islâm, n'éprouve point de honte à prendre pour symbole même une mouche. »

J'ai personnellement posé peu de questions au sheikh Adda Bentounès, peut-être parce que la seule présence du sage répondait à beaucoup d'entre elles. J'ai seulement confié à des *Carnets* les notes fragmentaires d'enseignements qu'il donnait dans la cour de la *zāwiyah*, durant les belles soirées de son dernier printemps. Ce sont ces paroles

1. Pluriel de *faqīr*, « pauvre », « indigent » pour Dieu, et, par suite, « disciple ».
2. Sous le titre *Ar-Raudat as-Sanniyyah* (Mostaganem, 1936).
3. Sous le titre *Jésus, âme de Dieu* (Plaza, Oran, 1958).
4. Historiettes, anecdotes à signification spirituelle.

qu'on va lire ici. Que ce soit avec le respect que j'ai mis à les transcrire.

Jean Biès : Sheikh, qu'est-ce que le soufisme ?

Sheikh Adda : Quand on demandait à Abū Saïd ibn Khaïr (que Dieu soit content de lui !), ce qu'était le soufisme, il disait : « Ce que tu as en tête, abondonne-le ; ce que tu tiens, donne-le ; ce qui t'advient, ne l'esquive pas. ». C'est ma réponse à votre question, mon frère. C'est dans l'abandon, le sacrifice, la soumission que se tient le soufisme, qui est le goût de Dieu.

Les « gens de la Connaissance » ne sont pas les savants. Ils ne parlent pas des choses de Dieu ; ils sont un avec le Dieu. Celui qui dit : « Je connais Dieu, je suis un soufi », n'est pas instruit des choses de Dieu. Est-ce que le parfum dit : « Moi, je suis le parfum » ?... Il parfume. Dire qu'on est savant ou soufi, c'est se mettre en face de Dieu. Et c'est être deux. Alors que Dieu est Un. Celui qui connaît ne peut rien dire : il n'existe pas par lui-même. Alors, si le soufi parle, il ne peut pas dire : « Je suis. » Ou s'il dit « Je suis », c'est Dieu qui parle en lui. Ou si vous voulez, la langue du soufi, c'est la langue du Dieu, ses yeux, les yeux du Dieu, sa bouche, la bouche du Dieu... Comment peut-il dire : « Je suis », puisque seul est Dieu ?... C'est comme si Dame Neige disait : « Moi, la neige, je suis soufie, j'ai la connaissance de l'eau, je vais vous en parler... » Attends un peu, la neige ! Attends que la chaleur du soleil te caresse !.. Nous verrons bien, étant savante de l'eau, comment tu resteras la neige. Nous verrons bien comment fera la pauvre neige pour nous parler de l'eau, quand il n'y aura plus de neige et qu'il n'y aura que de l'eau !..

– Au cours d'un voyage dans le Sud, un *moqaddem* de notre confrérie fut présenté à un savant. Un de ses amis l'aperçut et dit au savant : « Voilà le *moqaddem* qui vient. Ce n'est pas un homme de la vie du monde ; et d'ailleurs, il n'en veut pas. » Le savant ironisa : « Ne serait-ce pas la vie du monde qui ne veut pas de lui ?... » Notre *moqaddem* entendit ces paroles.

« C'est vrai, mon frère, lui dit-il. La vie du monde ne veut plus de moi ; elle veut bien de vous. Nous n'avons rien de commun. Je ne suis nulle part chez moi, je ne suis toujours que de passage chez les *foqāra*, nos amis. Mais vous, vous êtes partout chez vous... Moi, je ne suis même plus à moi, je suis au Dieu, je vais aller chez le Dieu. Je n'ai rien à offrir à la vie de ce monde, et Shaïtān ne risque pas de donner sa fille à un gendre de mon espèce. Shaïtān avec Shaïtān, mon frère, les âmes blanches avec les âmes blanches... »

Voilà l'histoire du savant et du *moqaddem*. Les âmes blanches, mes enfants, sont peu nombreuses, en comparaison des savants qui habitent la vie de ce monde. Mais mieux vaut poignée d'abeilles que sac de mouches.

– Un jour, mon maître inspiré, sheikh al-Alawī (que Dieu agrée son âme !) entendit un disciple qui disait à Dieu : « Sur Toi la louange, car Tu ne m'as pas fait riche ! Sur Toi la louange, car Tu ne m'as fait ni noble ni instruit ! – Pourquoi pries-tu ainsi ?, lui demanda le sheikh. – Je remercie Dieu du fond de mon cœur. S'Il m'avait donné la richesse, je ne L'aurais pas connu. S'Il m'avait donné la noblesse, je n'aurais pu me soumettre à Lui. S'Il m'avait donné le savoir, je n'aurais jamais reçu la science du cœur. »

Lorsque j'arriverai devant Dieu, mon frère, je passerai un moment difficile ; mais à la grâce de Dieu !

J.B. : Le Dieu vous acceptera avec honneur, Sidi !

Sh.A. : Doucement, mon frère, doucement !... Car Il me dira : « N'as-tu pas honte, Si Hājj Adda, de te présenter devant moi avec ces gens ?... Vois les saints et les prophètes : ils sont venus avec des purs, des hommes d'esprit et de qualité. Mais toi, tu viens avec un tas d'ivrognes, de voleurs et de mauvaises femmes. On dirait que tu as choisi le déchet de la terre. »

J.B. : Que lui répondrez-vous, Sidi Sheikh ?

Sh.A. : S'Il m'en donne la force, mon frère, je dirai : Ô mon Dieu, j'ai pris ceux qui restaient, les oubliés et les perdus. Tu m'avais envoyé pour les ramener dans Ton chemin ; je Te les présente tels qu'ils sont. Si Tu veux les mettre au Paradis, c'est Toi le Puissant, le Sage. Si Tu veux les mettre en Enfer-Jahim, c'est Toi le Puissant, le Sage. Mais au Paradis ou en Enfer, ô Dieu, je T'en supplie, mets-moi avec eux, parce que je les aime.

J.B. : Verrons-nous Dieu dans l'autre monde ?

Sh.A. : Comment veux-tu voir Dieu dans l'autre monde, si tu ne Le vois pas d'abord en celui-ci ?... Tu risques seulement de ne pas Le reconnaître.

J.B. : Sheikh, que pensez-vous du monde d'aujourd'hui ?

Sh.A. : Aujourd'hui aussi est un temps de Dieu, mon frère.

J.B. : Le Prophète (sur lui le salut !) a dit que tout musulman doit l'aumône. Mais s'il ne possède rien ?

Sh.A. : Qu'il travaille de ses mains, mon frère, pour subvenir à ses besoins et pour faire l'aumône !

J.B. : S'il ne peut pas travailler ?

Sh.A. : Qu'il ordonne de faire le bien ! Et s'il ne l'ordonne pas, qu'il s'abstienne de faire le mal ! C'est ce qui équivaudra à faire l'aumône... Voyez-vous, mes frères, l'Ami de Dieu peut toujours aimer Dieu. Il y a un *hadīth* que voici [1] : « Si Mon adorateur s'approche de Moi d'un palme, Je M'approcherai de lui d'une coudée ; et s'il vient à pied, Je viendrai au galop. »

– Un soufi a dit : « J'ai cherché Dieu par toutes les portes, mais j'ai trouvé à chacune d'elles une foule indescriptible. À voir la porte de la prière, je n'aurais jamais cru qu'il y eût autant de gens qui prient. À la porte de l'aumône, que d'hommes charitables ! Et que de pèlerins à la porte du pèlerinage !... J'ai pensé que jamais je n'entrerais chez Dieu. Lorsque mon cœur me dit : " Va donc voir à la porte de l'humilité ! " *Bismillāh* ! Je suis entré tout de suite !... » Excusez-moi, mon frère, mais j'aime beaucoup la porte devant laquelle on n'attend pas. Si vous êtes humble, Dieu le sera plus que vous, et l'on peut parler à plus humble que soi.

– Un jour, Mme l'Abeille reçut la visite de Mme la Guêpe. « Bonjour, cousine, lui dit la Guêpe. Je voudrais apprendre votre métier, au lieu de rester oisive. – Bien volontiers, ma mie, regardez attentivement. » Elle lui montra comment construire les rayons et les disposer. Mais bientôt, l'Abeille ne vit plus la Guêpe. Elle s'en fut aux nouvelles. Elle la trouva suant et s'affairant, faisant beaucoup de bruit et de poussière. « Excusez-moi, ma sœur, j'ai un travail fou... – Que faites-vous donc ?... – Mais voyons ! le travail que vous m'avez appris ! » D'un coup d'aile, toutes deux partirent visiter le chantier.

1. *Hadīth* : parole inspirée du Prophète, transmise en dehors du Coran.

« N'est-ce pas bien ? dit la Guêpe, pleine d'orgueil, en montrant les rayons. – C'est très bien, dit l'Abeille, mais *il y manque le miel.* »

– Pourquoi la mer est-elle si grande ? Plus grande que les montagnes et les continents ?.. Parce qu'elle est plus basse que toutes les montagnes et que tous les continents. Et parce qu'en se faisant toujours plus basse elle accepte en elle tout ce qui se présente à elle. Le grand fleuve, elle le reçoit et l'assagit ; les égouts de la ville, elle en fait de l'azur...

– Nous avons dans notre alphabet une lettre toute tordue, le *chīn*. En plus d'être tordu, *chīn* signifie « vilain »... Mais avec tout son tordu, tout son vilain, si l'on veut écrire « noblesse » – *charaf* –, il faut faire appel à la lettre *chīn*. Si nous avions rejeté le *chīn*, nous n'aurions jamais pu écrire « noblesse ».

– Allāh ! Changeons de place, mes amis ! Nous empêchons les *foqāra* de passer, et les voleurs de voler.

À l'autre bout de la cour, près de la réserve de semoule, un faqîr s'est caché, portant deux couffins qu'il vient de dérober.

J.B. : Pourquoi, Sheikh, lui avez-vous laissé chemin libre ?

Sh.A. : J'ai honte pour lui, mon frère, s'il voit que je l'ai vu. Il aura trop mal en son cœur.

J.B. : Mais alors, Sidi, vous favorisez le voleur ?

Sh.A. : J'empêche le voleur de voler. Si je lui adresse des reproches, il ne fera que s'en aller, et il sera perdu pour lui comme pour nous. S'il reste avec nous, il acquerra l'esprit de la confrérie, il fera aux voleurs la même chasse que nous. Nous ne sommes pas des marchands de semoule. Si nous sommes droits devant Dieu, ceux qui nous fréquentent deviendront droits comme nous.

– Un homme s'en vint visiter un frère en Dieu, dans la montagne. Dieu lui envoya un ange pour l'accompagner. « Où vas-tu, l'homme ? – Au douar voisin, où j'ai un frère en Dieu. – T'a-t-il fait quelque bien pour que tu te déranges ? – Non pas, je l'aime pour Dieu. – Je suis envoyé de par Dieu, dit l'ange, pour te dire que Dieu t'aime comme tu aimes ton frère. »

J.B. : Quand deux frères s'aiment pour Dieu, y en a-t-il un que Dieu préfère ?

Sh.A. : Quand deux frères s'aiment pour Dieu, celui des deux que Dieu aime le plus est celui qui aime le plus son frère.

– Si vous ne perdez pas la raison dans l'adoration, si vous ne perdez pas la tête dans le cœur, jamais vous ne pourrez approcher du Bien-Aimé.

– La Face de Dieu ? C'est l'Amour. Il n'y a que Lui, l'Amour. Pas de second. Hors l'Amour, il n'y a rien.

J.B. : Sheikh, je voudrais savoir quelque chose à quoi vous seul pouvez répondre.

Sh.A. : Inshā'Allāh !

J.B. : Qu'est-ce qu'un homme de Dieu ?

Sh.A. : Un homme de Dieu, mon frère, c'est celui qui, selon la parole du Prophète (sur lui, salut et paix !), « travaille ce monde comme s'il devait y vivre toujours et travaille l'autre monde comme s'il devait mourir tout de suite ». Ce qui fait un homme de Dieu, c'est d'aimer Dieu... Connaissez-vous l'histoire de Mejnūn ?.. Leïlā, sa fiancée, l'avait trahi dans les bras d'un prince lointain. Désespéré, amaigri, le pauvre berger se mit à sa recherche à travers le monde. Dans son égarement, il croyait la voir en toutes choses, en toutes choses il l'adorait. Il demandait aux fleurs : « Leïlā est-elle parmi vous ? » Aux gazelles : « Leïlā est-elle votre sœur ?... » On l'appelait le *fou de Leïlā*. Et quand on lui disait : « Crois-tu trouver une perle dans la poussière ? », Mejnūn, qui tamisait du sable, répondait en gémissant : « Je cherche ma Leïlā partout afin de la trouver quelque part... » Et voilà qu'un jour, le fou de Leïlā découvrit Leïlā ! Celle-ci le reconnut et lui dit : « De quels yeux me vois-tu, Mejnūn ? – Des yeux de ma fiancée, répondit Mejnûn. – Comment es-tu venu, ainsi vêtu ? – Le vêtement que je porte est celui de ma bien-aimée. – De quoi te nourris-tu ? – De la salive de celle que j'aime. – Mais Leïlā, c'est moi, dit Leïlā. Réveille-toi !... » Mejnūn ne se réveilla pas. « Si tu es Leïlā, dit-il, je suis Leïlā aussi. Je suis toi comme tu es moi... » Il était devenu l'Amour.

J.B. : Sheikh, parlez-nous de la *mahabbah.*

Sh.A. : La *mahabbah*, mes frères, c'est ne plus manger et ne plus dormir. C'est comprendre et ne plus comprendre. C'est se faire de continuels reproches et c'est obéir. C'est chercher le seul contentement de l'Aimé. C'est bouillonner de ferveur pour Lui. C'est ne pouvoir rester sans Lui. C'est disparaître en Lui. La *mahabbah*, mes frères, c'est compter pour peu tout ce qui est de soi, et pour tout, tout ce qui est du Dieu. C'est remplacer les attributs de l'Amant par les attributs de l'Aimé. C'est que le serviteur ne demande rien à son Seigneur et n'éprouve nul besoin de lui demander quoi que ce soit. La *mahabbah*, mes frères, c'est ce qui efface nos traces. C'est ce qui n'est pas diminué par le dédain, ni augmenté par la complaisance. C'est l'angoisse qui consume et l'affliction qui ne veut pas d'allégement. C'est l'adhésion du cœur à toutes les volontés du Dieu. C'est la crainte d'abandonner la vénération du Dieu. C'est l'effluve de la brise du Dieu et le parfum de son approche. C'est une saveur très douce et une stupéfaction terrible. C'est le brasier de la conscience qui brûle tout ce qui n'est pas le désir de l'Aimé. C'est une folie quand il commence, c'est une mort quand il finit. C'est le déchirement des voiles et le dévoilement des secrets...

Dans nos tasses, le café refroidit, et, bouches bées devant le sheikh, nous oublions de caresser entre nos doigts la bourre moelleuse du tapis... Est-ce le vent, ce soir, qui agite imperceptiblement les petites lampes du plafond ? Quand Summūn l'Amoureux parlait de l'Amour divin, les lampes de la mosquée se balançaient ainsi, avant de se briser.

J.B. : Je vois un lien puissant entre les traditions dans le fait que chacune pratique la répétition d'un Nom divin, que ce soit la « prière du cœur » des hésychastes, le *japa-yoga* des hindous, le *dhikr* des soufis.

Sh.A. : Le Nom divin, révélé par Dieu même, implique une Présence divine qui devient opérante quand le Nom s'empare de celui qui invoque. L'union au Nom divin suscite l'union à Dieu. C'est ce que disent ces religions... Pour nous, la mention de Dieu est la quintessence de la prière. « Souvenez-vous de Moi, dit le Coran, et Je Me souviendrai de vous », *adhkurūnī adhkurkum.* « Ce monde-ci est maudit, a dit le Prophète (que Dieu le comble de Ses bienfaits !), sauf le souvenir de Dieu. »

J.B. : Qu'est-ce que le chemin de Dieu ?

Sh.A. : Le chemin de Dieu, c'est le chemin d'épines.

J.B. : Comment cela, Sheikh ?

Sh.A. : Je ne crains pas de le dire, mon frère. Voyez la vie de tous les élus : Seyidnā Ibrahīm (Seigneur Abraham), jeté au feu, Seyidnā Mūsa (Seigneur Moïse), condamné par le pharaon. Sur la tête de Seyidnā Aïssā (Seigneur Jésus), des épines du chemin de Dieu. On cassa à coups de pierres les mâchoires de Muhammad. (Sur eux tous le salut !) Et tous les autres amis de Dieu, les compagnons, les apôtres... (Que Dieu les agrée et les sanctifie !) Près de nous, que de martyrs pour avoir dit la Vérité !... Pour arriver à Dieu, mon frère, il faut passer par le « Buisson de la Limite », le *Sīdrat al-Muntahā.*

J.B. : Qu'est-ce que le *Sīdrat* ?

Sh.A. : Je suis resté longtemps sans goûter ce que c'était. Mais une fois, notre vénéré sheikh (que Dieu sanctifie son esprit !) nous amena tous à la ferme de Relizane, pour couper les *sīdrat.* Ce sont des jujubiers sauvages qui produisent d'âpres fruits au milieu des épines. Toute la journée, nous coupâmes des sîdrat, en pénétrant dans les taillis. Et comme un vent violent s'était mis à les agiter, nous eûmes, avant midi, nos vêtements déchirés, nos mains, nos visages éraflés. Le soir, nous étions en sang. Du plus loin qu'il nous aperçut, le sheikh nous dit en riant : « Ce serait trop simple, mes enfants, si l'Arbre de la Limite n'offrait que des fleurs et des fruits ! Dieu aime ceux qui se déchirent pour passer. Le chemin de Dieu, c'est le chemin d'épines. »

– Le disciple est comme une étoile sur un tapis de laine. Étoile brillante, il est attaché à son nom brillant, à sa brillante forme d'étoile. Mais avant d'être une étoile, il a oublié qu'il est de la laine. Alors, pour lui faire comprendre ce qu'il est, il faut que le maître, fil après fil, effiloche tout le tapis ; et ainsi, il fait goûter au *faqīr* qu'il est de la laine, avant d'être une brillante étoile. Effilocher le tapis, c'est effilocher aussi la pauvre petite étoile ; et c'est cela qui fait mal.

J.B. : Sheikh, pouvez-vous nous parler des prophètes ?

Sh.A. : Les prophètes sont les envoyés de Dieu, porteurs d'une loi sacrée. Chacun d'eux est venu mettre l'amour divin en nos cœurs, conduire les hommes vers l'unique Seigneur... Celui-ci a créé pour nous Seyidnā Aïssā et Seyidnā Muhammad. Qui n'accepte pas l'un ou l'autre, c'est comme s'il n'acceptait pas la droite ou la gauche de Dieu.

– Le voile du soleil, c'est son propre éclat. L'éclat du soleil, ce n'est pas le soleil ; Seyidnā Mūsa, Seyidnā Aïssā, Seyidnā Muhammad (sur eux salut et paix !) sont resplendissants de l'éclat du soleil, mais ils ne sont pas le soleil. Les soufis n'oublient pas que c'est le soleil qu'il faut atteindre. En suivant les envoyés, on connaît la voie de l'approche ; mais il y a encore bien du chemin à parcourir.

– Un jour, j'ai vu des ouvriers maniant une lance pourvue d'une flamme électrique. Ils soudaient des rails. Du bout de la lance sortait une flamme bleue ; mais au contact du métal, cette flamme devenait rouge. Le bleu est la force de la flamme, l'âme de Dieu ; le rouge est la même force au contact de la matière ; c'est l'âme en nous. Mais au moment où la flamme passe du bleu au rouge, il y a un endroit où elle est bleue et rouge. C'est toujours la même flamme ; mais elle unit l'esprit et la matière. Telle est la place des Amis de Dieu.

– Si les Européens trouvaient quelqu'un qui leur explique ce que c'est que l'islâm, ils constateraient à leur grand étonnement qu'il y a si peu de différence entre chrétiens et musulmans qu'il ne vaut pas la peine d'en parler... Je ne demande pas au chrétien de devenir musulman, ni au musulman de devenir chrétien ; c'est une chose de Dieu. Je demande au chrétien d'aller au fond de son christianisme, et au musulman d'aller au fond de son islām. Et là, ils se rencontreront.

J.B. : Mais, Sheikh, les musulmans ne croient pas que Jésus soit le Fils de Dieu.

Sh.A. : Pour les musulmans, Jésus n'est pas le Fils de Dieu, il est l'Âme de Dieu, c'est-à-dire la Vérité, et c'est peut-être beaucoup plus... Un miroir n'est pas l'être qui s'y mire. Nous ne pouvons pas dire que l'un est incarné dans l'autre. Cela ne signifie pas non plus que l'un est fondu dans l'autre... Excusez-moi, mon frère, seul Muhammad proclame de Jésus qu'il est le Prophète qui reviendra dans les derniers temps. Le Coran le glorifie, et il dit de Maryam (Marie) qu'elle sera la première à entrer au Paradis.

J.B. : Le musulman ne croit pas que Jésus ait été crucifié, mais qu'il a été élevé jusqu'à Dieu.

Sh.A. : Voyez-vous, mon frère, ce verre de thé et ce sucre ? Dieu a agi comme si le thé disait au sucre : « C'est moi qui te fais subir la mort, et c'est moi qui t'élève à moi. » Le verre de thé s'approche du sucre, le sucre fond dans le thé... Est-ce que le sucre n'est plus ? Il est dans le thé, il est le thé.

– Si le monde européen suivait le Seigneur Jésus (salut et paix sur lui !), il détruirait ses gouvernements, il jetterait bas toutes ses richesses et renierait l'ignoble vie matérialiste qui est la sienne. Mais il n'y a pas un seul homme dans le monde européen qui suive le Seigneur Jésus (sur lui le salut de Dieu et sa Grâce !). Car la voie de Jésus, c'est la destruction de toute la vie de ce monde de matière, c'est lumière divine sur lumière divine. Tandis que le monde européen, c'est le monde des endormis de la chose de Dieu.

– Si les chrétiens, mon frère, savaient l'amour de mon cœur pour Jésus, ils viendraient embrasser mon souffle !

– *Lā ilāha ill-Allāh* ! « Il n'est de Dieu que Dieu ! » Toute la doctrine est contenue dans cette affirmation de l'Unité divine – *al-Ahadiyah.* Dieu est distinct de tout, rien ne peut Lui être comparé. L'Unité est son Essence, au-delà de toute définition. Tout ce qui n'est pas Lui est sans existence. Il est le Premier et le Dernier, l'Extérieur et l'Intérieur. Autre-que-Lui n'est pas ; cet Autre est encore Lui.

(Quelques jours avant sa mort.)

– Mes fils, je vous ai donné tout ce qui rapproche de Dieu, tous les secrets, sauf le plus grand, celui qui plaît au Dieu et qui amène à Lui. C'est la générosité de donner sans cesse ; non pas faire l'aumône, mais donner, donner toujours aux créatures de Dieu, pour Dieu. Veiller sur ses frères, afin qu'il ne leur manque jamais rien. Même seulement sauver un oiseau... Voilà le dernier secret, mes enfants, le plus précieux de tous, et que j'avais gardé pour vous jusqu'à cette heure. La base de l'enseignement, c'est l'Amour. Aimez vos frères, aimez les guides que Dieu vous a envoyés, aimez les pauvres, aimez toutes les créatures de Dieu, aimez Dieu !...

– Un homme demanda au Prophète quelle était la meilleure action. Le Prophète répondit : « Laisser sa langue toujours humide du souvenir de Dieu... » Comme le disait le sheikh al-Alawī (que sa secrète pensée soit sanctifiée !), la répétition du Nom permet à l'adorant de « saturer tous ses instants de la conscience de la grandeur de Dieu (exalté soit-Il !) ».

Derrière le rideau d'eucalyptus, le crépuscule frissonne. Des souffles montent de la mer.

Mains tendues vers le ciel, sheikh Adda demande au Très-Haut de faire vivre en nos cœurs l'amour de ces instants bénis. Les mains se tendent, les cœurs s'ouvrent. En cette langue arabe qui, disait Massignon, « coagule et condense, avec un durcissement métallique et parfois une réfulgence de cristal », le sheikh chante des vers. Dans le soir monte sa voix ; les larmes mouillent les yeux, scintillent sur les barbes ; les larmes de la fraternité.

*Par sollicitude pour moi, Tu me fais subsister,*
*Et par excès d'amour pour Toi, j'attends que Tu m'anéantisses.*
*Comme si j'étais au ciel ombre et soleil ensemble,*
*J'apparais par Ta lumière, et par elle disparais.*
*Qui me voit le matin croit à mon existence,*
*Et qui plus tard me voit m'enveloppe en mon linceul...*

# LANZA DEL VASTO

## Un Gandhi chrétien

*Lance vouée à la vaste aventure,*
*Homme à cheval par les chemins de Dieu,*
*Armé d'amour et de droiture.*
*Le désert tourne autour de ce moyeu.*

Inédit.

*Cet entretien a eu lieu en 1978 dans la maison de Lanza del Vasto, Borie Noble, à Roqueredonde, et à l'Arche près de Nogaret. Lanza del Vasto est mort en 1985, à Lalonguera (Espagne).*

Lanza del Vasto... Le plus beau nom de poète qui se puisse rêver, où confluent des lignées plusieurs fois princières. Lanza, le marquis et troubadour provençal, grand-père de Manfred, roi de Sicile et de Naples, auquel Dante fait dire en son *Purgatoire* : « Horribles furent mes péchés, mais l'infinie Bonté a des bras assez grands pour prendre tout ce qui se réfugie en elle... » Vasto, l'une des marches de l'Italie du Nord, qu'Aleran de Montferrat avait conquise sur les Maures en 933. Plus tard supplanté par Lanza – ou Lancia –, Vasto est le premier nom de la famille qui, à la fin du Moyen Âge, vient s'établir en Sicile.

## *Enfances d'une pensée*

Guiseppe-Giovanni Lanza di Trabia Branciforte est né à San Vito dei Normanni, dans les Pouilles de Murgie, le jour de la Saint-Michel 1901, d'un père sicilien, dom Luigi, qui dilapida au loin une fortune qu'il n'avait pas, et d'une mère flamande, Anne-Marie Nauts Œdenken. Très tôt, l'enfant, qu'on a baigné dans un baquet de vin nouveau dès sa naissance, verra Brindes et Anvers, Londres et Salerne, Rome et Paris. Avec ses frères, Lorenzo et Angelo, il apprend l'italien, l'anglais et le français, la musique, la danse et l'équitation.

Durant des études assez médiocres au lycée Condorcet – il dira plus tard : « Je m'étais aperçu que tout ce que je voulais savoir, on ne voulait pas me le dire » –, Joseph-Jean découvre la poésie à travers Dante, Racine, Hérédia, dont il apprendra « l'art de serrer ces tresses de syllabes » que sont les vers. Une première découverte philosophique, *l'Éthique* de Spinoza ; une première expérience de la solitude à Escoville, en Normandie. Le voilà ensuite à Florence. Il savoure l'air de la Toscane, ses paysages, son architecture, son parler. Il s'étonne de l'ineptie humaine, au spectacle des troubles civils de 1920. Il continue durant cinq ans ses études universitaires à Pise : période importante pour sa formation intellectuelle. Ses lectures scolastiques l'orientent vers le catholicisme. La phrase de son ancêtre, saint Thomas d'Aquin : « Dieu est une Relation ; pourtant, une Relation non relative, puisque immuable », lui est sujet de méditation suffisant pour l'occuper toute une vie. Il consacre sa thèse de doctorat à la *Trinité spirituelle*, ouvrage qu'il ne cesse de remanier, et dont il ne donnera qu'en 1970 une version définitive.

## *Itinéraires spirituels*

Tel Pascal faisant l'essai de la « vie mondaine », des divertissements et de la société des femmes avant l'inéluctable conversion, Lanza del Vasto fréquente le beau monde à Berlin, à Paris... Il pratique plusieurs métiers, enseigne le latin, dessine des portraits, cisèle le bois et l'ivoire, se mêle aux débardeurs des Halles. Jusqu'au jour de la grande remise en question qui lui fait rompre définitivement avec les puissances de chair. Après avoir vagabondé, pieds nus, à travers les Abruzzes et la Thessalie, traversé des pays en guerre, s'être instruit des langues, des légendes, des coutumes, Lanza del Vasto s'embarque pour l'Inde, le 22 décembre 1936. Il y restera dix-huit mois. Sa rencontre avec Gandhi à Wardha, en janvier 1937, lui sera décisive. Il reçoit du Mahātmā le nom de Shantidās, « Serviteur de paix », et, au terme de son séjour auprès de lui, décide de fonder en Occident un ordre non violent.

1938 : il parcourt Rhodes, la Grèce, la Turquie, la Terre sainte ; l'année suivante, au mont Athos, il assiste à la Pâque orthodoxe. Il aura peu après l'occasion de rencontrer des écrivains-philosophes comme Simone Weil, René Daumal, Pierre Emmanuel, des saints, tels le padre Pio et Marthe Robin... Mais la guerre est venue. Il rédige, à partir des lettres envoyées de l'Inde à sa mère et à son ami Luc Dietrich, *Le Pèlerinage aux sources*, qui paraît en 1943 et connaît un immense succès : deux cent mille exemplaires épuisés en quelques semaines. C'est aussi la période durant laquelle s'ébauchent les fondements de l'« Ordre laborieux ». Shantidās fonde à Paris, rue Saint-Paul, des ateliers de filage, et d'autres, de ciselure, sur la montagne Sainte-Geneviève ; il réunit les premiers disciples auxquels il dédie ses commentaires de l'Évangile.

## *La construction de l'Arche*

En 1948, il épouse la jeune fille « aux yeux de papillon de nuit », qu'il avait rencontrée à Marseille au début de la guerre, qu'il surnomme « Chanterelle », pour sa voix de cristal, et dont il déclare : « Je l'aime plus que ma solitude. » Ils découvrent ensemble les merveilles du grégorien, les trésors des troubadours, fondent à Tournier, en Charente, la première communauté rurale : durs travaux de la terre, mais aussi, rigueurs de la règle, cuisine à l'âtre, chants et fêtes, feux de la Saint-Jean. L'Arche est née, à laquelle Chanterelle consacrera toutes ses forces jusqu'à sa mort, survenue en 1975. L'Arche se veut *āshram* chrétien, maison d'entraînement ascétique, où l'existence se fonde sur l'application de plusieurs « vœux » : travail manuel, obéissance, purification intérieure, pauvreté, véracité, non-violence – l'*ahimsā* gandhienne –, laquelle consiste à aimer son prochain comme soi-même, fût-il notre assassin, et à combattre non pas l'ennemi, mais l'inimitié qui est en lui, et, d'abord, surtout en nous. Tournées de conférences, formations de groupes d'amis et d'alliés, marches et jeûnes protestataires, peu à peu se multiplient dans plusieurs villes de France, puis dans plusieurs pays : Maroc, Suisse, Catalogne, Belgique.

Shantidās rédige à Grenade – est-ce nom de pur hasard ? – *Les Quatre Fléaux*, livre aux odeurs d'Apocalypse, qui ne trouvera aucun écho dans la critique officielle du moment. Il retourne en Inde en 1954, s'associe à la croisade pacifique de Vinōbā Bhāve pour la distribution des terres aux plus pauvres. En 1963, la Communauté de l'Arche, qui s'était installée à la Chesnaie près de Bollène, dans le Vaucluse, est bientôt chassée – ironie du sort – par les travaux de l'usine-barrage de Donzère-Mondragon. Elle s'établit à Ceilhes, au sud des Cévennes, non loin du causse du Larzac, où – nouvelle ironie – c'est la force armée, après la force technique, qui menace son existence.

Cependant, l'infatigable pèlerin continue ses voyages pour aider ses contemporains à prendre conscience des dangers qui les menacent, et les presser de se convertir à un autre mode de vie, à une autre mentalité. Un troisième voyage en Inde, au mois de février 1970, lui permet de mesurer le recul du gandhisme, mais ne décourage pas ses efforts. Il fonde de nouvelles communautés, tant en Europe qu'au Canada et en Argentine, avant de s'éteindre brusquement en 1985, près de Murcie, dans la nuit de l'Épiphanie.

Prophète calciné des futures fournaises, cet échappé des temps bibliques oint aux sources du Gange, cet artisan d'une conciliation entre foi chrétienne et sagesse hindoue est un de ceux qui, comme Rolland et Tagore le souhaitaient, auront jeté un pont entre les deux pôles de l'humanité. Son œuvre, acclamée par certains, se veut parole d'avertissement ; elle rejoint celle de ces « traditionalistes » plus révolutionnaires que les révolutionnaires traditionnels. Mais, fût-elle active, la non-violence est une sorte d'appel d'air où s'engouffrent les railleries, toutes griffes dehors. C'est curieux du double aspect de ce message que j'ai voulu rencontrer son auteur et tester le fond de l'Arche construite par ce nouveau Noé.

## *L'homme*

Sa maison : la *Borie Noble*, à Roqueredonde. Toits de tuiles roses, voûtes de pierre, rudes escaliers, rouges murailles. Alentour, les causses taraudés de vent. Vie patriarcale, monastique. Vie de labeur et de prière. Les fastes de la simplicité présidés par un prince devenu ascète. Sa chambre : une table, une chaise rustiques ; l'étroite fenêtre sans rideau. Quelques livres. Une planche, une couverture : le lit. Et ce curieux encrier oblong, où le roseau plonge quérir le brou de noix.

Lui : stature de chêne, sourcils broussailleux, droites rides taillées à la serpe ; blanche barbe, cheveux longs, et son front : vastitude... Le tout rappelle certains portraits de vieillards vénitiens. Surtout, le bleu des yeux, intense. Mains massives de forgeron, de charpentier. Larges pieds pèlerins. Et sa voix chaude et sourde, qu'il laisse stagner en lui, frôleuse de silence... Sur ce visage, les caractères que la physiognomonie qualifierait de solaires, saturniens et jupitériens ; l'empreinte des forces vitales, le signe d'une noblesse innée. Être conjuguant en soi la pensée et l'action, ou plutôt, dont la pensée précède, enserre l'action ; doué des dons de l'art et de l'organisation pratique, de la prière et de l'autorité.

Chasuble de grosse toile, cape blanche, sandales ; au cou, la croix de bois sculptée... Shantidās est de ceux à qui leur taille et leur allure leur permettraient de rester royaux sous les haillons. S'il y a du personnage en lui, c'est à force de personnalité : il est naturellement théâtral, *attitudaire*. Il a empreint son quotidien de l'équanimité que l'Inde lui a léguée. Son orgueil ? Je ne suis pas sûr que les visiteurs n'aient pas pris pour orgueil ce qui est en réalité prestance d'aristocrate, ascendant, économie de langage et de mouvements. Une sensibilité exquise, une civilité d'autrefois. Charité dans ses propos. Même simplicité à laver son bol qu'à ouvrir ses manuscrits pour m'en commenter l'écriture romane (les étonnantes reliures de cuir et bois incisé d'ivoire !), ou me révéler ses dessins, ses sculptures, ses bâtons de buis œuvrés de scènes testamentaires. Au jour du Jugement, on l'imagine déposant superbement l'un de ces bourdons dans la balance, et sous le poids de ce seul geste, l'incliner en sa faveur.

## *Pèlerinage à la source*

À grandes enjambées, il me mène à Nogaret pour me montrer les ateliers de tissage et de filature où ronronne « l'armée des rouets ». Et de là, à la source. Entre deux falaises delphiques, une longue descente nous conduit par un étroit escalier de pierre taillé sur un éperon rocheux, lancé au cœur du vide vibrant de frondaisons. En contrebas, une voûte calcaire où l'eau brille en bassins dans les fougères. Lieu sauvage hanté d'oiseaux, d'hamadryades... On songe aux quêtes initiatiques du Rameau d'or dans une nature scellée d'un charme [1].

Avec facilité, l'agile octogénaire remonte à travers les arbres scintillants de crépuscule. Son projet : construire autour de la source une chapelle. L'eau coulerait par le narthex, où brûlerait un feu entretenu par des gardiens sacrés.

J'ai cru surprendre alors en lui un fond de tristesse désabusée, de lassitude peut-être, ou de détachement.

– On n'imagine pas, dit-il, tout ce que j'ai vu disparaître de merveilles au cours de ma vie : palais, églises, châteaux, statues, peintures, jusqu'aux humbles objets artisanaux, inflexions, gestes, manières d'être...

Je lui fais remarquer qu'il a récrit la Bible, à lui seul, et à sa manière : l'Ancien Testament, avec *La Montée des âmes* ou *L'Homme libre*, le Psautier, avec *Le Chiffre des choses*, l'Évangile (apocryphe), avec *Judas*, les Actes des Apôtres, avec *Le Pèlerinage* et *Vinōbā*, les Épîtres : *Principes et préceptes*, l'Apocalypse, enfin : *Les Quatre Fléaux*. Shantidās sourit, sans me livrer son approbation.

Sur le porche du départ, nous nous embrassons. J'emporte avec moi l'impression d'avoir vécu dans l'intimité d'un chrétien du XIIIe siècle, et d'un homme de bonne volonté du XXe. J'emporte également les notes de nos entretiens dont on pourra lire ici la synthèse.

JEAN BIÈS : Saint Jean Climaque disait : « J'avance en Te louant », et telle pourrait être votre devise, vous qui avez, toute votre vie, parcouru l'Europe et l'Inde à pied, en chantant Dieu, et avez invité votre frère humain à en faire autant : « Chante pour ne pas vieillir. » Aux étapes du pèlerinage, vous avez écrit des livres, dessiné et sculpté, transmis les paroles, les silences de Gandhi et de Vinōbā. Votre sagesse a mûri

1. Le Rameau d'Or, gage de résurrection et d'immortalité, figure dans les mystères antiques.

aux soleils de l'Orient, avant de nous donner des leçons d'ascèse et de détachement, de pauvreté, de jeûne, d'amour, de beauté et de vérité : autant de degrés vers le « retour à l'évidence »... Mais les critiques ne manquent pas ; et d'abord, celles qui vous concernent directement. Aux yeux de certains, vous vous êtes créé un personnage de théâtre et vous êtes identifié à lui, avec votre nom, splendide, qui semble tout spécialement créé pour vous, votre stature et votre barbe de patriarche-prophète, votre élégance princière drapée dans le vêtement rustique, votre graphie même. N'y a-t-il pas là quelque chose d'artificiel, qui serait peut-être survenu comme malgré vous ?

LANZA DEL VASTO : Cher ami, voilà un portrait bien flatteur, trop beau pour être vrai. Non que ce que vous dites soit faux, mais ce que vous ne dites pas le rend irréel. Il y manque les ombres : mes erreurs, mes fureurs et mes fautes. Oh ! je voudrais bien que l'on n'eût rien d'autre à me reprocher que mon aspect ! Mais les gens nous pardonnent plus facilement un vice caché qu'une apparence insolite. Artifice, théâtre, fiction ?... C'est mon fait, comme celui de tous les civilisés. Tous se rasent et se peignent, disent bonjour et merci, se livrent à toutes sortes de grimaces convenables, se soumettent aux obligations de la morale, des lois, de la décence. Ils parlent, écrivent, signent, comptent, achètent, vendent, mentent et se vantent. Et il n'y a rien de naturel dans tout cela, car la nature humaine n'est pas naturelle. Mais ils n'en éprouvent pas la contrainte, et même, ne s'en aperçoivent pas. Chacun joue son personnage, du président au balayeur. Ils récitent dans une comédie, et qui plus est, une comédie dont ils ne sont pas les auteurs. Le personnage est la somme des artifices, des conventions, des vanités qui nous habillent jusqu'au cou... Parmi les personnages, il en est un, çà ou là, qui représente autre chose qu'une dignité, fonction ou distinction sociale, et ne se contente pas de réciter. Il a quelque chose à dire, une nouvelle du monde du dedans à apporter aux autres ! Celui-là, c'est une personne, car alors, *personat*, « cela-sonne-à-travers ». Son message le traverse et le transforme, et sa présence est le commencement de sa parole. Mais pour ceux qui ne veulent pas entendre la vérité qu'il leur crie, c'est un cabotin.

J.B. : Plus graves sont les critiques qui touchent votre œuvre... On remarque que le succès de Gandhi a été considérable auprès de ses compatriotes, qui a réussi à chasser l'Anglais sans tirer un coup de feu. L'*ahimsā* fut en parfait accord, durant cette période, avec le tempérament hindou. Mais on ne voit rien de tel chez nous, où la violence s'accroît, s'installe en maîtresse absolue. On se réjouit ou l'on déplore que votre influence soit limitée à quelques groupes, dont les effectifs restent stationnaires, et qu'elle ne renverse pas le cours de l'histoire. Vos efforts, inlassables, sont disproportionnés par rapport aux effets obtenus. Disons-le, vous n'êtes pas suivi. Votre vie n'aura-t-elle été que l'épopée d'une utopie ?

L.d.V. : C'est vrai. L'homme propose et Dieu dispose. Dans Sa main le succès, à Lui seul la gloire. Nous sommes des « ouvriers inutiles ». Nous ne pouvons que donner des signes de bonne volonté. C'est vrai, pendant trente-cinq ans, j'ai clamé dans le désert, j'ai semé dans le vent. Chanterelle disait : « Est-il possible qu'après vous avoir entendu, pas un homme ne se lève ? Non, ils sortent. Des faces grises, des dos ronds... » C'est vrai, rares sont ceux qui m'ont suivi. Mais la douleur de ne me voir pas suivi n'est rien à côté du déchirement de me voir abandonné par ceux qui ont juré de me suivre. Et cela m'arrive encore de temps en temps... Dans nos luttes, jeûnes publics, affrontements de rue, emprisonnements, combien comptons-nous de victoires ? L'histoire suit son cours, qui est l'histoire des crimes et des malheurs des hommes.

J.B. : Ne vous êtes-vous jamais senti vaincu, ou déçu ?...

L.d.V. : Au soir de ma vie, je ne me sens ni vaincu ni déçu. Quand on pense que j'ai toujours nagé à contre-courant, n'ai jamais rien fait pour plaire au monde, ai traité ses idoles à coups de pied, c'est déjà un étonnant succès que d'être en vie, entouré de fidèles, de ne me connaître aucun ennemi, et même d'avoir des milliers d'amis connus et inconnus... Mes plus belles victoires, l'histoire les ignore et je ne les connais pas toutes ; c'est le travail qui s'est fait dans les âmes. Combien de personnes ont changé de vie pour m'avoir écouté ou lu, ou pour s'être fait bousculer par la police à nos côtés. Et quel chemin a fait, dans l'opinion publique et dans les cœurs, l'Évangile de la non-violence ! Le mot n'a paru dans la presse et n'a eu cours dans la langue qu'à partir de nos premières campagnes. Et qui connaissait le yoga avant la sortie du *Pèlerinage aux sources* ? Je n'ai pas récolté (ou bien peu) où j'ai semé. Mais quelles moissons ont levé où je n'ai pas semé, par exemple en Amérique : Martin Luther King et Chavez !... Dieu nous a permis de nous réjouir des victoires et ne nous a pas induits dans la tentation de nous en glorifier.

J.B. : Même en Inde, aujourd'hui, les gandhiens se sont faits rares. Ne peut-on pas voir une cruelle ironie du sort en ce que le pays de Gandhi se soit doté du plus formidable aboutissant de la « science du Bien et du Mal », je veux dire la bombe atomique ? Voyez-vous là une signification d'un symbolisme particulier ?

L.d.V. : Que l'Inde, dès qu'elle a eu le choix entre les bonnes armes et les mauvaises, ait choisi les mauvaises, est désolant, mais ne doit pas surprendre. Personne n'est non-violent par nature. On ne peut le devenir que par conversion. On ne s'y maintient que par une discipline difficile, il faut des maîtres pour l'enseigner. Il y a aux Indes une tradition de non-violence qui manque chez nous. Mais une tradition de violence aussi, comme chez tous les peuples. Son histoire est pleine de guerres et d'atrocités comme la nôtre. Ajoutons que c'est chez les plus agressifs que Gandhi a rencontré ses meilleurs adeptes. Il n'y a pas de frontière géographique ou politique entre les bons et les méchants. Cette frontière-là passe entre les deux yeux du même homme.

J.B. : Face aux « Quatre Fléaux » – Guerre, Révolution, Misère et Servitude –, vous prêchez un retournement de l'attitude intérieure, et, tout en condamnant la révolution violente, vous vous montrez révolutionnaire.

L.d.V. : Révolution sans conversion est un trou dans l'eau. On bouscule tout, on tue, on détruit, on brûle et on retombe au même point, sinon plus bas. La violence est, comme on dit, très efficace, mais permet le plus souvent d'obtenir le contraire de ce qu'on voulait. La Révolution française devait apporter la liberté, l'égalité, la fraternité, et la guillotine fonctionna dans ce sens. Elle aboutit à l'Empire qui ravagea l'Europe et ruina le pays. La Révolution russe devait instaurer le règne des camarades, la libération des travailleurs, l'abolition de l'État, la paix du monde. Elle aboutit à la dictature totalitaire et concentrationnaire... Ce qui s'obtient par la violence doit se défendre par la violence et se détruit par la violence. Mettre la violence au service de la justice, c'est introduire l'ennemi dans la place. La contradiction entre fin et moyens ôte sa valeur à la cause et parfois la renverse, à la consternation de ses naïfs et sincères partisans, et les transforme parfois eux-mêmes en criminels monstrueux.

J.B. : Toute votre œuvre est là pour montrer l'opposition du juste et de l'injuste qui s'excluent, et celle de l'intérieur et de l'extérieur qui se correspondent.

L.d.V. : L'accord du juste et de l'injuste est impossible, tandis que rien de bon n'est possible sans l'accord du dedans et du dehors. La non-violence est une force du dedans. C'est la « force de la justice » – *satyagraha* –, et la justice, c'est l'accord du dehors avec le dedans, condition de l'accord avec autrui. La force de la non-violence, c'est la pesée qu'elle exerce sur la conscience de l'adversaire et du besoin de justice qui est en soi comme en tous les hommes, justes ou injustes. La victoire du non-violent est de retourner le cœur de l'adversaire. Et « retournement » peut aussi bien se dire *conversion*. *Conversion* et *révolution* sont des synonymes de « retournement ».

J.B. : Mais comment convertir autrui quand on n'est pas converti soi-même ?

L.d.V. : Révolution bien ordonnée commence par soi-même... Tu veux un monde meilleur, plus fraternel, plus juste ? Eh bien ! commence à le faire ; qui t'en empêche ? Fais-le en toi et autour de toi, fais-le avec ceux qui le veulent. Fais-le en petit, et il grandira. Mais si tu commences par le monde sur lequel tu n'as point de prise, rien ne se fera... C'est ce que nous avons fait avec des unités d'abord, puis des dizaines, puis des centaines. La croissance reste lente, mais nous ne la hâterons pas en tirant sur la tige.

J.B. : Comment définissez-vous la non-violence militante ?

L.d.V. : Comme le viol délibéré et proclamé de toute loi injuste. Mais en ne tuant personne, en ne nuisant à personne, en acceptant les châtiments prévus par la loi. C'est cela qui pourra concourir à rectifier la loi. Forcer l'ennemi à redoubler ses coups au lieu de les lui rendre. Jusqu'à ce qu'au fond de lui, sa conscience finisse par basculer.

J.B. : Confrérie des gandhiens d'Occident, l'Arche est une communauté pastorale, artisanale et fraternelle ; une sorte d'*āshram* occidental. On la présente comme une solution quasi magique, mais votre conception d'une vie communautaire répartie en cellules patriarcales correspond-elle vraiment à un peuple aussi individualiste que le nôtre ?

L.d.V. : Le fondateur de l'Arche était bien plus qu'un « individualiste » : c'était un solitaire et un vagabond. Il n'avait aucune disposition ou vocation communautaire... L'Arche est une œuvre de conversion.

Elle exige la conversion de tous ceux qui y entrent, et elle opère cette conversion.

J.B. : Il est notoire que les successeurs ne sont jamais de l'envergure du fondateur d'un ordre. Ne peut-on rien craindre après vous des scissions toujours possibles, des déviations insensibles, l'apparition d'éléments étrangers au véritable esprit de l'Arche, dont la fondation est d'esprit religieux, mais pas, canoniquement, d'Église ? Votre message n'est-il pas déjà altéré ou trahi ?

L.d.V. : Aucune doctrine, aucun groupe humain n'est pour toujours à l'abri des déviations. Le message évangélique, combien en a-t-il subi !.. Et pourtant, il subsiste. À côté des déviations, il y a les réformes et les redressements. Chez nous est institué un Chapitre général tous les sept ans, chargé d'y pourvoir.

J.B. : À la différence de Rousseau, vous croyez au péché originel et doutez que l'homme soit bon ; mais, comme Rousseau, vous vous retirez du monde pour édifier de bons sauvages, macérant dans la nostalgie d'un passé campagnard et paradisiaque, criant avec le plus grand calme votre refus de la technique. Le monde de la technologie peut être oppressif, destructeur d'âmes, automatisant ; ne peut-il pas aussi avoir une fonction d'allégement et de libération ?

L.d.V. : Si je le croyais, je ne le refuserais pas ni ne le condamnerais. Le monde de la technologie épuise les ressources de la planète, conduit l'homme à la servitude. La surabondance des biens n'a nulle part créé une vie heureuse, épanouie ; elle a seulement fait oublier les fins : pourquoi la richesse, pourquoi la vitesse, la puissance ? pourquoi les fusées interplanétaires, les usines nucléaires ? Se le demande-t-on, et se demande-t-on si l'on en a besoin pour le bien du corps et de l'âme ?

J.B. : Votre antimilitarisme est également connu. Vous l'avez affirmé notamment lors de la guerre d'Algérie et de celle du Viêt-nam. Entraver l'action de certaines armées, n'était-ce pas faire le jeu de certaines autres ? Si l'Europe était un jour occupée, conseilleriez-vous aux Européens de ne rien faire contre l'occupant, comme le Mahātmā le conseilla aux Anglais s'ils étaient envahis par l'Allemagne ?

L.d.V. : La non-violence est une méthode de lutte et de résistance. Elle ne consiste jamais à ne rien faire. Contre toutes les oppressions, injustices, cruautés, il faut *faire*. Mais *faire autrement*... À une défense nationale non violente, nous avons songé. Quelques projets ont été publiés. Vu l'état d'esprit des multitudes et des nations, ils sont pour le moment impraticables. On ne peut supprimer les armées sans avoir préparé un autre système de défense. Et l'on est loin du compte. En attendant, on peut essayer la non-violence dans tous les conflits où elle a chance d'être efficace, démontrer au plus de gens possible qu'elle l'est, et les persuader ainsi de s'y exercer. La conversion des nations entières est au bout de ce long chemin.

J.B. : Freiner la course aux armements, n'est-ce pas faire le jeu de l'ennemi éventuel ?

L.d.V. : Non. La crainte est la principale raison de s'armer, la crainte d'être moins armé que le voisin. S'armer davantage, c'est le forcer à augmenter son armement. Tu ne peux l'inviter à désarmer, le fusil dirigé sur lui. Si tu veux qu'il désarme, dépose ostensiblement ton fusil avant de lui faire faire le geste de déposer le sien.

J.B. : Du point de vue psychologique, est-il vraiment possible, ou même judicieux, d'ignorer les puissances obscures qui sont en nous, pour vivre uniquement dans la lumière ? Avant même de retourner ces puissances, ne faut-il pas les explorer, et, pour cela, commencer par descendre ? N'est-ce pas là le début de cette connaissance de soi que vous jugez avec raison indispensable, sans se référer forcément à une catabase freudienne, d'où l'on ne remonterait pas ?

L.d.V. : « Qui fait l'ange fait la bête », a-t-on dit. Qui se prend pour un ange, ignorant les forces obscures qui sont en lui, est un imbécile. Celui qui va chez le psychiatre ne les ignore pas. Il se sait malade et il souffre. Et il voudrait ne plus souffrir. Celui qui est sain d'esprit ne doit pas ignorer que sa maladie, c'est le péché, et il devrait en souffrir plus. Cette souffrance s'appelle repentir. Et pour guérir, la cure s'appelle purification.

J.B. : N'avez-vous pas tendance cependant à nier une bonne partie des instincts, des pulsions, toute une moitié de la réalité profonde ? Shiva existe au même titre que Vishnou ; la destruction, au même titre que la transparence ; et les chiffres des choses peuvent être brouillés en vue de nouvelles combinaisons gagnantes. D'Héraclite, selon lequel la vie est faite de tensions comme la corde d'un arc tendu, à Konrad

Lorenz, qui a démontré l'existence d'une agressivité naturelle à l'humain, tout semble prouver l'omniprésence et l'utilité d'une certaine violence dans l'économie cosmique.

L.d.V. : Bien. L'agressivité est nécessaire, mais elle doit être retournée. La non-violence, c'est la colère convertie. La haine qui se dirige naturellement sur le méchant doit être tournée vers le mal ; la colère doit devenir une « sainte colère »... L'indignation est à la racine de la non-violence. Les « doux » des Béatitudes ne sont pas des *mous* ; ils sont les non-violents actifs, ceux qui savent « souffrir persécution pour la justice ».

J.B : Gandhi, dont vous êtes le disciple, croyait à la transmigration des âmes. Les chrétiens, dont vous êtes, n'y croient pas. Quelle attitude adoptez-vous devant ce problème ?

L.d.V. : Les chrétiens ont rencontré cette doctrine dès les premiers siècles à Alexandrie, l'un des pôles d'un empire dont l'autre était l'Inde. Ils ont rejeté cette vision, car ils l'ont sentie incompatible avec celle de la *résurrection.* Mais peut-on rien affirmer (ou nier) d'absolu, touchant des choses qui nous dépassent, exprimées dans un langage et des images qui passent par nous ?... Et d'abord, une remarque, que l'on fait rarement : comment les deux doctrines s'opposeraient-elles, alors qu'elles ne sont pas au même plan ?... La résurrection dans la lumière est pour les chrétiens le salut et la vie éternelle. La réincarnation est pour l'hindou le redoutable châtiment, pour qui n'est pas purifié, de demeurer dans un lieu d'expiation. Ce que j'aime chez les hindous, c'est la conception du *karma* : que nos péchés comportent leurs conséquences naturelles d'affliction pour nous et pour d'autres, dans les limites de cette vie et au-delà... Je crois que Dieu est infiniment bon, qu'il fait tomber sa pluie et pleuvoir ses grâces et ses bienfaits sur les méchants comme sur les justes. Donc, il ne nous punit pas. C'est nous qui nous appliquons les peines, et personne ne peut nous en empêcher... Ce que j'aime dans le concept chrétien de résurrection, c'est le maintien de l'identité et du caractère de la personne. Ma résurrection – si par mérite et grâce elle m'advient – ne m'est désirable que si elle est mienne et si je m'y retrouve. Or, je ne suis pas un corps et non plus une âme dépouillée de sa forme. Mon âme est vie, et la vie se prouve en produisant sa forme.

J.B. : Pour les mystiques hindous, le salut suprême est de se perdre en Dieu comme une goutte dans la mer, où elle devient la mer... C'est différent pour le chrétien.

L.d.V. : Le chrétien ne peut jouir de l'union divine s'il cesse d'être lui. Non pas goutte dans l'océan, mais note dans le concert. Et parmi les multitudes de notes qui forment le concert, il n'en est aucune qui ne garde sa hauteur et son timbre... Il est bien entendu que le « corruptible n'héritera pas de l'incorruptibilité », comme dit saint Paul, que ma « chair » n'est pas celle que je touche. Il ne s'agit pas d'elle, qui est poussière et retournera à la poussière, mais du principe vivant qui a donné forme au corps charnel et donnera forme au corps de gloire.

J.B. : Que pensez-vous de l'évolution de l'Église romaine depuis le concile Vatican II ? La disparition du grégorien, l'usage des vernaculaires, la messe face au peuple (et, donc, dos à l'Orient), l'interprétation sociale de Jésus, alors qu'à vos yeux le « pauvre » est le « pauvre pour l'Esprit »...

L.d.V. : Vous savez que c'est à l'intention du concile que j'ai fait mon plus long jeûne – quarante jours –, et ma femme, avec vingt autres, a fait ses dix jours, tandis que les nôtres multipliaient les démarches et les visites aux évêques et aux rédacteurs des textes. Et là encore, je ne me sens ni vaincu ni déçu. Il est vrai que les réformes ne sont pas toutes de mon goût, que je préférerais les messes en latin, même mal prononcé, et le *Kyrie* grégorien, et les moines en habit de moines... Mais, dans ma jeunesse, les églises étaient vides ou à moitié vides, même le dimanche. Aujourd'hui, je les trouve peuplées, et les fidèles se lèvent tous pour la communion... Il est vrai que je ne goûte pas l'Évangile accommodé à la sauce marxiste ; je n'aimais pas mieux l'alliance du sabre et du goupillon. Mais dites !... Que de grandes choses on a vues, et inimaginables en d'autres temps ! Le pape allant aux Indes et prônant Gandhi ; le pape embrassant le patriarche Athénagoras ; le pape en Terre sainte, cherchant la réconciliation avec les Juifs ; le pape passant l'océan pour parler de la paix aux Nations unies... Les commissions vaticanes pour les non-chrétiens... Les commissions vaticanes de *Justice et Paix*... Et dites !... Deux évêques jeûnant avec moi pour la première fois dans l'histoire !

J.B. : Toutes les époques ont cru à la fin du monde et en ont guetté les signes, du haut des collines de l'angoisse. Ne faites-vous pas de même, et cette hantise de l'Apocalypse n'est-elle pas une résurgence millénariste ? Ne favorisez-vous pas la névrose générale en entretenant l'Occidental dans ce manque de confiance en lui et en son souvenir, en l'enfonçant dans sa mauvaise conscience, et ne risquez-vous pas de renforcer ainsi des idéologies qui ne veulent de bien ni à l'Occident (qu'elles jalousent et imitent), ni à vous-même (en tant que chrétien) ?

L.d.V. : Mes annonces de la grande catastrophe n'ont rien d'une hantise ou d'une névrose. Elles sont dictées par la simple logique des faits. Et combien je voudrais m'être trompé et qu'il y eût au siècle prochain des hommes pour se moquer de ma prophétie !... Nous sommes assis sur des montagnes de bombes. Croyez-vous que nous sommes assurés de notre tranquillité ? Nous empoisonnons systématiquement l'eau, l'air et la terre. Croyez-vous que cela peut durer longtemps ? Les trois quarts des humains souffrent de la faim. Trouvez-vous que tout aille pour le mieux ?.. Ce n'est pas la crainte des gens qui est alarmante, c'est leur effroyable tranquillité !

J.B. : Shantidās, qui êtes-vous ?... Où faut-il vous situer ? En contestant la société actuelle, l'industrie, l'argent, l'armée, le nucléaire, vous apparaissez à beaucoup comme un homme de gauche. En voyant dans la démocratie le principal support de la guerre totale, en condamnant la révolution violente, la priorité du social, la notion de progrès, le catholicisme moderniste, vous apparaissez à d'autres comme un réactionnaire. Vous n'êtes ni l'un ni l'autre, mais vous n'êtes pas davantage d'un juste milieu qui serait la tiède synthèse des deux, ni au-dessus de la mêlée, puisque vous vous engagez physiquement, ni en marge, s'il est vrai que dans un monde inversé, la périphérie corresponde au centre. Seriez-vous en fin de compte au carrefour des paradoxes, dans le feu où les contradictoires se fondent en une unité supérieure, et qui aurait nom « Royaume des Cieux » ?

L.d.V. : Quand on me demande de quel parti je suis, je réponds en effet que je suis partisan du Royaume des Cieux ; et comme nul candidat aux élections ne se présente avec ce programme-là, je ne sais pour qui voter !

JACQUES BROSSE

---

# Vivre le zen

*... Me définir ?... Je ne le pourrai qu'après ma mort. Et encore ! Pour le moment, je me sentirais plutôt – et fort heureusement – indéfini.*

Lettre à l'auteur, 6 juillet 1995.

*Cet entretien a eu lieu à Paris, le 21 juillet 1977. Jacques Brosse travaille actuellement à un* Orphée et l'orphisme, *en collaboration avec Simonne Jacquemard.*

Les arts martiaux, la décoration florale, la peinture à l'encre, le « théisme », et, sur l'océan de la Grande Vacuité, des archipels de milliers de petites histoires délicieuses et déconcertantes : images d'Épinal du bouddhisme zen.

## *Un initiateur : Daisetz Teitaro Suzuki*

Il me souvient d'avoir vu à Gretz – c'était dans les années cinquante-cinq –, dans l'āshram du Swāmi Siddheswarānanda, le professeur de Kyōto, Daisetz Teitaro Suzuki, le premier qui ait révélé le bouddhisme zen à l'Occident. Un être mince et diaphane, parlant d'une voix neutre et monotone. Il avait de longs sourcils noirs peignés en deux auvents protecteurs et tenait ses yeux perpétuellement fermés, car la somme de mal qu'il lisait dans les êtres humains lui causait de grandes souffrances. Sa nièce le guidait à travers la foule, telle Antigone guidant Œdipe.

Il me souvient aussi que chaque fois qu'on lui demandait : « Pourquoi sommes-nous sur cette terre ? », le vénéré professeur répondait : « Pour connaître le Soi. »

Depuis lors, le zen m'interpelle : ce monde à l'envers qui est le monde à l'endroit, où la lame du couteau équivaut au manche, où les silences sont plus assourdissants que les tonnerres, où, pour dire plus, on dit moins – ô litote d'un classicisme surréaliste ! –, où les réponses à mes questions sont mes questions se faisant écho, où, quand je bois, c'est l'autre qui est ivre... Monde à l'envers, monde à l'endroit, où les montagnes sont et ne sont pas et redeviennent montagnes ; avec ces moines debout, toute la nuit, sous la neige, attendant que veuille bien s'ouvrir le monastère ; ces coups de bâton dans la plus pure tradition de la farce moliéresque, et ces coups d'éclair de l'irrationnel ; ces injures, ces sarcasmes du maître, auxquels le disciple, confus de tant de cordialité, réplique à révérences forcenées. Tout cela dans un climat de transparence, de légèreté, dans l'étrange impression de se promener parmi un verger où les arbres morts, frôlés par l'ombre du sage, refleurissent.

« La grande leçon du zen, nous disait Suzuki : mourir à toutes nos façons de penser, de voir et d'agir... »

Au-delà des mots, des images, des idées – ces idoles –, plonger directement dans sa nature originelle. Détruire les savoirs, brûler toute dialectique, avec leurs systèmes d'analyses et de synthèses combinatoires, qui ne mènent à rien. Comprendre simplement qu'il n'y a rien à comprendre, que la seule ignorance fait croire à une scission entre le fini et l'infini.

« Le mental, nous disait encore Suzuki, établit des distinctions oiseuses à partir des dualités ; il les confond avec la vie, comme ceux qui prennent la lune pour le doigt qui la désigne... »

Dès que s'insinue le mental entre le fait concret et moi, il y a problème, c'est-à-dire névrose. *Je pense, donc je souffre.* Ci-gît toute la faillite de l'hyperintellectualisme moderne. D'où le succès du zen chez nos contemporains. Il est temps d'user de l'épée-de-diamant pour décapiter M. Teste. Temps de vivre *hic et nunc.* « Quand j'ai faim, je mange, quand j'ai sommeil, je m'étends », dit le sage en sa cabane. (Montaigne en son château : « Quand je danse, je danse, quand je dors, je dors. »)

## *Zen et* zên

Ce qu'il faut : oser faire le saut dans le vide, c'est-à-dire fixer l'esprit dans une dimension impensable du Réel.

« Ne spéculez pas sur le zen, vivez-le !... »

C'est ce que fait, parmi nous, Jacques Brosse, plongé comme nous dans le monde et ses opacités. Déjà très loin, encore tout près. Vivant le zen – la vie dans la vie... Curieux qu'en grec « vivre » se dise justement *zên.*

Vivre, c'est être la vérité. La vérité est ce qui est au-delà de toute réflexion spéculative, au-delà de toute forme et de l'absence de forme, au-delà de la parole et de la non-parole. Elle ne peut qu'être éprouvée intérieurement ; et une telle expérience est incommunicable : c'est le *satori*, l'éveil de la conscience relative, empirique, la vision intuitive, fulgurante, noétique, la connaissance définitive, irréfutable, la rupture instantanée de toute limitation individuelle ; l'expérience des expériences, qui ne peut être niée par ceux qui ne l'ont pas eue, puisqu'ils ne l'ont pas eue, et qui ne peut l'être non plus par ceux qui l'ont eue, puisqu'ils l'ont eue.

Je n'interrogerai donc pas Jacques Brosse sur l'illumination.

## *L'écrivain confidentiel*

Il naît à Paris, le 21 août 1922, le quatrième d'une famille de cinq enfants. Il fait ses premiers pas au Jardin des Plantes, accomplit le cycle de ses études secondaires dans un collège religieux, à Nogent-sur-Marne. Il fréquente longuement l'Université : faculté de droit et des lettres (histoire et philosophie), sciences politiques, langues orientales ; il apprend le chinois. Malgré son avidité de connaissances, la rigidité, l'abstraction des programmes le rebutent. Tout occupé de lectures personnelles, il réussit peu d'examens. Il restera, toute sa vie, un autodidacte. Ses curiosités le conduisent à fréquenter les milieux de l'occultisme et de la maçonnerie spéculative ; mais il s'en écartera dès la vingtaine passée.

En 1943, convoqué pour le Service du travail obligatoire en Allemagne, Jacques Brosse se réfugie dans la clandestinité. Du maquis de Gex, il passe la frontière suisse. Interné à Lausanne, il bénéficiera ensuite, à l'université de Fribourg, d'une bourse d'études du gouvernement d'Alger. De retour en France à la fin de 1944, il reprend ses études sans réel enthousiasme.

Visitant les États-Unis en 1947 avec un groupe d'étudiants, Jacques Brosse décide d'y demeurer. À New York, où il ne peut trouver de travail, il mènera, de longs mois, une existence précaire, tout en fréquentant une société d'artistes et d'écrivains venus de tous horizons. Correspondant à l'Office de radio-diffusion et télévision française, il travaille aux Nations unies, tout en vivant en pleine campagne.

C'est aussi à la campagne qu'il s'installera dès son retour en France, en 1949, avec la romancière Simonne Jacquemard, qu'il connaît depuis l'âge de dix-neuf ans et qui deviendra sa femme [1]. Tous deux occupent successivement des maisons prêtées, louées ou achetées, constituant peu à peu une réserve naturelle où ils vivront dans la familiarité de nombreux animaux. Pendant deux ans, Jacques Brosse occupe un poste à la Direction des affaires culturelles du Quai d'Orsay, puis il entre aux éditions Robert Laffont, où il est chargé de la publication d'ouvrages encyclopédiques : *Dictionnaire des œuvres de tous les temps et de tous les pays ; Dictionnaire biographique des auteurs ; Dictionnaire des œuvres contemporaines ; Dictionnaire des églises de France, Belgique*

1. Simonne Jacquemard a publié plus de trente ouvrages, parmi lesquels *Le Veilleur de nuit* (prix Renaudot, 1962), *L'Éruption du Krakatoa, La Thessalienne, Le Mariage berbère, Le Jardin d'Hérodote*, ainsi que des essais, des poèmes, de charmantes histoires d'animaux et des contes pour enfants.

*et Suisse*, en dix-sept volumes. Il dirige parallèlement, aux éditions Fayard, la collection « Expérience psychique », qui regroupe des témoignages de vie intérieure – psychologiques, religieux ou mystiques, d'Orient et d'Occident –, ainsi que des exposés méthodiques sur les phénomènes extra-sensoriels, et des documents sur l'usage des drogues, l' « expansion de la conscience » : toutes recherches convergeant sur un but lointain, celui de la transformation de la conscience humaine.

Durant ses loisirs campagnards, Jacques Brosse écrit aussi pour lui-même. Il écrit, en fait, depuis toujours, mais ses premiers essais, accueillis par Albert Camus à la *Nouvelle Revue française*, n'ont finalement pas été publiés en livres. Après un long silence, il se consacre à l'élaboration d'une œuvre ambitieuse, qu'il jugera interminable, une *Histoire générale de la conscience* à travers l'évolution biologique et historique. Des années durant, il poursuit ses recherches dans toutes sortes de domaines fort différents, écrit plusieurs des six volumes prévus. *L'Histoire de la conscience* ne sera jamais publiée : Jacques Brosse la détruira comme ses précédents manuscrits ; mais, au contact de la nature, un autre livre est né : *L'Ordre des choses*.

Bien que ce livre ait été préfacé par Gaston Bachelard, il circulera, trois ans, chez les éditeurs, avant que l'un d'eux se décide à le publier. *L'Ordre des choses* recevra cependant un excellent accueil. *L'Éphémère*, sorte de journal de la Nature, est encore bien reçu ; mais peu à peu, lors de la publication des ouvrages suivants, les critiques se taisent, probablement déconcertés par une œuvre qui, à leurs yeux, manque d'unité. Elle passe, en effet, du roman fantastique à l'essai psychanalytique, des recherches botaniques aux travaux linguistiques. Honoré de l'estime d'hommes tels que Jean Cocteau, Henri Michaux, Claude Lévi-Strauss, Jacques Brosse n'en restera pas moins un écrivain confidentiel. Il collabore à plusieurs journaux : *Arts*, *Le Figaro littéraire*, où il tient quelque temps une chronique, *Les Nouvelles littéraires*, où il rend compte des essais parus.

De 1967 à 1969, Jacques Brosse entreprend, sous la direction du docteur Gérard Mendel, une psychanalyse didactique, qui fait suite à une longue auto-analyse. Pour se débarrasser des séquelles de l'expérience et pour aller plus loin, Jacques Brosse commence une série de *plongées* sous acide lysergique. Immédiatement après, il part pour l'Inde, où il fera deux longs séjours. Pendant deux ans, il inventorie le monde sensoriel et psychique révélé par le LSD. Il pratique ensuite le *hatha-yoga* avec un maître indien. Cette dernière expérience aura des conséquences sur sa santé, qui l'obligeront à y mettre un terme.

C'est alors que Jacques Brosse rencontre maître Taisen Deshimaru, venu transplanter en Europe la pratique du zen [1]. Pendant de nombreuses années, Jacques Brosse avait étudié le bouddhisme japonais dans les livres, tandis que Simonne Jacquemard s'adonnait depuis longtemps à cette forme de méditation. À son tour, sous la direction du maître Deshimaru, il se livre à une pratique intensive du *zazen*, et reçoit, en 1975, l'ordination monastique. C'est en tant que maître délégué par Taisen Deshimaru qu'il dirige, à partir de 1979, des *sesshin*, périodes de retraite monacale accompagnées de conférences très suivies, dans les *dojo* [2] qu'il a fondés.

Pour Jacques Brosse, convergent dans le zen et s'y unifient deux démarches jusqu'alors séparées : la recherche du moi le plus profond et la communion avec la nature. Une des activités des moines zen, le jardinage, dont Jacques Brosse est un adepte fervent, l'amène à publier des œuvres collectives sur ce sujet : *Arbres d'Europe occidentale ; Arbustes, arbrisseaux et lianes ; La Magie des plantes.* Au moins une fois par an, Jacques Brosse entreprend des voyages lointains de naturaliste, qui lui ont fait parcourir une grande partie de l'Afrique, de l'Asie et des deux Amériques.

## *L'aventurier des psy*

Tel est l'homme, telle, l'œuvre, abondante et variée, qui, en 1987, sera couronnée du Grand Prix de littérature de l'Académie française. L'écrivain confidentiel est devenu écrivain connu, reconnu, respecté. Le directeur des vastes organisations encyclopédiques se double d'un être de lumière : Jacques Brosse est un touche-à-tout, un Diderot qui n'aurait pas dit non à Dieu. Expérimentateur-vérificateur d'une parfaite sincérité avec lui-même, allant jusqu'au bout de l'aventure en ayant plusieurs fois manqué d'y laisser son âme. Écrivain subtil, habile à croquer les visions qui hurlaient en lui, s'employant à rester lucide sous l'assaut des hallucinogènes, comme le reporter sous la mitraille. Arpenteur de ses cauchemars et de ses extases. L'Alan Watts qui nous manquait.

Il y eut d'abord les tâtonnements : psychanalyse, psychédélisme. La disparition des limites, la danse des objets et des luminescences, les mouvements gélatineux, décomposés au ralenti, le grondement des

1. Taisen Deshimaru, qui fut le disciple de Kodo Sawaki, arriva en France en 1967. Il se plaît à rappeler que « France » s'écrit *Fu Ransu*, qui signifie « pays du Bouddha ».
2. Salle réservée à la méditation.

grandes eaux de l'énergie, la remontée biliaire des réminiscences, le compte à rebours de la santé, l'effroi devant les processus psychiques déclenchés sans savoir les arrêter. Il n'est plus alors qu'une feuille morte, réduite à une fine dentelle de nervures. « Celui qui n'a pas consenti à son anéantissement ne peut savoir ce qu'est le bonheur... » Se regardant, un jour, dans un miroir, il y cherche vainement son visage : première levée du voile de l'illusion.

Il y eut ensuite la voie, l'engagement définitif, ce dont nous aurons surtout à parler : l'apprentissage du geste juste, la totale disponibilité à l'instant, l'acquisition du calme qui déjoue l'adversaire, l'agir sans agir, l'art de laisser la vie se vivre elle-même en nous, et, surtout, la bonne posture, le *zazen*, qui est à lui seul tout le zen : « Une certaine façon de se tourner les pouces, mais difficultueuse, car ils doivent rester parfaitement immobiles. »

JEAN BIÈS : Avec un rare courage, vous vous êtes aventuré dans les continents intérieurs et vous avez eu la simplicité de vous voir sous les aspects les plus vrais, fussent-ils les moins flatteurs. Toute votre œuvre témoigne de ce constant souci de vérifications *pratiques*, et l'on peut dire que vous avez réussi ce qu'un René Daumal, mort précocement, se proposait de faire. Pouvez-vous nous dire ce qui vous a poussé vers votre première expérience, l'expérience onirique ?...

JACQUES BROSSE : La démarche intérieure a toujours eu pour moi un très grand attrait, depuis l'introspection de l'adolescence. Quand j'ai eu rencontré les doctrines psychologiques, j'ai compris que les livres qui m'en avaient parlé ne pouvaient pas être vraiment compris si l'on ne *pratiquait* pas soi-même, – ce qui fut dès lors mon souci constant : chaque fois que j'ai rencontré une discipline, j'ai essayé de la pratiquer... J'ai fait une psychanalyse presque involontaire, au début, partant du fait que Simonne Jacquemard rêvait beaucoup. Elle se servait de ses rêves, qu'elle interprétait ; moi, pas du tout. J'avais même l'impression de ne rêver que très accidentellement. J'étais convaincu de l'existence d'une censure, et j'ai essayé de provoquer le rêve en moi, de le piéger.

J.B. : C'est ce que relate votre *Expérience du rêve*, à travers laquelle on perçoit la discipline que vous vous êtes imposée.

J. BROSSE : Il m'est arrivé, durant cette période, de remonter plusieurs réveils à des heures différentes de la nuit. Je griffonnais mes rêves, essayais de les faire parvenir au niveau de la conscience sans toujours y réussir. Un monde fantastique m'est alors apparu, le monde des rêves.

J.B. : Et vous vous êtes mis à les psychanalyser.

J. Brosse : Selon les méthodes qui me semblaient les plus rigoureuses, celles de Freud, pendant huit ans... Une auto-analyse dangereuse, car elle crée des tendances obsessionnelles. Elle fait tout interpréter – à devenir fou !... Il me fallait passer au niveau de la psychanalyse didactique avec un psychanalyste... Ce que j'ai fait durant deux ans. Grâce à lui, et à moi (puisque le psychanalyste n'est qu'un témoin averti), j'ai acquis une connaissance intérieure du mécanisme psychanalytique assez complète. Le psychanalyste a lui-même fait la coupure : « Vous êtes arrivé au niveau que vous cherchiez. Ce n'est pas la peine de continuer... » Cela faisait dix ans que je me travaillais le dedans...

J.B. : Cette psychanalyse vous réservait de bien curieuses découvertes sur la sexualité, sur vos véritables sentiments à l'égard de vos parents, de vos amis...

J. Brosse : Et, ajouterai-je, de moi-même...

J.B. : Vous aviez entendu parler depuis longtemps de l'acide lysergique diéthylamide, le LSD ?

J. Brosse : J'avais exploré les « problèmes » d'un jeune écrivain fort perturbé, à qui je donnais des conseils psychanalytiques. Le point de départ de ses troubles avait été l'ingestion, à seize ans, de LSD : un choc effroyable ; on ne l'avait pas prévenu du tour qu'on lui jouait... Se considérant « délivré » en partie de son « obsession » par mon aide, il me dit qu'il souhaiterait prendre du LSD avec moi, pour voir... C'est donc assez accidentellement que j'ai abordé cette nouvelle aventure. Mais, évidemment, depuis que j'avais entendu parler des effets de ce produit, je n'attendais qu'une occasion de l'essayer.

J.B. : C'est l'aventure que vous racontez dans *Mahabalipuram* : le récit initiatique, dans un style adapté aux hommes d'aujourd'hui, d'une descente aux enfers et d'une remontée, dont les voyages extérieurs ne sont que les décors. Vous connaissiez alors d'étranges sensations :

l'élargissement du corps, l'écroulement des résistances, la chute libre dans le vide des images... Ne craigniez-vous pas la puissance du tabou ?

J. Brosse : La drogue est devenue taboue par suite d'un certain instinct de défense de la société... Remarquez bien que le LSD peut effectivement devenir une drogue, mais en soi, ce n'en est pas une. C'est un instrument de pénétration des structures inexplorées du conscient et de l'inconscient, de nos propres sources psychiques. Je n'approuve pas l'usage prophétique assez délirant qu'en a fait Thimothy Leary. Mais le LSD peut rendre des services momentanés pour une certaine saisie, un certain approfondissement, une submersion du conscient par l'inconscient.

J.B. : Ce que les alchimistes nomment le « naufrage dans la mer des sages »... C'est là que se sont noyés Nerval, Rilke, Nietzsche, Van Gogh, Artaud... Peut-être, par suite d'une obstination mal placée et incontrôlée.

J. Brosse : Ils n'avaient pas utilisé le LSD, qui n'existait pas à leur époque, mais des moyens d'accès beaucoup plus dangereux, somme toute... Ma curiosité aussi était très éveillée, très ardente. Mais cela a tourné court : je me suis retrouvé dans mes propres traces, et j'en suis venu peu à peu à considérer ça comme un jeu amusant, mais qui n'avait plus guère d'intérêt... J'avais fait là une expérience fort dangereuse, ajoutant au LSD la psilocybine, le peyotl et ses dérivés. J'avais échoué à l'hôpital Sainte-Anne ; j'étais allé sans doute un peu loin dans mes recherches – ce qui me valut d'ailleurs un témoignage de satisfaction d'Henri Michaux : « Vous pouvez en parler, vous avez payé. »

J.B. : Assez curieusement, le LSD vous a conduit à l'Inde...

J. Brosse : Oui, une Inde que, jusqu'alors, je détestais... Elle m'était un monde tout à fait étranger ; un monde obscur et monstrueux, larvaire, qui me mettait mal à l'aise... Depuis l'adolescence, j'avais orienté mes recherches vers son contraire, la Chine. Soudain, par l'expérience du LSD, c'est l'Inde qui m'est en effet apparue comme ce que j'appellerais en termes freudiens « le retour du refoulé ». Ce que j'avais nié, détesté, c'était peut-être ce qui m'attirait le plus... Et pour être cohérent, je suis parti pour l'Inde, où j'ai fait deux séjours. Je n'ai pas cherché à y trouver la « spiritualité », je n'ai pas fait de « pèlerinage » ; j'y suis allé, simplement...

J.B. : Comment l'Inde vous est-elle apparue ?

J. BROSSE : Elle m'est apparue comme le domaine du « Divin immanent ». Malgré ses horribles défauts, j'y ai trouvé partout la présence permanente du sacré, dans tous les actes de la vie, dans l'atmosphère, dans les parfums, dans la vie quotidienne plus encore que dans les temples. L'Inde vit encore dans une dimension sacrée, et c'est peut-être même le seul pays, malgré ce qu'on a voulu en faire en l'occidentalisant. Il n'y a plus à l'heure actuelle que quelques points sur la terre où les gens ne vivent pas encore dans le domaine profane. La dualité mentale dans laquelle nous vivons n'existe pas en Inde.

J.B. : Vous avez vécu à Dambulla, dans un temple-caverne, une expérience bizarre, assez confuse, me semble-t-il.

J. BROSSE : C'était dans un monastère bouddhiste *Hīnayāna*. Mais je ne sais pas exactement ce qui s'est passé là, durant ces trois jours. J'avais pris précédemment beaucoup de LSD ; je n'ai pas très bien su son influence sur moi.

J.B. : De retour de l'Inde, vous avez pratiqué le hatha-yoga...

J. BROSSE : Il se trouve que j'ai été mis en rapport, à Paris, avec un Indien, maître de yoga. J'ai suivi ses cours un certain temps, jusqu'au jour où ce maître a voulu m'initier. Initiation qui a été extrêmement pénible : j'ai subi dans le monde extérieur une espèce de contre-choc très bizarre ; il s'est ensuivi une série de troubles physiologiques qui ont duré plus de deux ans. J'ai renoncé au mantra qui m'avait été donné, j'ai rompu les ponts avec ce maître, continuant simplement de m'adonner au hatha-yoga en tant que discipline physique.

J.B. : C'est, je crois, à la fin de cette expérience, longue et douloureuse, que vous avez rencontré le *roshi* Taisen Deshimaru.

J. BROSSE : Je ne l'ai pas cherché, on me l'a fait rencontrer. Je connaissais le zen de longue date, j'avais lu les ouvrages de Daisetz Suzuki. Des livres, il me fallait passer une fois de plus à la pratique.

*Expression directe du bouddhisme* mahāyāna, *le* tch'an *(du sanskrit* dhyāna, *« méditation »)* *fut apporté en Chine par le premier patriarche qui y fut, Bodhidharma, au* VI*e* *siècle. Le tch'an se répandit au Japon sous le nom de* zen *au* XII*e* *siècle par l'entremise du moine* tendaï *Yôsaï, représentant l'école Rinzaï, aristocratique, héritière de Lin-Tsi, et au* XIII*e*, *avec Dōgen, représentant l'école Soto, plus populaire, héritière de Hsing-seu, et de Che-t'eou.*

*Philosophie éminemment pratique, le zen se veut expérience vécue. Son but est la libération intérieure. Il s'agit à cette fin de réunifier le corps et l'esprit, d'acquérir une vision non dualiste, de recouvrer « le visage d'avant sa naissance, autrement dit, sa* bouddhéité, *en réalisant la sagesse suprême, intuitive et immédiate (*prajñā*), inséparable de la compassion* (karuna). *L'ultime expression de l'atteinte d'un tel but sera le renoncement au but.*

*Pauvreté, nudité morale, pureté, simplicité, tels sont les aspects les plus extérieurs de la méthode. Il en est d'autres. Si le zen garde l'invocation rituelle du nom du Bouddha Shakyāmuni (le* nemboutsou*), il privilégie, dans le* Rinzaï, *les moyens violents ou extravagants, dignes des Matsou et des Paï-chang, et la méditation intellective des* kōan, *paroles absurdes ou énigmatiques systématisées par Hakuin, ainsi que le* zazen *« avec support » ; dans le* soto, *la méthode douce et le* zazen *« sans but ni objet » ; l'une et l'autre école s'accordant pour conférer à celui-ci la place la plus déterminante. Le* zazen *désigne la méditation assise, avec respiration abdominale, lente et profonde ; un état de recueillement obtenu par un effort de concentration, d'intériorisation, de suspension de toute pensée : les mots, la raison discursive sont les pires ennemis du zen. La méditation conduit au « penser non-pensé » (*hi-shiryō*) et à la vacuité (*shūnyatā*), l'état divin par excellence.*

*Rejet des savoirs, donc ; mais aussi, rejet du* karma *par l'agir sans agir, rejet des projections et préjugés, du moi – lequel n'existe d'ailleurs pas ! –, rejet du désir, première cause de toute souffrance. Voilà qui constitue un déconditionnement radical, qui préconise de tuer même le Bouddha s'il se présente, et de ne pas imiter son maître, le* roshi.

*Le résultat de cette démarche abrupte est le* satori, *qui fait s'évanouir en un éclair toutes les constructions mentales, imaginaires, et que suivra l'accès au* nirvāna. *Celui-ci n'est pas plus un anéantisse-*

*ment que la vacuité n'est le néant, mais « extinction » du désir, de l'illusion et de l'aveuglement, passage de l'existence à l'être.*

*Des œuvres comme les* Instructions pour le zazen *et le* Trésor de la Vraie Loi, *de Dōgen, le* Recueil de la transmission de la lumière, *de Keïzan, qu'avait précédé en Chine le* Sûtra de l'Estrade, *de Houeï-nêng, donnent la plus exacte peinture du bouddhisme zen, en dépit de leur concision, et peut-être grâce à elle.*

*Le zen eut les plus heureuses incidences sur toute la vie des Japonais, en particulier dans le domaine des arts : le jardin, créé par Muso, la « voie des fleurs », la « cérémonie du thé », l'exercice du sabre, révélé par Takuan, le code d'honneur des samouraï* : le *bushidô*, d'où sont issus les arts martiaux, la calligraphie, le théâtre nô ; enfin, le *sumiye*, lavis instantané, et le *haï-ku* (Bashô), *poème de dix-sept syllabes, l'un et l'autre, manifestation de la spontanéité retrouvée à travers la concentration et d'une vie jaillie du principe d'indétermination.*

---

J.B. : Si vous-même n'avez pas atteint l'état de *satori* – ce que personne ne saura jamais –, vous n'en écrivez pas moins que « cet état..., je sais maintenant d'expérience qu'il existe, qu'on peut l'atteindre, ou plutôt, le rejoindre, qu'il est le seul sublime... ».

J. BROSSE : J'avoue simplement que j'étais à une étape où j'entrevoyais la possibilité que le *satori* pût exister. Je pense que quelqu'un qui a pris du LSD dans certaines dispositions peut entrevoir cet état, même s'il est inatteignable par le LSD. Comme on voit la Terre de la Lune... Le décalage est tel qu'on arrive à voir en quelque sorte le *satori* du dehors ; et l'on se dit qu'effectivement on peut atteindre peut-être cet état, puisque en soi il existe.

J.B. : Je ne vous demanderai pas ce qu'il est. Tant qu'on ne l'a pas eu, on ne peut pas en parler, et lorsqu'on l'a eu, on n'en parle pas.

J. BROSSE : Exactement.

J.B. : Vous parlez longuement, en revanche, de la nécessité du maître spirituel.

J. BROSSE : Beaucoup pratiquent le *zazen* sans maître ; c'est grand dommage. Dans le *zen soto* (celui que je pratique), c'est le maître, et lui seul, qui est en mesure de savoir si vous êtes en *satori*. Avec la prodigieuse intuition qui est la sienne – il communique sans mots –, le maître sait l'état où vous êtes. Il comprend parfaitement le degré de votre transformation psychophysiologique ; il sait à quel moment vous avez dépassé la frontière. Vous-même n'en savez rien ; vous ne pouvez que vivre dans les fantasmes de l'illusion. Seul le maître peut reconnaître le dépassement de la dualité. Cette confirmation est indispensable, et elle ne peut venir que de lui... Si le maître n'a pas avalisé le *satori* du disciple, celui-ci n'en a aucune preuve véritable. Il faut y être d'abord passé soi-même pour pouvoir le reconnaître chez autrui.

J.B. : On peut se demander, du reste, si la question du maître spirituel est bien comprise par les Occidentaux.

J. BROSSE : Alexandra David-Neel a, dans son livre *L'Inde où j'ai vécu*, une merveilleuse petite note sur les *guru* : elle dit que ce sont des personnages comme les autres, mais traversés par quelque chose d'autre. Le maître spirituel est le *relais* de quelque chose de sacré. Il peut être ivrogne, paillard... Par moments passe quelque chose d'*indépendant* du personnage ; et c'est alors qu'il est le maître, celui auquel on doit hommage.

J.B. : Pour peu que l'on tienne compte de la décrépitude spirituelle de l'Orient, comment voyez-vous le devenir spirituel de l'Occident ? Celui-ci ne serait-il pas en train de recueillir à son bord la cargaison du navire « Asie » en train de couler ?...

J. BROSSE : Pour limiter la question, je vous dirai que c'est un peu pour cela que j'ai choisi le zen... Vous savez que le *tch'an* a été importé au VIe siècle par le prince Bodhidharma, d'Inde en Chine. Il y a donné naissance à une brillante lignée de très grands maîtres, mais fut aussi à l'origine d'un extraordinaire épanouissement de la civilisation chinoise. La période des T'ang, qui coïncide avec l'apogée du *tch'an*, a été dans tous les domaines d'une magnificence inégalée. Le *tch'an* déclinait au XIIIe siècle, quand les Japonais sont venus le chercher pour le transplanter au Japon. Dōgen a reçu la transmission des derniers grands maîtres chinois. Et la civilisation japonaise en a reçu un élan sans précédent ; la vie quotidienne en est restée marquée jusqu'à nos jours. Je suis allé au Japon pour n'y trouver que des ruines du zen. Mais Suzuki a su, grâce à ses livres, faire connaître l'esprit du zen en Amérique et en Europe, puis maître Deshimaru est venu apporter la pratique, le *zazen*. Au Japon, certes, le zen est moribond, mais il peut refleurir comme une bouture dans un autre terrain ; c'est ce qu'il a toujours fait... Il va peut-être donner ici des fleurs et des fruits admirables... Nous sommes à une époque de passage.

J.B. : Il faut cependant prévoir une certaine adaptation des doctrines orientales, qui ne soit pas une trahison.

J. BROSSE : Il se peut que l'on ne puisse accepter telles quelles ces doctrines. Il y a des aspects du zen qui vont probablement disparaître en Occident ; mais je redouterais avant tout une occidentalisation hâtive. Elle s'est produite pour le *hatha-yoga*, qui est devenu simple gymnastique corporelle, bientôt remboursée par la Sécurité sociale ! Cette occidentalisation devra se faire d'elle-même. Pour le moment, il est souhaitable qu'on s'en tienne aux traditions telles qu'elles existent. On n'a pas à *penser* fabriquer un zen, un yoga occidental, ce serait tout à fait arbitraire. Cela viendra de soi-même... Le zen ne prétendant pas être une gymnastique, il est évidemment plus difficile de le trahir. Il s'agit de garder une posture pénible, douloureuse, d'immobilité. On peut même dire que tout est dans la posture. C'est une grande chance. Cela élimine du *dojo* les snobs, les curieux. Ils ont affreusement mal au dos et dans les jambes, et on ne les revoit plus !.. Le zen ne peut pas se démocratiser, ou plutôt, se démagogiser...

J.B. : C'est dire que l'aborder sans préparation est dangereux.

J. BROSSE : Il est souhaitable que soient créés des cours d'initiation indiquant les précautions à prendre, d'ordre psychique et physiologique, afin d'éviter les erreurs, les ennuis de santé... Nos contemporains se tiennent mal, ils ont un mauvais équilibre physique, organique, glandulaire, nerveux. Ces cours leur seront de la plus grande utilité.

J.B. : Ce qui est certain, c'est que si les Occidentaux ont recours à ces disciplines, c'est parce qu'ils en manquent ou qu'ils les ont perdues.

J. BROSSE : Aujourd'hui, dans certains monastères bénédictins et dominicains, on estime nécessaire de se mettre en *zazen*. Ces moines, au contact de l'Orient, ont constaté qu'ils n'avaient plus de méthodes de méditation, qu'ils les avaient perdues depuis des siècles. Ils redécouvrent qu'une certaine posture est indispensable. J'ai séjourné à la

Pierre-qui-Vire : on y a supprimé les prie-Dieu, on se met à genoux sur les talons à la mode orientale, et l'on a tiré les avantages d'un tel changement... Ces moines ont compris l'importance du corps, son emploi correct dans les exercices d'intériorisation.

J.B. : Ce que l'Orient chrétien, lui, n'a jamais oublié, avec les métanies et l'hésychasme.

J. BROSSE : Bien sûr !..

J.B. : Vous écrivez : « Consciencieusement, loyalement, j'ai essayé d'être moi-même, de coïncider au plus juste avec moi ; de là, toutes sortes d'essais et d'excès, le refus des limitations de la vie, des outrances, trop ou pas assez de sérieux, une quête ininterrompue, fatigante, parfois scandaleuse, presque morbide, presque maniaque... » Ne risque-t-on pas de vous accuser de narcissisme ?

J. BROSSE : Il y a certainement un goût obstiné, maniaque peut-être, de l'introspection. Mais le narcissisme ne m'apparaît pas du tout comme un terme d'opprobre. Peut-être encore moins maintenant que j'ai une optique bouddhiste... La psychologie, la métaphysique du bouddhisme me semblent les compléments indispensables de la psychologie et de la métaphysique occidentales... C'est ce besoin du *gnōthi seauton*, du « connais-toi toi-même », qui m'a poussé vers les disciplines orientales satisfaisant sans doute une inclination préalable chez moi. On sait maintenant que la psychologie hindoue et bouddhiste, qui date d'avant Jésus-Christ, était bien plus avancée que la nôtre. La connaissance du monde intérieur a toujours été la *spécialité* des Orientaux, comme la nôtre est la conquête du monde extérieur, avec les conséquences que nous voyons maintenant. Or, dans le cadre du bouddhisme, ce « narcissisme » est sans objet, puisque l'individu n'est qu'un agrégat psychophysiologique provisoire. Le *moi*, n'existant pas, ne peut être considéré par le Je intemporel : ce n'est plus du narcissisme, c'est tout autre chose. Le zen m'a justement apporté ce dont j'avais plus ou moins besoin, qui était de renoncer à mon personnage temporel en l'acceptant : un mode de vie provisoire, délimité, déterminé, mais rien d'autre.

J.B. : On ne peut s'engager dans de telles voies sans un certain concours de circonstances.

J. Brosse : J'ai accepté les circonstances, j'ai mis la main dessus. La principale condition pour avancer, c'est l'intrépidité, l'absence de peur de l'inconnu.

J.B. : C'est pour cela qu'on traite les chercheurs spirituels de guerriers, ou d'*ārya*, et qu'on parle de la « grande guerre sainte ».

J. Brosse : On peut penser aussi au « guerrier » tel que le définit Don Juan dans les livres de Castaneda... C'est cette grande guerre intérieure qui nous intéresse, celle où il peut se passer vraiment quelque chose.

J.B. : La pratique du zen ne comporte-t-elle pas cependant de nombreux dangers pour les Occidentaux, si l'on fait entrer en ligne de compte, comme le fait Jung, l'atavisme chrétien ?

J. Brosse : Oui, il peut y avoir danger, si l'on transporte certaines attitudes, certains modes de pensée nés d'une formation chrétienne et qui sont tout à fait étrangers à l'esprit du bouddhisme : la notion de péché, par exemple, ou celle d'une récompense ou d'un châtiment éternels, attribués par Dieu après la mort. Il n'y a pas, en principe, d'incompatibilité entre zen et christianisme. Je connais beaucoup de pratiquants du zen qui estiment vivre plus profondément leur christianisme, et même le comprendre beaucoup mieux, depuis qu'ils font *zazen*.

J.B. : Mais vous ?

J. Brosse : Je pense que, bien que moine zen, je suis resté fondamentalement chrétien, et pas seulement, je crois, par la force de l'habitude, mais peut-être parce que j'ai mieux perçu la valeur unique et universelle, sinon de l'enseignement des Églises, du moins, du message même du Christ, de ce qu'il est venu apporter aux hommes. En revanche, je reconnais à la philosophie et à la métaphysique indo-bouddhistes une très grande supériorité sur la philosophie et la métaphysique occidentales. Celles-ci m'apparaissent maintenant fondées sur des raisonnements abstraits, coupés de la vie elle-même, et souvent comme de simples vues de l'esprit, alors que la pensée indo-bouddhiste est fondée sur l'expérience fondamentale qu'est la pratique de la méditation. La conception bouddhiste de l'homme, de la vie, de la nature au sens large, me semble infiniment plus vaste, plus ouverte, car elle seule transcende le dualisme où nous demeurons enfermés du fait de notre ego, de notre anthropocentrisme.

J.B. : Pouvez-vous me dire les apports, les bienfaits du zen pour vous-même ?

J. Brosse : Si la pratique quotidienne de la méditation dans la posture du *zazen* m'est devenue nécessaire, c'est bien évidemment parce que j'en ai ressenti très vite les effets sur ma vie quotidienne : un certain détachement (qui n'a rien à voir avec l'indifférence, pas plus d'ailleurs qu'avec la privation), une certaine distance par rapport à soi-même, une manière plus objective et plus efficace de prendre les choses, les événements, mais aussi les personnes, et, même si c'est d'abord leur aspect négatif qui saute aux yeux, d'en considérer toujours le côté positif, et, par là, en savoir tirer meilleur profit ; enfin, et peut-être surtout, l'acceptation paisible du moi, de ce qui ne peut y être changé, dans la mesure où il n'est que relatif, et, somme toute, illusoire.

J.B. : Puisque vous pratiquez le *zazen*, j'aimerais que vous précisiez certaines notions qui demeurent abstruses pour les profanes. Par exemple, qu'entend-on par le « visage d'avant la naissance » ?

J. Brosse : Voilà justement une notion qui ne peut s'éclairer vraiment qu'à force de pratique, car il s'agit d'un des effets majeurs du *zazen*. Ce n'est pas là une notion que l'on puisse imaginer ou penser, mais bien quelque chose qui vous arrive spontanément, à votre insu, sans que vous en preniez tout d'abord conscience, quelque chose qui surgit spontanément du tréfonds de l'inconscient, comme si, tout à coup, vous cessiez d'être l'amnésique que vous étiez auparavant. Et ce quelque chose dont vous ne soupçonniez même pas l'existence, la présence tout au fond de vous, vous apparaît aussitôt comme beaucoup plus vous-même que vous-même. Disons, si vous voulez, que le visage originel, le « visage d'avant la naissance », c'est ce que nous sommes réellement, authentiquement, par-delà les apparences, par-delà les mensonges que nous nous faisons à nous-mêmes sur nous-mêmes. C'est cet être intérieur qui peut regarder le *moi* comme du dehors, et dire *je* ; il est l'être préalable à tous les conditionnements, à toutes les déterminations qui font notre moi apparent, notre moi social ; l'être pur de tout destin, véritable source de vie, éternel, véridique, ne faisant qu'un avec l'univers entier, le Bouddha qui est en nous tous, mais que, seule, la méditation peut faire apparaître à nos yeux. Celui-là est bien originel, antérieur à notre naissance, c'est-à-dire à l'aveuglement du désir d'exister en tant qu'unité séparée du tout, et nous conduisant à nous incarner. Le visage d'avant la naissance, c'est proprement le *nirvāna*, lequel n'est pas différent du *samsāra*, du cycle interminable des morts et des existences phénoménales, le *nirvāna* qui est tout simplement ici et maintenant l'état de béatitude dans l'extinction du moi.

J.B. : Mais pourquoi choisir le bouddhisme, qui est une doctrine asiatique ?... N'avons-nous vraiment rien d'équivalent en Occident ?..

J. BROSSE : Pour moi, en tout cas, seul le bouddhisme nous permet de dépasser les insupportables contradictions de la pensée occidentale, de ce cercle où elle s'est elle-même enfermée, tournant en rond, s'y épuisant, ainsi que nous l'avons vu en notre temps. Le bouddhisme fournit l'explication de ce phénomène : il s'agit là du jeu du mental. Tant que la philosophie demeure spéculative, elle ne peut y échapper, elle tombe dans le piège. Ce piège est le dualisme que nous invite à surmonter le bouddhisme, comme aussi cette branche de l'hindouisme qu'est l'*Advaïta-Vedānta*, dont procède d'ailleurs la philosophie bouddhiste. Pour moi, il n'existe pas au monde de philosophie, de « science de la sagesse » plus profonde et aussi plus rigoureusement rationnelle que celle, par exemple, de Nāgārjuna. Jamais les Occidentaux ne sont allés aussi loin, avec autant d'intrépidité que de clairvoyance, dans l'analyse de la condition humaine. Et cela, parce qu'elle exclut l'ego, le pur mental, qui est perpétuel balancement entre le oui et le non, le bien et le mal : parce qu'elle vise directement le centre et s'y établit, ce qui ne peut s'accomplir que dans et par la méditation.

J.B. : Existe-t-il, pour finir, une notion particulièrement importante que vous aimeriez transmettre ?

J. BROSSE : Je n'ai pas de message à délivrer, et peut-on se permettre de donner des conseils ?... Toutefois, si je peux formuler une recommandation aux jeunes qui cherchent, c'est d'éviter l'éparpillement. Combien y en a-t-il qui entrent avec ferveur dans une voie, s'avisent que ce n'est pas ce qui leur convient, s'engagent ailleurs, s'en retirent de nouveau, et mélangent tout, zen, yoga, bioénergie, que sais-je !... Il vaut beaucoup mieux suivre avec constance, avec patience, une discipline donnée pendant un temps donné, ne serait-ce que comme une expérience temporaire. Il faut s'y essayer durant des mois, des années. Sinon, l'on ne fait que traverser, on porte des jugements sur tout, on passe de l'enthousiasme à la dépression, c'est l'échec. Il faut s'engager dans une voie en sachant d'abord ce qu'elle est. Aller suffisamment loin pour vérifier si elle nous convient. Prendre ses responsabilités. Tous ces papillonnements, c'est l'absence de responsabilités... Certains itinéraires de gens de trente ou trente-cinq ans me consternent... Les charlatans sont dangereux, mais dépistables. Les confusionnistes le sont bien plus : des gens qui font des synthèses d'éléments disparates, à l'ombre d'écoles pseudo-initiatiques... De ces écoles, il y en a bien quarante à Paris, quatre cents aux États-Unis. Les résultats sont lamentables.

J.B. : C'est ce que René Guénon dénonçait sous le nom de « contre-initiation ».

J. Brosse : René Guénon est un précurseur. Il l'a entrevue, mais c'est maintenant qu'elle triomphe. Il a fait un prodigieux travail de nettoyage.

J.B. : Il nous reste à souhaiter que vos propos soient entendus, insufflent à d'autres votre goût de l'aventure intérieure, leur fassent découvir, comme dit maître Deshimaru, « la lumière originelle dans la terre de notre cœur », c'est-à-dire partout !

ÉTIENNE PERROT

# L'alchimie parmi nous

*Semur-en-Auxois*

*Tout à l'heure un songe.*

*Je dialoguais, avec une psychologue jungienne qui, agréable surprise, fréquentait les livres d'alchimie, dont un intitulé* Liber mirum *(associé aux strophes du* Dies Irae : « Tuba mirum... Liber scriptus proferetur. »). *Je lui disais qu'il faisait partie de mes lectures et m'accompagnait. Elle me dit tout à coup : « Vous devriez raconter votre vie. » Je protestai. Elle insista : « Cela pourra en aider beaucoup. »*

*Le moment est donc venu de nous mettre à notre commune tâche.*

Lettre à l'auteur, 14 août 1977.

*Cet entretien a eu lieu à Paris, le 26 août 1977. Étienne Perrot a publié, en 1990 :* Chroniques de la vie libérée.

L'alchimie est apparue à Étienne Perrot aux alentours de la quarantaine comme la *voie occidentale de réalisation intérieure.* Cette découverte est venue conclure un long et difficile cheminement, d'où n'ont été absents ni les peurs ni les périls inhérents à toute recherche digne de ce nom, comme en témoigne un Castaneda, luttant contre les esprits.

Voici d'abord quelques-unes des étapes parcourues par celui qui fait figure aujourd'hui, au sein d'un monde psychiquement ruiné, de véritable chaman, prophète occulté d'une nouvelle humanité.

## *Dans le noir plus noir que le noir*

Né en 1922 à Audierne, à l'extrémité de la Cornouaille bretonne, dans un milieu teinté de catholicisme traditionnel, Étienne Perrot passe son enfance dans les ports où son père occupe des postes modestes dans la Marine nationale : Cherbourg, puis Brest. Les honnêtes études qu'il accomplit dans des collèges religieux sont accompagnées, en contrepoint, d'une préoccupation informulée dont il comprendra plus tard la signification : la présence d'un appel intérieur, qui est en fait celui de la réalisation de soi (du Soi jungien) ; la transmutation alchimique. Que faire, au moment du choix d'une carrière, sinon donner à cette exigence la seule forme offerte par le milieu sociologique ? L'entrée dans la vie religieuse représente pour lui l'équivalent de ce qu'avait été, pour son futur maître Carl Gustav Jung, « l'entrée dans l'inconscient ». Nous sommes en l'automne 1940, l'époque où les livres de Jung, qui avait déjà dénoncé le nazisme comme résurgence de la barbarie, étaient mis sur la liste Otto, l'index allemand, et leurs traductions, systématiquement détruites [1].

Parmi les circonstances qui donnent à la démarche d'Étienne Perrot

1. Voir en particulier sur cette question *Cahiers de psychologie jungienne*, n° 12, 1977 : « Jung face au nazisme. »

un caractère décisif, figure en premier lieu la rencontre d'un prêtre mystique, qui devint son « père spirituel ». L'expérience se révéla désastreuse, entraînant un bouleversement psychologique tel qu'il prit pour Étienne Perrot le sens d'une mort vécue. Il dut avoir recours à un psychiatre et promena pendant sept ans ce qu'il nomme maintenant son cadavre. À Paris, en 1947, il fut mis en relation avec un psychothérapeute d'obédience gurdjiévienne, pratiquant une technique de rêve éveillé dirigé, reçue d'un élève de Caslant. « Ce fut, dit-il, le premier être qui entra dans mon enfer. Pendant sept ans, je n'avais vécu ni au-dedans ni au-dehors. Je commençai à réoccuper mon âme et mon corps. »

Cette phase préliminaire de sa vie possède une valeur décisive aux yeux du futur alchimiste. Il estime que les fruits apparus vingt ans plus tard possédaient là leur germe. « Si le grain ne meurt... » La lecture du livre d'Aldous Huxley, *La Philosophie éternelle*, publié au moment où se précisait sa « cure », en juin 1948, lui montre le caractère universel de l'expérience intérieure et lui apporte la justification historique et intellectuelle de la démarche qu'il suivait sans repère extérieur. Sa vie d'homme s'organise : il se marie et devient père d'une fille, Yvonne.

Après avoir acquis un diplôme d'études supérieures de lettres classiques en Sorbonne, il choisit de conserver une obscure place d'employé au ministère de la Reconstruction pour pouvoir se consacrer à ses recherches personnelles. Des tentatives de contact avec quelques représentants d'« écoles spirituelles » demeurent sans lendemain. Il prend conscience du caractère solitaire de son cheminement, étudie les voies orientales, puis le soufisme. Ses maîtres à penser sont alors Guénon et Huxley, auxquels viennent s'ajouter Krishnamurti et Simone Weil.

Le caractère négatif de l'enseignement de Gurdjieff tel qu'il l'avait reçu se manifeste à lui au cours d'un épisode dramatique. Il éprouve le besoin d'un retour aux sources chrétiennes. Renouement avant tout esthétique : liturgie, chant grégorien. Il verra dans ce retour un besoin de placer entre lui et le feu d'une conscience lucide aisément luciférienne le voile des images et des rites ancestraux, voile tout imprégné de l'humidité de la « Mère divine ». C'est un premier indice de son orientation vers l'alchimie. Paradoxalement, son guide spirituel demeure à l'époque Jean de la Croix, dont il reconnaît pour sienne la voie de dépouillement et de nudité.

## *Du grand vivre au Grand Œuvre*

C'est en 1957 que l'alchimie, dont il avait rencontré la mention chez Guénon, se présente à lui comme l'aventure inéluctable. Il y pressent la tradition autochtone, « le vieux chemin » à rouvrir. Il comprendra plus tard qu'il est ainsi conduit vers la « lumière moderne », nom donné par les alchimistes à leur « pierre ». Les rares livres disponibles à l'époque lui demeurent fermés. L'aspirant opérateur bute sur le premier arcane : « la matière première » de l'Œuvre. Où trouver cette substance mystérieuse, à la fois esprit et corps, qui doit être changée en pierre philosophale ? La question n'avait pas encore reçu de réponse, quand son destin extérieur subit un changement notable : Étienne Perrot est appelé au secrétariat du général de Gaulle, ramené au pouvoir en juillet 1958. Il restera onze ans dans l'ombre du « grand homme », poursuivant cependant ses études alchimiques.

Au cours de l'été 1959, une nouvelle et grave crise le conduit à la maison de santé d'Ivry pour une cure de sommeil. Celle-ci se termine par un « grand rêve » dont il se réveille « guéri ». Il y reconnaîtra un songe d'initiation alchimique. C'est au cours de sa convalescence qu'il découvre fortuitement *Psychology and Alchemy*, de Jung. Il croit reconnaître dans la description, fournie par ce « psychiatre », du long « processus d'individuation » des analogies avec l'itinéraire qui le tient en haleine depuis près de vingt ans. Tout en accueillant avec réserves l'identification, faite par Jung, de ce chemin avec le Grand Œuvre traditionnel, il se plonge dans la lecture des livres hermétiques dont le médecin de Küsnacht lui a ouvert la piste.

Le *Lever de l'Aurore* (*Aurora Consurgens*), traité du XIII^e siècle attribué à Thomas d'Aquin et publié par Jung, conjointement au troisième volume de son testament alchimique, *Mysterium conjunctionis*, lui apporte, en août 1960, la révélation décisive de l'univers et du langage alchimiques. À partir de là, il se plonge dans les grands recueils classiques, revit ainsi l'aventure de ses aînés, où « un livre ouvre un autre livre » ; il peut dire avec l'un d'eux : « Plus je les lisais, plus je comprenais. » Parallèlement à la lecture de ces documents historiques, il étudie, en les traduisant, les deux premiers volumes du *Mysterium conjunctionis*, et « refait ses humanités » à la lumière de la vision alchimique.

Des événements intérieurs puissants, à valeur de confirmations, commencent à se produire. À la fin de 1964, il se sent poussé à partager son expérience, convaincu du caractère capital de celle de Jung, et, bien que l'autobiographie de celui-ci lui demeure encore inconnue, il se persuade que la tâche la plus immédiate et la plus simple est de s'inquiéter de la parution dans notre langue de *Psychologie et Alchimie*. L'éditeur finit par le renvoyer au responsable des traductions, qui l'engage comme collaborateur. Étienne Perrot traduit officiellement *Mysterium conjunctionis*, « à paraître plus tard », et, en 1967, les *Racines de la conscience*. C'est à l'occasion de ce dernier travail qu'un grave différend éclate entre le service éditorial et lui-même, le contraignant à prendre son autonomie. C'est durant cette période qu'il accomplit deux tranches d'« analyse », dont la seconde lui enseigne le caractère essentiellement *onirique* de la voie jungienne et lui en fournit l'initiation effective. Des songes sont venus lui affirmer l'identité de cette voie et du Grand Œuvre. La lecture de l'autobiographie de Jung, *Ma vie*, de nombreuses manifestations oniriques, dans lesquelles apparaît le solitaire de Bollingen, le confirment dans sa conviction : l'alchimie, telle que l'a vécue Jung, est un nouveau mode de conscience. Il ne s'agit pas là, à ses yeux, d'un concept ou d'un thème de conférences, mais d'une *réalité vécue*. Il reste maintenant à savoir où et comment il témoignera de celle-ci, conformément à l'impérieuse pression qu'elle exerce sur lui.

Devant une demande qui va s'intensifiant, notamment après sa publication de la traduction du *Yi King*, le *Livre des transformations* (d'après la version allemande de Richard Wilhelm), Étienne Perrot est conduit à envisager de donner à ses travaux une audience plus large. Il ouvre, en octobre 1969, au Musée social à Paris, un « séminaire alchimique » – le mot devant être pris dans son sens étymologique. Le titre en est : « L'alchimie et le sens de l'homme ». C'est la première manifestation publique de l'alchimie présentée directement par un alchimiste comme voie pratique de transmutation.

Se présentant comme le disciple de Jung, Étienne Perrot donne la préférence, dans ses exposés, au symbole sur le concept, en raison de son *pouvoir transformant*. « La parole est *aussi* poétique, voire prophétique. » Le séminaire se continue jusqu'en 1973, devient hebdomadaire. L'expression se fait de plus en plus directe. La dernière année (1972-1973), sous le titre *La Consolation d'Isaïe*, Étienne Perrot présente chaque semaine une version toute moderne de la sagesse immémoriale à partir de *songes* recueillis dans son entourage. Au bout de quatre années, il entre dans le silence avec ceux qui ont compris la nature intérieure et solitaire du « travail alchimique ».

Depuis 1970, il a quitté ses fonctions administratives pour se consacrer totalement à la diffusion de l'alchimie, tant sur le plan individuel que collectif. Veuf, il contracte une seconde union avec une psychothérapeute jungienne, Francine Saint-René Taillandier, qui partage ses préoccupations. Il fonde avec elle, en 1978, les éditions de La Fontaine de Pierre pour publier les œuvres de l'héritière alchimique et fille spirituelle de Jung, Marie-Louise von Franz [1]. Il reprend l'annonce publique de la transmutation sous le titre : « L'alchimie, gaie science : rêves et réalité de l'homme ». À la demande d'Henri Gougaud et de Jacques Pradel, il entame à la radio une série hebdomadaire d'interprétations de songes d'auditeurs, avant de rentrer dans le silence, une nouvelle fois.

## *Quand les œufs prennent la parole*

Ce n'est pas d'aujourd'hui, on l'a vu, qu'Étienne Perrot s'est fait berger des songes et leur truchement. Voici bien des années, mon épouse, intrépide amazone du pays de satin, fit le rêve que voici : « Je faisais cuire des œufs. L'un d'eux se mit à parler et me dit : " La certitude est ta LOI, l'incertitude est ton LOT. " »

Elle soumit ce rêve à Étienne Perrot, en lui demandant ce qu'il pensait de ce message onirique dont l'avait frappé l'aspect surréaliste, et de cette formule, digne de figurer sur un phylactère des tapisseries de l'inconscient. Elle en reçut l'interprétation suivante que je ne résiste pas, tout en la résumant, au plaisir de proposer à ceux qu'intéresse l'analyse jungienne.

« Dès l'instant où j'ai fait l'abandon de mes propres vues pour accueillir dans sa totalité ce qui vient, j'adhère à la richesse entière de la vie. Ma position est ainsi conforme à la *Loi* du monde ; cette *Loi* devient ma vérité et se fait en moi certitude. Mais cette certitude est le centre d'un être humain qui partage toutes les conditions de l'incarnation. Me retrancher dans cette certitude, ce serait me soustraire à la règle commune. Pour être auprès des autres un appui, je me dois d'être semblable à eux, " sujet à la faiblesse ". À chaque instant, se défait mon être limité, dans une immolation renouvelée sur la croix – à la fois occultation de la clarté du moi et source du feu vivifiant ; croix dont le T de " LOT " reproduit graphiquement le symbole. »

---

1. Francine Saint-René Taillandier est la traductrice des ouvrages de Marie-Louise von Franz, en particulier : *Interprétation d'un conte, l'Âne d'or ; L'interprétation des contes de fées, La Voie de l'individuation dans les contes de fées, La Femme dans les contes de fées, L'ombre et le mal dans les contes de fées, Alchimie et imagination active*, La Fontaine de Pierre (devenue collection aux éditions Jacqueline Renard - Le Dauphin).

Une telle exégèse me retint, m'intrigua. Je décidai d'entrer à mon tour en relation avec l'étrange personnage qui avait lu tant de choses en si peu de mots et appartenait sans doute à l'espèce rarissime de ceux qui ont des yeux pour voir. Je n'avais moi-même alors qu'un vague aperçu des ouvrages de Jung. Mais j'avais été plusieurs fois troublé par la visitation de ces « principes de relations acausales » que sont les synchronicités et qui démontrent l'existence des correspondances secrètes entre les divers événements qui tissent notre univers.

Mince, grand, élégant d'allure et de parole, empreint d'une forte culture chrétienne, gréco-latine et orientale, Étienne Perrot m'apparut comme une sorte d' « artiste » faisant une lyre de notre âme, lisant en nous mieux que nous, égayant ses propos du vin des calembours, se mouvant avec une rare facilité au milieu des intersignes, des légendes mythologiques, des prémonitions. Rapide et souple à l'image de la vie, mobile de corps et d'esprit, insaisissable comme Protée – symbole du mercure hermétique –, imprévisible comme Al-Khidr [1].

Vivre dans le champ magnétique d'un tel homme, c'était connaître l'atmosphère incantée des contes de fées. Je ne citerai qu'un exemple. Le jour de notre première rencontre à Paris, Étienne Perrot et moi traversions la rue Harispe. « Un nom basque », me dit-il. Cette remarque fit soudain remonter en moi le souvenir d'un rêve que j'avais fait la nuit précédente, où figurait justement ce nom – écrit sans H – dont *On* me disait qu'il était d'origine basque. À quelques heures de là, cherchant « Harispe » dans le dictionnaire, je lus qu'il s'agissait d'un général d'Empire, né à Saint-Étienne-de-Baïgorry. Je constatai l'interférence des deux *Étienne*, et m'avisai en outre que ce village était le village natal de ma grand-mère paternelle. Or, la Grande Mère est un des noms de l'alchimie, et le thème de la naissance de mon intérêt pour l'alchimie, vers cette époque, rejoignait évidemment celle de mon aïeule.

Je dois dire que, depuis lors, ces *hasards objectifs* n'ont cessé de fuser, et j'avoue avoir plus d'une fois pensé tomber à la renverse sous certaines rafales de « saintes chronicités » montant du cercle magique où règne Étienne Perrot. Quant aux propos qu'on va lire maintenant, ils se veulent l'écho fidèle de nos premières conversations, ou plutôt, celui des réponses qu'obtinrent mes questions de profane.

---

1. Al-Khidr désigne dans le Coran (XVIII, 66 *sq.*) un personnage mystérieux, compagnon de Moïse, au comportement paradoxal et déconcertant.

JEAN BIÈS : On respire incontestablement aujourd'hui, dans les nouvelles générations, un parfum d'irrationnel, un goût pour tout ce qui concerne l'exploration de l'inconscient ; et c'est là, avant tout, un phénomène qui constitue un « signe des temps » non négligeable pour l'Occident.

ÉTIENNE PERROT : Plutôt que de brosser une vaste fresque, je voudrais relever un aspect majeur de ce signe au risque de paraître cultiver les lieux communs : c'est celui qui a illuminé, voici plus de trente ans, le ciel d'Amérique et du Japon, avant de se propager « d'Orient en Occident » : l'éclair atomique. J'envisage ici uniquement son aspect philosophique : en transformant la matière en énergie, la physique rationnelle a anéanti le matérialisme, et, avec lui, le rationalisme attaché au « sensible » et au « tangible ». Cet éclatement est présent dans l'inconscient de nos contemporains. C'est une composante importante de la psychologie des jeunes. L'explosion extérieure a pour parallèle des tendances à l'explosion intérieure. Et cela entraîne la recherche d'un nouvel équilibre incluant les forces énormes mises en mouvement au-dedans. C'est le problème de la maîtrise de l'énergie nucléaire, mais sur le plan intérieur. Aujourd'hui, ce qui est surtout sensible, c'est le premier stade du processus : la « désintégration ». La manifestation en a été chez nous le cri de Mai 1968. Les questions posées alors avec violence, au cours d'une sorte de psychanalyse sauvage collective, sont restées sans réponse et ne cessent de hanter l'individu.

J.B. : Ces retrouvailles avec les réalités du dedans, un homme, en Occident, et en plein XXe siècle, les a célébrées dans une œuvre capitale, partiellement traduite, ignorée par la critique rationaliste, je veux parler de Carl Gustav Jung, dont on sait surtout qu'il a rompu avec Freud. Les deux systèmes sont-ils vraiment opposés, et en quoi ? Ne sont-ils pas aussi complémentaires ?

É.P. : Jung n'a jamais été l'élève de Freud. Il avait derrière lui une œuvre scientifique et jouissait d'une solide notoriété lorsqu'il a pris contact avec l'auteur de *L'Interprétation des rêves*. Il l'a fait comme un savant va vers un autre savant s'occupant du même domaine que lui. Et c'est transporté d'enthousiasme que Freud a vu venir vers lui, au témoignage d'Ernst Jones (son élève et historien), « de grands professeurs d'une célèbre clinique psychiatrique », celle de Burghölzli, à

Zurich. Jung répétera toujours qu'il est un empiriste, se soumettant en tout aux faits. Dès le départ, sa position à l'égard de Freud a été nette : d'un côté, étude fidèle des faits et coopération à ce niveau, de l'autre, refus de tout système paralysant la recherche et déformant les résultats. La rupture était inévitable, devant la volonté affirmée de Freud d'imposer le dogme pansexualiste dont il serait le pape.

J.B. : On reproche souvent à Jung de négliger la sexualité.

É.P. : C'est ridicule. Simplement, il va plus loin. « Nous nettoyons les écuries d'Augias, dit, un jour, Freud à René Laforgue, pour que vous construisiez des cathédrales. » Jung a réalisé l'intuition de son aîné. La démarche thérapeutique de Jung est décrite dans sa phrase célèbre : « La névrose est la souffrance d'une âme qui cherche son sens. » Et ce sens n'est finalement ni plus ni moins qu'un accomplissement spirituel. C'est le sens de l'homme et le sens du monde perçu dans l'homme. C'est la lumière enfouie dans les ténèbres de notre inconscient. C'est le dieu intérieur, le Soi jungien, conscience sise au-delà du moi. En le laissant éclore, l'homme donne naissance au dieu qu'il porte en lui. La voie de Jung conduit à l'incarnation de la divinité. Naturellement, il y a beaucoup d'appelés et peu d'élus. Ceux-ci sont les êtres qui s'engagent tout entiers dans l'aventure, avec loyauté, hardiesse et humilité, c'est-à-dire acceptation de tout ce que l'exploration d'eux-mêmes fera venir à la conscience. « Ce n'est pas en regardant la lumière que l'on devient lumineux, dit Jung, mais en plongeant dans son obscurité, ce qui est bien plus difficile. » Il est indéniable que cette obscurité est encore largement représentée, chez nous, par le domaine sexuel. C'est là qu'achoppent tant d'élans « spiritualistes » vers la « sublimation ». Jung offre le moyen de celle-ci sous forme d'*intégration* dans une conscience plénière.

J.B. : Cette question semble essentielle. Quel est le but que la psychologie des profondeurs cherche à atteindre ?

É.P. : Jung distingue entre la « petite psychothérapie », qui guérit les symptômes et permet une « bonne adaptation » à la société, et la « grande psychothérapie », ou processus d'individuation, qui correspond à ce que nous venons de dire. Au fur et à mesure que Jung avançait, ce second domaine prenait de plus en plus d'importance dans ses œuvres pour, finalement, l'occuper tout entier. Ce changement s'est fait en deux étapes : la première, c'est le corps à corps avec l'« inconscient », soutenu par Jung de 1913 à 1918, dont il est sorti transformé ; la seconde, c'est, autour de 1930, la découverte de l'alchimie qui lui a fourni son langage, pour décrire ce qu'il venait de vivre et ce qu'il suivait chez nombre de ses patients. Il avait alors cinquante-cinq ans. À partir de ce moment, tout ce qu'il a écrit d'essentiel tourne autour de la réalisation transpersonnelle, dénommée par les alchimistes « pierre philosophale », et, par l'Inde, *ātman*. Jung l'appelle *Soi*, ce qui est la traduction d'*ātman*. Chez lui, le Soi n'est pas un concept métaphysique, c'est la désignation d'un état empirique de conscience « objective » et « juste », par opposition à la « subjectivité » et à l'arbitraire du moi.

Il note toutefois que le Soi révèle les attributs qu'on attache ordinairement aux descriptions de la divinité. L'observation a conduit Jung à découvrir la « réalité de l'âme ». Il a vu que celle-ci était grande comme l'univers. « On m'accuse de déifier l'âme ! s'écrie-t-il ; ce n'est pas moi, c'est Dieu qui l'a déifiée. » C'est « l'homme créé à l'image de Dieu ». Jung redécouvre empiriquement les données de la « philosophie éternelle » et ouvre une voie vers leur réalisation.

J.B. : Dans la perspective jungienne, tout est donc avant tout d'ordre pratique. Mais quels sont les moyens concrets utilisés pour faciliter la communication entre le moi et le non-moi, le conscient et l'inconscient, pour opérer cette transformation alchimique de l'être humain ?

É.P. : Vous avez raison de souligner l'aspect pratique de la voie de Jung. Il y a chez lui une obstination sans faille à refuser toute qualification de théoricien. C'est que l'un des grands maux de l'esprit occidental est, à ses yeux, de se contenter de notions, de professions de foi et de systèmes pour se dispenser de l'expérience vécue. Jung montre la *réalisation* intérieure. Celle-ci est *réalité* vécue, expérience. La théorie ne peut que la gêner, si on ne l'oublie pas pour passer à la pratique. C'est, suivant l'image zen, le doigt qui montre le ciel et sur lequel on s'hypnotise au lieu de regarder le ciel lui-même. La voie de Jung est notre zen. Embrassée dans toute son ampleur, elle mène au *satori*, à l'illumination, à la totalité psychique qui est le non-mental et la conscience cosmique du zen. Tout enseignement de réalisation, de « salut », est l'élaboration d'une expérience... Prenez le christianisme. Son vaste édifice est sorti de deux expériences, dont la première a induit la seconde : celle de Jésus et celle de Paul. Les docteurs sont ensuite venus pour les débiter en systèmes, qui sont les *darshana* hindous, les « points de vue » sur l'infini ! Si vous me permettez cette image, l'expérience, ce sont les blindés qui font la percée ; l'infanterie des docteurs vient ensuite pour débiter en systèmes.

J.B. : Jung inaugure pour vous une nouvelle civilisation. Comment la voyez-vous ? Par quels moyens la réaliser ?

É.P. : Jung est le tronc d'une civilisation nouvelle, mais, vous le savez, ces choses-là, on ne s'en aperçoit que des siècles plus tard. Cette civilisation sera faite à partir d'êtres autonomes, intégrant les autorités extérieures et ne pratiquant l'allégeance qu'à l'égard de l'autorité intérieure, ce qu'il y a de plus secret en eux-mêmes. Cela nécessite évidemment de grandes précautions, et, d'abord, un lien étroit avec d'autres suivant le même chemin, avec lesquels on puisse et l'on doive se confronter. C'est, si vous voulez, l'indépendance dans l'interdépendance... Mais vous m'interrogiez sur les moyens. Un disciple zen va-t-il demander d'avance sa méthode à son maître ? Ce serait en désamorcer la puissance. La voie, c'est l'inattendu de la vie, ce qui met en échec le mental rationnel, ses habitudes et ses prévisions, pour laisser passer l'énergie vitale libérée, porteuse de conscience totale.

J.B. : C'est dire l'importance de l'onirisme dans ces retrouvailles avec le monde des profondeurs.

É.P. : Les rêves correctement interprétés venant du fond insondable sont autant de « petits *satori* » conduisant au grand, qui est le Soi. Ajoutez-y la lecture correcte du sens des événements et de leurs rencontres signifiantes, la *synchronicité* de Jung. Ainsi, l'éveil se fait de plus en plus total, la nuit comme le jour... La voie jungienne est une initiation à ce zen. C'est la communication d'une réalisation par quelqu'un qui l'a obtenue ; c'est un feu allumant un autre feu. Dans une lettre de 1933, Jung l'atteste avec gravité et avec émotion : « Ce qu'on appelle exploration de l'inconscient débouche sur l'antique, l'immémorial chemin de l'initiation. Seul un chevalier ose la *queste* et l'*aventure.* » Jung s'inscrit ainsi dans la lignée des chevaliers du Graal. Ce thème est très présent dans l'inconscient de nos contemporains. On le voit apparaître chez des gens qui connaissent à peine les noms d'Arthur, de Galaad et de Merlin... La mise en contact avec un être « éveillé » provoque une mise en mouvement de l'inconscient. Nous ne sommes ni des psychologues ni des psychanalystes. Nous sommes des chamans, comme l'était Jung. Les réactions de nos interlocuteurs vont du sentiment de dilatation ou de libération à celui de panique. Celui-ci se manifeste surtout chez les êtres bien organisés et attachés à leurs valeurs rationnelles. Ils sentent qu'il va falloir passer à un autre registre, celui de l'expérience, de la vie, de l'amour. Pour cela, ils vont devoir se mettre tout nus et laisser vêtements et décorations au vestiaire... Je me rappelle un éminent érudit spiritualiste qui, à l'issue d'un dîner, me confiait qu'il lui arrivait de se réveiller sur des rêves « curieux », par exemple, une sorte de comptine commençant par : « Je suis nègre et nu. » Malheureusement, il n'en a jamais tiré les conséquences. On peut le comprendre !... En termes physico-chimiques, on pourra dire que le rayonnement de la Pierre (du Soi) rend radioactif le corps placé dans son champ.

J.B. : C'est l'aspect essentiel du fameux « transfert », à propos duquel les psychanalystes s'arrachent les cheveux.

É.P. : Dans son fond, c'est la communication initiatique, ce qui n'empêche pas les complications concrètes, en raison de l'inévitable mélange de l'archétype et de l'individuel, de l'humain et du divin, de la chair et de l'esprit, et de notre refus de rien laisser de côté dans le dialogue initiatique.

J.B. : N'y a-t-il pas un phénomène privilégié caractérisant ce que vous qualifiez de radioactivité ?

É.P. : C'est l'apparition d'une tonalité nouvelle dans les songes, leur focalisation, leur centrage. Il y a dans les rêves une pédagogie intérieure. L'écoute du maître intérieur qui y parle est la base de notre travail, plutôt que le récit du passé et l'analyse des ombres et des pulsions, qui peuvent se prolonger une vie durant sans chance véritable de transformation. L'anamnèse vient quand l'inconscient le décide lui-même. La voie de Jung est celle de l'illumination conférée par la sagesse intérieure s'exprimant d'abord dans les songes. Comme ceux-ci parlent souvent un autre langage que celui de la conscience diurne, il faut normalement un interprète, au moins pendant la durée de l'initiation. Mais celui-ci ne peut jouer son rôle qu'à partir de la clarté intérieure qu'il doit faire briller, c'est-à-dire du Soi. Ainsi, la lumière communique la lumière. C'est la chaîne de l'initiation.

J.B. : Vous semblez confondre là les rêves et les songes, dont l'origine est différente ; au risque de mettre sur le même plan le psychique et le spirituel. Mais venons-en à la question classique : pour psychanalyser les autres, il faut avoir été soi-même psychanalysé ; mais qui a psychanalysé le premier psychanalyste ?

É.P. : La question mérite d'être examinée, même si Jung n'a pas grand-chose à voir avec la psychanalyse. C'est le problème de la transmission, ou, comme eût dit Guénon, de la « régularité initiatique ». Eh bien, l'autobiographie posthume, *Ma vie*, ne laisse aucun doute à ce sujet ! En 1913, quand Jung, resté seul après sa rupture avec Freud, s'est décidé à plonger hardiment dans l'inconscient, il a vu apparaître en songe celui qui allait être son maître : un vieillard qui lui parut venir de l'Égypte alexandrine, celle de la fusion entre la Grèce et l'Égypte, celle de la gnose et de l'alchimie. Il lui donna le nom de Philémon. Ce messager de l'invisible a été son instructeur pendant des années. Il arrivait à Jung de se promener dans son jardin en conversant avec lui. Il a compris qu'il n'était pas un phénomène unique, le jour où un visiteur hindou lui déclara, le plus naturellement du monde, avoir eu pour *guru* Shankarācharya, le grand philosophe et réformateur védantin, mort il y a plus de mille ans.

J.B. : Est-ce la raison pour laquelle Jung, voyageant en Inde, ne s'est pas rendu auprès des sages qui s'y trouvent encore ? J'avoue qu'une pareille attitude m'a surpris et déçu.

É.P. : Il avait son *guru*, son *dharma*. De plus, comme il le rapporte, il était en pleine confrontation avec l'alchimie occidentale. Une rencontre extérieure eût été une interférence. Elle eût risqué d'entraîner la « confusion des *dharma* »... Je connais plusieurs personnes qui, comme Jung, ont été visitées par un maître intérieur personnalisé. Tout le reste leur devient alors bien pâle ; jusqu'au jour où le guide leur signifie que son rôle est terminé auprès d'elles et les dirige ailleurs. C'est *cela*, le chemin intérieur, et non un programme universitaire pour lequel on recherche les meilleurs maîtres.

J.B. : Est-ce pour des raisons analogues que Jung ne semble pas croire à la vertu du yoga pour l'homme occidental ?

É.P. : Je vous dirai, citant la parole d'un songe : « La voie de Jung est autochtone, originale, complète. » Elle n'a que faire d'emprunts étrangers. Si des éléments extérieurs y prennent place, ce sera sous la forme d'une greffe, dont l'initiative appartient au maître intérieur. Voyez la place donnée par Jung au *Yi King*. Il est devenu son livre de chevet. C'est sous l'impulsion de son esprit que des traductions en ont été faites. Et je puis vous dire que, dans mon cas, il n'y a pas eu de choix, c'est l'aiguillon d'une nécessité impérieuse qui m'a lancé dans une entreprise de traduction que tout rendait absurde aux yeux de la raison. Le *Yi King* est devenu *notre* livre, de même que nos pères chrétiens s'étaient approprié la Bible hébraïque. Une telle greffe est une intégration. Cela n'a rien d'un syncrétisme. Celui-ci dénote un manque de vitalité. Une voie intérieure authentique est un organisme vivant qui assimile ce qui est bon pour lui et rejette les corps étrangers. Il n'y a là aucun mépris pour ceux-ci, mais c'est l'expression de la loi biologique, l'affirmation d'une originalité et d'une authenticité. Par contre, le syncrétisme est stérile. Le spectacle des œcuménismes de tout genre est là pour l'attester. Un coup de chapeau donné à une autre voie que la mienne ne signifie pas que je doive lui faire des emprunts. Ce serait une sorte de vol. Encore une fois, c'est l'intérieur qui décide. Je pourrais vous raconter l'histoire d'emprunts « innocents », aux conséquences catastrophiques parce que illégitimes. Tout cela est très sérieux. Nous ne sommes pas dans le domaine inoffensif de l'échange d'idées ou de techniques, mais dans celui de la mise en œuvre de forces tendant à la déification de l'homme. C'est un feu avec lequel on ne joue pas. On ne peut que s'y livrer et subir sa loi.

J.B. : Mais quelle justification théorique pouvez-vous donner de cette attitude face au yoga ?

É.P. : Le yoga vise à produire directement une conscience plus aiguë et plus vaste. C'est que l'hindou est (ou était), au départ, dans l'inconscient. Pour nous, c'est l'inverse. Nous sommes trop conscients, coupés de nos racines, et il faut d'abord accepter l'occultation de la conscience pour que la lumière du Soi naisse de la nuit. Sinon, l'on aboutit à un durcissement du moi au lieu de l'assouplir. Je peux vous citer un trait. Une de mes élèves, intelligente et cultivée, m'avait reproché de ne pas lui préciser ma position face au yoga. Un mois ne s'était pas écoulé que le grand Ramana Maharshi lui-même venait lui dire en songe : « Le yoga n'est pas pour les Occidentaux ! » (L'humour est un des traits constants de la sagesse onirique...)

J.B. : Cette formule ressemble un peu trop à un oracle. J'aimerais vous la voir expliciter.

*Fou-Hi, roi mythique fondateur de l'identité chinoise, passe pour l'inventeur du* Yi King, *le* Traité du caméléon *(lequel change de couleur selon l'endroit où il se trouve), plus généralement appelé le* Livre des mutations. *Connu dès le XVII^e^ siècle en Europe – Leibniz crut y retrouver son système numérique fondé sur le 0 et le 1 –, il y a mené une discrète carrière jusqu'à ce qu'on rapprochât, au XX^e^ siècle, sa double polarité du « binaire » des ordinateurs, et ses soixante-quatre hexagrammes des soixante-quatre éléments de l'ADN.*

*Observateurs et concrets, les Chinois avaient remarqué jusqu'aux plus infimes variations de l'univers et ses perpétuelles transformations. Le texte du* Yi King *n'hésitera pas à puiser ses comparaisons dans la nature : le ciel, la terre, le tonnerre, le fleuve, la montagne, le vent, le feu, le lac. Tout moment est mouvement : l'apogée contient le déclin, la défaite prépare la victoire. Il conviendra de ne s'identifier à aucune situation, surtout si elle est extrême.*

*Ces perpétuels passages, mutations, retournements, dérivent du* Tao, *de l'Unité cosmique, que symbolise le* T'aï-ki, *la « poutre faîtière », origine première de tout, représentée par un cercle divisé en une moitié blanche, le* yang, *et une moitié noire, le* yin. *Le* yang *correspond au clair, au chaud, au masculin, au positif; le* yin, *au sombre, au froid, au féminin, au négatif. C'est de leurs innombrables dosages et mélanges que naissent toutes créatures.*

*Dans le* Livre des mutations, *le* yang *est représenté par un trait plein, le* yin, *par un trait brisé.* Yang *et* yin *reproduisent une série de huit trigrammes. Les combinaisons deux par deux des trigrammes donnent soixante-quatre hexagrammes, dont chacun est en quelque sorte la radiographie du moment présent.*

*Le* Yi King *est, d'un premier point de vue, un livre de divination. Consulté à l'aide de cinquante baguettes d'achillée, ou de trois pièces de monnaie jetées en l'air, il fournit un nombre correspondant à tel hexagramme. Celui-ci indique ce qui a toute chance de se passer en fonction de ce qui s'est passé, conseille de persévérer ou de s'abstenir. Ce qui adviendra pourra être le conflit ou l'apaisement, ou un état provisoirement stationnaire, l'obstacle, l'éclatement ou la pleine réussite.*

*Mais le* Yi King *est aussi – et surtout – un livre de sagesse. Il demande que l'on médite ses réponses ; il est une mise en garde contre la « folie juvénile », apprentissage de la perspicacité, de l'attitude juste, faite de prudence, d'humilité, de circonspection. Il est, à ce titre, un véritable art de vivre expert en l'alternance de l'action et de la retraite, de la modération capable de traverser les circonstances.*

*Le traducteur allemand du* Yi King, *Richard Wilhelm, y voyait « le trésor le plus achevé de la sagesse vitale de la Chine ». C. G. Jung, qui le découvrit en 1924, y verrait à son tour « l'œuvre la plus profonde de l'Orient ». Fasciné par la justesse de ses oracles, il devait ajouter : « Ce livre ne se trompe jamais. »*

---

É.P. : Bien volontiers. J'ai suffisamment exploré du côté de l'Asie pour saisir l'importance pratique de cette question. Je me souviens d'une réflexion de mon premier initiateur non chrétien au domaine intérieur. Je lui ai demandé un jour : « Pourquoi ne pas chercher dans notre terre ? » Et il m'a répondu : « Parce qu'il n'y a plus rien chez nous. » Un bon exemple de cet état d'esprit et de ses résultats est l'aventure de cet aîné, habité par le génie, que fut René Daumal. On peut en rapprocher une autre âme éprise d'absolu : Simone Weil. Elle ne cherchait pas en Asie, mais dans l'Antiquité grecque, ce qui était une autre manière de répudier l'héritage judéo-chrétien. Or, l'expérience ne cesse de nous le montrer, toute réalisation intérieure plénière passe par l'intégration effective de l'héritage ancestral. Nous avons, chacun à notre manière, à vérifier pour notre compte la parole de Jésus : « Je ne suis pas venu pour abolir, mais pour accomplir. » La fleur d'or de la connaissance libératrice est essentiellement reliée à la racine obscure, même si elle ne lui ressemble guère. L'esprit divin, essence de l'homme, est universel ; la libération est réalisation de l'infini et de l'éternel. Les voies ne sont pas pour autant interchangeables : le Christ n'est pas le Bouddha et le Bouddha n'est pas le Christ, même si l'un et l'autre conduisent l'être humain à son secret divin. Le choix du chemin n'est pas notre affaire, mais celle du dieu en nous.

J.B. : C'est bien là que commence la difficulté.

É.P. : Le problème n'est pas de chercher la voie la plus « élevée », la plus « attrayante ». Il est de me reconnaître en vérité tel que je suis, de me mettre à l'écoute de ma nature profonde pour qu'elle me montre ce qu'elle veut de moi : « Enseigne-moi Tes chemins », dit le psaume. Telle peut et doit être notre première prière, notre premier mantra. La vision de la « volonté de Dieu » sur moi nécessite une délicate discrimination entre ce qui est de l'homme et ce qui est de Dieu. Et cela commence par l'acceptation de mon être et de tout son bagage, acquis aussi bien qu'hérité. Mon individualité est la porte, en moi, de l'infini. Je n'ai pas à vouloir le changer en le distordant ou en le perfectionnant, mais il me faut l'accepter pleinement. Moyennant ce « oui », ce *fiat*, tout le reste passera à travers, et le royaume de Dieu me sera donné par surcroît. C'est cela, le lotus qu'on n'ouvre pas avec ses doigts. Selon l'adage alchimique, le Grand Œuvre est l'œuvre de la nature et non de l'artiste. Et pour nous, cette nature est à la fois surnature : elle est divine.

J.B. : Tout le monde est d'accord sur le principe, mais quand on passe à l'application, tout se gâte, se stérilise. On voit de beaux mouvements démarrer, des enthousiasmes flamber (il règne une telle attente, une telle aspiration !) ; et puis, c'est la désillusion, l'amertume. Comment cela se fait-il, d'après vous ?

É.P. : Par faute d'un authentique enracinement, l'Européen du xx$^e$ siècle est ainsi conditionné qu'il lui est pratiquement impossible de trouver par lui-même la « voie de nature », le *tao* véritable, de laisser faire au lieu de faire, de se placer dans cette attitude de docilité qui est la vraie fidélité à la vie, la voie de l'expérience de la divinité en nous-mêmes et dans le monde. Nous sommes submergés d'informations et de techniques « spirituelles », au point que nous ne pouvons que nous y perdre d'abord. C'est la grande foire à l'illumination, avec ses bateleurs, ses charlatans, ses « faux prophètes », qui sont d'ailleurs souvent à moitié sincères. J'ai suffisamment pratiqué la « méditation » et l' « oraison » pour connaître les mérites et les limites qui sont les leurs. Je puis dire que, parmi ceux et celles qui entrent dans le travail de réalisation auprès de moi, les plus grandes difficultés se présentent chez ceux qui ont suivi des « voies » et des « méthodes », si séduisantes et si respectables soient-elles. Ceux-ci prennent la place des choses et conduisent à substituer des systèmes de pensée ou de pratiques à la réalité, laquelle est toujours neuve et imprévisible. Notre esprit est si bien habitué à fonctionner tout seul, que de codifier l'expérience entraîne l'occultation de celle-ci : elle passe au second plan, au profit de la description.

J.B. : Exactement. Il n'y a pas si longtemps qu'on a vu fleurir chez nous des courants de pensée qualifiés d'« existentialistes ». Les « valeurs d'existence », donc d'expérience, y fournissaient matière à de nouvelles ratiocinations.

É.P. : Vous prenez : « vie », et vous en faites du « vitalisme » ; « expérience », et vous changez le mot en « empirisme », et l'on commence à discuter là-dessus à perte de vue... L'alchimie a pour devise : « Laisser advenir. » « Ce n'est pas moi qui me crée, dit Jung. J'adviens bien plutôt à moi-même. » Mais encore une fois, tout comme la guerre, suivant Napoléon, cet art *simple* est tout dans l'exécution. Notre Grand Œuvre est une réalisation « spontanée », normalement induite à partir d'un être lui-même « réalisé ». Le rôle du guide est de catalyser l'expérience de celui qu'il accompagne, de lui fournir une « aire de liberté », laquelle est faite de son accueil et de son amitié (ayons le courage de dire : de son amour, un amour qui n'exclut pas la rigueur, mais l'englobe !). Dans cette réalisation, l'homme se borne à répondre et à adhérer à la poussée de la vie divine en lui. Ainsi, il n'est pas un chercheur, mais un *trouveur*. Il trouve la totalité divine et humaine parce qu'il s'est d'abord laissé trouver par elle : « Dieu nous a aimés le premier », dit saint Jean. Il nous parle, et sa voix est avant tout celle des songes. C'est cette parole qui est à la base de tout. Cette voix est voie. Le Christ, Parole de Dieu, déclare : « Je suis la voie, la vérité, la vie. » Cela se réalise en chacun de nous. S'il fallait caractériser notre yoga, nous l'appellerions le « yoga des songes ». Ceux-ci peuvent me conduire vers l'Orient, mais aussi m'en écarter ; ce qui est juste aujourd'hui peut devenir faux demain, et vice versa. En tout cas, je serai mis en contact par eux avec *mes* racines vraies, telles qu'elles s'offrent à moi *aujourd'hui*. N'est-ce pas la bonne manière de faire éclore la « fleur d'illumination », de provoquer le *satori* ? *Yoga* ne signifie-il pas « jonction », donc « contact » ? Et le contact vital n'est-il pas pour moi celui de mon essence intime, laquelle est d'abord individuelle et contient l'héritage qui est le mien ?

J.B. : Mais le maître intérieur peut m'inviter à faire mien tel ou tel aspect de l'enseignement universel : à notre époque, c'en est fini du cloisonnement.

É.P. : Oui, mais c'est lui, et non moi, qui discernera et me montrera, de moment en moment, ce qui m'est opportun et nutritif. C'est ainsi que je suis amené à aider un chrétien à accepter une initiation onirique

*Ayant longtemps servi comme archiviste et astrologue à la cour des Tcheou, Lao-tseu, « Vieux Maître » (IVe siècle avant l'ère chrétienne), se retira au loin pour vivre caché. Parvenu à la « passe de l'Ouest », il aurait, sur la demande du gardien de poste, écrit un texte de cinq mille caractères, le* Tao-tö king, *résumé de son enseignement.*

*Ce* Traité de la voie et de sa vertu *se divise en deux livres de trente-sept et quarante-quatre courts chapitres versifiés. Ouvrage obscur et difficile, laconique, paradoxal, énigmatique, contradictoire parfois, toujours subtil, dont les sentences suggèrent l'essence du taoïsme.*

*Il existe un Être infini, unique, immuable, omniprésent, inaltérable, la « Mère des dix mille (êtres) », c'est-à-dire de tout ce qui est ; désigné par le terme* tao, *diversement traduit par « principe », « voie », « grand-route », « sens » ; plus volontiers défini négativement comme* wou, *« non-être » et « non-avoir », par opposition à* yeou, *« avoir », pour désigner le monde phénoménal. Le* tao *est vacuité, mais remplie de potentialités : c'est dans le moyeu vide de la roue que se tient l'*efficace *qui la fait tourner. Inactif par lui-même, il est cause de toute action. Toute action entraîne une réaction concordante ; toute réalité se retourne tôt ou tard en son contraire : jour/nuit, vide/plein, augmentation/diminution, force/faiblesse.*

*Sur le plan pratique, qui importe avant tout pour l'esprit chinois, ces principes trouvent leur application dans la vie du sage. À l'image du* tao, *celui-ci sait se faire vide, et acquiert par là la vraie liberté. N'agissant pas pour agir, il n'est rien qu'il ne fasse. Relié à l'origine, il a la spontanéité naturelle (*tseu-jan*) de l'enfant. Dépassant les dualités, il ne craint ni vie ni mort. Conciliant les contraires, il est dans ce « juste milieu » d'apparence médiocre, mais d'une réalité transcendante.*

*Il sait la valeur de la connaissance et de la maîtrise de soi, la souplesse du roseau et l'humilité de l'eau, le silence et le contentement. En sa parfaite quiétude, « le sage, dira Tchouang-tseu, voit tout dans l'unité primordiale indifférenciée ». C'est ce qui lui vaudra de douter s'il est Tchouang-tseu ou papillon !*

venue d'Égypte, de l'Inde ou du Mexique, ou, au contraire, comme cela vient de se produire, à faire qu'un musulman accepte – à un certain degré – que Freud prenne en lui la place du *morshid*, du maître spirituel.

J.B. : On s'écriera : « Le zen ne dit pas autre chose », ou : « Ce que vous affirmez là pourrait être d'Aurobindo », ou encore : « Ignorez-vous que, pour les soufis, le nom suprême de Dieu est *Al-Haqq*, la Réalité ? »

É.P. : Qu'est-ce que cela prouve, sinon la nécessité d'entrer effectivement dans le chemin, au seuil duquel il y a, à un moment, ou à un autre, contact avec un être humain qui y est déjà entré ? C'est cela, la porte de l'initiation. Tout le reste est littérature : littérature mystique ou ésotérique, voire alchimique ou psychanalytique, mais littérature tout de même, c'est-à-dire paille au vent.

J.B. : Jung est donc pour vous, en définitive, un maître, un initiateur, qui a retrouvé et montré la voie occidentale sous la forme de l'alchimie. Pouvez-vous en dire un peu plus à ce sujet ?

É.P. : En route depuis 1940, j'ai vite fait à mes dépens le constat de la déliquescence du christianisme comme voie de réalisation intérieure. J'ai lu tout ce qu'on trouvait alors, et frappé à quelques portes. La psychanalyse représentait pour moi le niveau du certificat d'études primaires. Elle ne pouvait m'aider en rien. Il m'a fallu chercher la voie occidentale ; j'ai *su* que c'était l'alchimie. Je ne connaissais rien d'elle, mais j'étais prêt, s'il le fallait, à allumer un « feu de fourneau » et à travailler sur les métaux vulgaires : je suis incapable de faire quoi que ce soit de mes mains, mais quoi ? Pour le royaume des cieux, on est prêt à tout. C'est alors qu'en 1960 j'ai découvert, « par hasard », *Psychology and Alchemy*. Je me suis trouvé tout de suite devant cette sorte de défi : il y aurait eu chez nous un homme au nom connu qui proposait, avec beaucoup de pudeur, mais en même temps avec sérieux et autorité, ce que nous allons chercher en Orient : « La voie de la libération. » Il m'a fallu cinq bonnes années à lire d'autres ouvrages non traduits de Jung et les livres alchimiques dont il m'avait ouvert la piste, pour m'amener à accepter l'incroyable. Des événements intérieurs puissants se sont produits. J'ai fait ce qu'on appelle une « analyse jungienne » – terme horriblement inadéquat à mes yeux. Dans le même temps, le *Yi King* m'a forcé à le traduire. Tout cela a été le début d'une nouvelle vie.

Devant ce qui se passe aujourd'hui, je ne puis plus douter de la réalité de « notre pierre ». Les paroles d'un vieil auteur me viennent aux lèvres : « Je ne cessais de m'émerveiller de la puissance de cette pierre, infusée en elle par le ciel. » Il existe désormais autour de nous, en France et à l'étranger, au seuil du XXI^e siècle, un nombre croissant d'êtres pour qui la « lumière chymique » est plus évidente que le jour. C'est une nouvelle vision du monde, un nouvel art de vivre fondé sur l'adhésion aux opposés et leur réconciliation. La transmutation alchimique est désormais à la portée de quiconque y est appelé et veut y entrer.

J.B. : Les vues que vous venez d'exposer sont-elles partagées par l'ensemble de l'école jungienne ? Je crois savoir qu'on y connaît des tensions, des désaccords...

É.P. : L'œuvre écrite de Jung est immense. Elle s'étale sur plus de cinquante ans. Son auteur la donne comme le sous-produit d'une évolution intérieure. C'est dire qu'on peut la prendre à tous les niveaux, à tous les stades d'une quête. Alors, chacun y puise à son gré ce qui lui convient. C'est le sort de toutes les grandes œuvres. Regardez Platon... La comparaison est de Jung lui-même. À un Américain qui avait écrit sur lui avec une information insuffisante, il dit : « Si quelqu'un veut écrire sur M. Platon, il faudra qu'il commence par lire toutes ses œuvres, et pas seulement la première moitié. » Malheureusement, beaucoup s'accommodent très bien de cette première moitié et se sentent mal à l'aise dans la seconde, celle du Jung alchimique. Ils ne paraissent pas se rendre compte que c'est précisément ce Jung, révélé à lui-même par l'alchimie, qui est le guide réclamé par la jeunesse de l'ère atomique. Celle-ci, comme nous le disions en commençant, aspire de tout son être à une transmutation intérieure susceptible de faire contrepoids à celle opérée par les physiciens. Les prudences d'expression de Jung s'expliquent par son milieu et son époque. Jamais il n'a voulu se départir de son rôle de savant. Sa vie a été une longue et douloureuse lutte avec l'ange, je veux dire le prophète en lui qui, à chaque instant, perçait sous le psychiatre... Seulement, nous ne sommes plus en 1930. Les événements vont vite. L'attente se fait de plus en plus aiguë, l'ouverture de plus en plus grande. Le moment est venu de tenir ouvertement le langage de la transmutation « divine ». Et puisque j'évoquais Platon, il s'agit de faire pour Jung ce que Plotin a fait pour lui : non le commenter et l'analyser, mais le continuer, en extraire tout l'or dont il est gros, et crier sur les toits ce qu'il confiait dans le creux de l'oreille et qui est maintenant prêt à être reçu par « l'esprit de l'époque » : l'avènement de « l'homme divin », que certains nomment l'homme du Verseau.

J.B. : Je serais curieux de savoir comment vous entendez réaliser ce programme.

É.P. : De la façon la plus simple : me mettre à l'écoute de l'âme et faire écho à son langage, de manière que « la nature réjouisse la nature », que l'âme libère l'âme, que le dieu délivre le dieu. Pour cela, la réalité sacrée de l'homme demande notre reconnaissance et notre amour, ce qui ne peut avoir lieu que dans une attitude faite d'adoration et d'humilité. L'expérience le montre : le dieu crie très fort aujourd'hui dans l'âme. Seulement, nous ne savons pas l'entendre. Nous avons nos idées et nos vues à son sujet, ce qui nous tient à l'abri de son feu transformant. Nous savons mieux que Lui qui Il est. Nous avons soit une orthodoxie autochtone (par exemple la référence au Christ historique qui me dispense de réaliser le Fils de Dieu *en moi*, d'une manière qu'Il me montrera et qui se moquera sans doute des modèles extérieurs), soit une révélation ou une méthode exotique importée à grand effort. Ou alors, nous n'avons rien du tout, et la voix de l'âme ne sera pas considérée comme hérésie, mais bel et bien comme délire, au sens le plus scientiste et pathologique du terme. Nos hôpitaux psychiatriques abritent plus d'un prophète qui n'aurait eu besoin que d'*éducation*, c'est-à-dire d'écoute intelligente et aimante pour intégrer ce qui se disait en lui et en faire un apport pour la collectivité.

J.B. : Entendez-vous sacrifier à une certaine mode et faire l'« apologie du fou » ?

É.P. : Je sais trop la difficulté surhumaine de la maîtrise de cette énergie nucléaire qu'est la force du dieu et du démon en l'homme ! Je veux seulement dire que cette confrontation, cette « lutte avec l'Esprit » en vue de son intégration est la totalité de notre œuvre. Nous ne fabriquons pas l'Esprit, nous ne l'inculquons pas, nous le reconnaissons et nous plaçons en face de lui, avec lui, si besoin est, contre lui, afin qu'il devienne l'esprit de l'homme, l'esprit du dieu en l'homme... Comme l'enfant du conte d'Andersen, nous refusons de nous extasier sur les habits neufs de l'empereur, car ils sont faits d'illusion et l'empereur est nu. Ces habits sont les systèmes et les pensées dépour-

*L'alchimie (de l'arabe* al-khêmya, *« la terre noire », par allusion au limon du Nil, du moins si l'on en croit l'étymologie classique), apparaît en Europe aux alentours du XII^e siècle. Héritière d'Hermès Trismégiste (*La Table d'émeraude*), des alchimistes alexandrins (Zosime) et arabes (Jābir), sans refuser les apports de la tradition judéo-chrétienne et de la mythologie grecque, elle se propose la transformation de la matière et l'accélération de sa maturation. Si les « spagyriques », ignorant du symbolisme et ancêtres de la chimie moderne, n'ont reçu que mépris de la part des vrais alchimistes pour vouloir tirer de l'or du plomb, ceux-ci s'occupent de spiritualiser la matière et de corporifier l'esprit. Leur vision repose sur le principe que tous les phénomènes inscrits dans la nature procèdent de l'un et qu'il est possible de les transmuer.*

*Pour éviter à la fois l'avidité de ceux qui prenaient les alchimistes pour des faiseurs d'or matériel, et les condamnations d'une Église unilatérale dans son insistance sur la lumière au détriment de l'ombre, l'alchimie dut recourir à un langage obscur, hermétique, à des images déroutantes, voire vulgaires, à des titres déconcertants :* Le Livre muet, L'Amphithéâtre de la sagesse éternelle, L'Entrée ouverte au palais fermé du roi, La Lumière sortant par soi-même des ténèbres. *Tous éléments polysémiques, incompréhensibles pour qui n'en possède pas les clés – en particulier, les calembours de la langue des oiseaux –, et destinés à décourager les chercheurs inauthentiques.*

*L'adepte n'en saura pas moins que l'« athanor » n'est pas seulement un fourneau, mais désigne l'être humain dans toutes ses composantes, comme la pierre philosophale, leur parfait équilibre. Des auteurs eux-mêmes, Arnaud de Villeneuve, Raymond Lulle, Nicolas Flamel, Basile Valentin, Bernard de Trévisan, Eyrénée Philalèthe, Corneille Agrippa, Michel Maïer, nous ne savons à peu près rien.*

*Le grand œuvre se déroule en une série d'expériences descendantes et ascendantes. Les transformations subies par le sujet dépendent de sa décision, mais sont inséparables des influences cosmiques extérieures : jamais l'observateur n'est distinct de la chose observée.*

*Trois agents sont nécessaires au travail : le* soufre *– le principe igné, l'énergie qui brise les gangues, dissout les impuretés ; lui cor-*

*respondent les éléments secs, masculins, actifs ; le* mercure *– le climat naturel sur lequel agit le soufre ; lui correspondent les éléments humides, féminins, passifs, le « dissolvant universel » qui purifie et ordonne le chaos originel ; le* sel, *qui possède l'embryon du « nouvel Adam ».*

*Le travail s'opère en trois phases.*

*L'œuvre au noir (*Nigredo*) : la mortification, consistant à mourir au moi, à se laisser démembrer, tel Osiris, à se désintégrer en se remettant tout entier en question, en se privant de ses points d'ancrage.*

*L'œuvre au blanc (*Albedo*) : de la putréfaction de la* materia prima, *sont libérés le roi (le soufre) et la reine (le mercure) qui s'épouseront en des « noces chymiques » d'où naît le sel philosophal, l'androgyne, réconciliant les opposés. L'œuvre au blanc s'accomplit en alternance selon la loi du* Solve *(« Dissous ») : l'abandon à l'inconscient, et celle du* Coagula *(« Coagule ») : le renforcement du conscient.*

*L'œuvre au rouge (*Rubedo*) : couronnement de l'œuvre, marque l'avènement du « corps de lumière », l'obtention de l'or philosophal à partir des métaux vils qui ont été non pas refusés et refoulés comme dans la voie exotérique, mais retournés et transmués dans leur positivité.*

*Longtemps endormie plutôt qu'oubliée, et souterrainement continuée par Pernety, Canceliet, Fulcanelli, l'alchimie a connu au XXe siècle une revivification grâce aux travaux de Carl Gustav Jung. Celui-ci a mis de l'ordre dans un volumineux fatras, et a fait de l'alchimie une application psychologique des plus intéressantes en la traduisant dans un langage adapté à l'époque contemporaine. Ceux qui l'ont accusé d'avoir fait dévier l'art royal se trompent : d'une part, Jung n'a pas uniquement travaillé avec des « malades » ; d'autre part, nul ne peut se flatter d'être totalement exempt de traces de névrose.*

---

vus de substance vitale ; leur affirmation, si habile soit-elle, n'a pas produit de réalisation ; ils sont ainsi privés de toute réalité. Mais d'autre part, nous avons des yeux et des oreilles d'ingénus pour discerner et capter la réalité « divine », où qu'elle se présente et sous quelque forme qu'elle paraisse. Si quelqu'un vient me voir, accablé sous le poids de l'expérience intérieure qui lui échoit, j'ouvrirai grands mon cœur et mon esprit à sa confidence. Le dieu reconnu en lui naîtra véritablement en ce monde ; il « s'incarnera », et moi, son accoucheur, je me trouverai également enrichi par cette naissance. Toute incarnation divine est une bénédiction pour l'humanité tout entière, et d'abord, pour ceux qui en sont les instruments et les premiers témoins.

J.B. : Que voulez-vous dire exactement par là ?

É.P. : Mes propos traduisent une expérience quotidienne, banale : c'est l'attitude que je m'efforce de faire mienne devant toute expérience qui m'est soumise. Je l'accueille, j'en atteste la réalité, en interprétant et en rectifiant ce qui doit l'être. Mais, pour cela, il me faut « faire le poids », avoir réalisé l'équivalent énergétique de l'expérience qu'on me soumet : « Seul, Dieu voit Dieu. » Pour mener de pareils colloques, il faut être soi-même devenu esprit. Dans un des plus vieux textes alchimiques, le récit de Zosime, le « maître » qui se révèle en songe déclare : « Je suis esprit et gardien d'esprits. »

J.B. : Ces « nouveaux alchimistes » que vous représentez ne sont pas sans rappeler les poètes voyants qu'annonçait Rimbaud.

É.P. : Ils sont les *vates* [1] dont le siècle qui vient aura besoin. Leur langage éclôt de lui-même ; il a le dieu pour principe, pour sujet et pour terme. Le langage du dieu les place dans la joie de la poésie renée, « langue des oiseaux », langue des anges parlée par des humains insérés dans leur contexte historique et social. Telle est la vocation à laquelle nous répondons : la libération de l'âme par l'âme. Elle s'opère en proférant le Verbe divin qui est avant tout le langage du songe, que Jung appelait « le père de tous les prophètes ».

1. En latin : poètes, devins, reliés au monde de la connaissance.

ÉMILE GILLABERT

# L'Évangile selon Thomas

*Dans JESUS, il y a JE SUIS.*

*Parole à l'auteur.*

*Cet entretien a eu lieu les 15 et 16 juillet 1977. Émile Gillabert est mort en 1994.*

Jésus a dit :

« J'ai été un feu sur le monde, et voici que je le préserve jusqu'à ce qu'il embrase. »

« Heureux celui qui était déjà avant qu'il n'existe. Si vous devenez mes disciples et entendez mes paroles, ces pierres vous serviront. »

« Si la chair s'est produite à cause de l'esprit, c'est une merveille ; si l'esprit s'est produit à cause du corps, c'est une merveille de merveille. Mais moi, je m'émerveille de ceci : comment cette grande richesse s'est mise dans cette pauvreté. »

« Les pharisiens et les scribes ont pris les clefs de la Connaissance et ils les ont cachées. »

« Si l'on vous interroge : " Quel est le signe de votre Père qui est en vous ? ", dites-leur : " C'est à la fois un mouvement et un repos ". »

« Le Tout est sorti de moi et le Tout est parvenu à moi. Fendez du bois : je suis là; soulevez la pierre, vous me trouverez là. »

« Ne comprenez-vous pas que celui qui a créé l'intérieur est aussi celui qui a créé l'extérieur ? »

« Celui qui boit de ma bouche deviendra moi ; je deviendrai lui, et ce qui est caché lui sera révélé. »

« Toute femme qui se fera mâle entrera dans le royaume des cieux. »

Tels sont quelques-uns des cent quatorze *logia* [1] que je lus non sans stupeur dans l'*Évangile* de Thomas. Cela avait un son tellement inconnu que je ne pouvais en rester là : quelque chose y requérait l'attention des jours d'enquête.

J'appris ainsi qu'un cinquième Évangile existait, découvert en Haute-Égypte, dans une jarre, en 1946, composé en copte et traduit depuis peu. De l'avis même de certains exégètes de l'École biblique de Jérusalem, ce texte serait plus ancien que les Synoptiques ; il transmettrait donc les paroles mêmes prononcées par le Christ, et transcrites par

1. Un *logion* (pluriel *logia*) désigne en grec un verset, une parole des Écritures.

Didyme Judas-Thomas. Texte révélant un maître et un enseignement en tous points semblable à ceux de l'Asie traditionnelle ; débondant les sources de l'ésotérisme chrétien ; remettant, du même coup, en question la majeure partie de la religion chrétienne, telle que nous la connaissons.

Aboutir à l'évidence que les Évangiles canoniques sont le résultat de rédactions successives et tardives, retrouver les véritables paroles du Christ par-delà les sédimentations d'exégèses, d'interpolations, d'ajouts, opposer à la « civilisation chrétienne » un message originel, intemporel et universel, quoi de plus périlleux en même temps que de plus passionnant ?

J'allai rendre visite à l'auteur de cette révélation.

Émile Gillabert me reçut dans sa belle maison provençale de Marsanne, ocre au milieu des champs de genêts et de lavandes. Je me trouvai devant un homme affable, posé, dénué du pédantisme ordinaire à la gent érudite ; bien plutôt, chaleureux ; un mystique, sensible aux coïncidences, un poète épris de preuves et de précisions, un « enfant », dans le sens où l'entend Thomas : un de ces êtres hors du savoir mental et dualiste, ni distraits ni épars, mais concentrés, travaillant à « faire l'extérieur comme l'intérieur, et le deux, Un », et dont il est dit que « le Royaume leur appartient ».

« Je dois tout à mon enfance, me dit Émile Gillabert. C'est en elle que j'ai puisé la vigueur de me projeter dans le temps et l'espace. Sur ces " projections " j'aurais beaucoup à dire, si j'avais quelque goût à écrire mes Mémoires... Mais c'est en elle aussi que j'ai trouvé la force de " rentrer à la maison ". Et c'est là le plus important. »

## *Le départ du berger prodigue*

Il naît dans le Valais, à Champéry, le 5 mars 1914. Jusqu'à l'âge de dix-sept ans, il mène une existence de transhumant, à mi-chemin entre le nomade et le sédentaire : berger, l'été, sous les étoiles, écolier durant l'hiver. Il vit accordé au rythme des saisons et au chant des *bisses* [1], spectateur et acteur de la lutte éternelle entre les éléments : « L'homme conduit le troupeau, la neige conduit l'homme. » Au mois d'août, à plus de deux mille mètres, les alpages sont encore semés de névés. L'herbe est rare parmi les rochers, et la pluie, lorsqu'elle s'attarde, se durcit en givre au fort de l'été. Sous le regard de l'enfant apeuré, l'aigle emporte un agneau dans ses serres. Mais la terre est aussi

1. « Ruisseaux » en patois valaisan.

complice du gamin qui s'émerveille de voir les soldanelles percer la neige.

Il sait que Dieu se plaît aux bergers, mais aussi, qu'avant de monter sur « les montagnes de l'alliance, parmi les lis », il est bon de descendre au pays des hommes. Il s'en vient donc vers ceux des grandes villes, assouvit sa passion de découvrir le monde, achève une licence ès lettres. Le voilà à Paris, dirigeant une petite maison d'édition et, durant vingt-cinq ans, connaissant l'épreuve du métier. Il essaie de dire par l'image que « la vraie vie est ailleurs ».

Pour tenter d'éclairer les zones d'ombre paralysantes, il entreprend une psychanalyse, se livre, pendant trois ans, à l'inconfort du divan, mais une meilleure insertion sociale ne comble pas certaines aspirations profondes. Une parole de Bernanos lui revient sans cesse à l'esprit : « Que m'importe ma vie ! Je veux seulement qu'elle reste jusqu'au bout fidèle à l'enfant que je fus... » Émile Gillabert a gardé de son jeune âge une nostalgie dont ne saurait le distraire aucune philosophie.

L'éditeur souhaitait déposer les armes lorsqu'il rencontre l'homme qui devait l'introduire aux grands enseignements orientaux : le docteur Hubert Benoît, spécialiste du bouddhisme japonais [1]. Il reconnaît en lui un maître, poursuit sous sa direction, cinq années durant, l'exploration de la pensée orientale. La passion de connaître l'univers se mue en nécessité d'étudier le monde intérieur. Se situer par rapport à ce qu'on a été, à ce qu'on est, à ce à quoi l'on aspire, telle est la perspective qui s'offre désormais à lui. Loin de l'éloigner de ses origines, les traditions orientales qu'il découvre lui montrent, au contraire, que le monde terrien constitue le fonds anthropologique universel.

## *Le retour à la maison*

C'est alors que se produit l'événement majeur de sa vie : la lecture de l'*Évangile de Thomas*. Elle lui est foudroyante. Dans ces paroles de feu, tout lui est donné ou rendu : le *Vedānta*, le zen, le tao, le soufisme. Il trouve là les réponses à ses préoccupations de toujours, et qu'il n'avait pas réussi à faire partager aux commentateurs et apologistes officiels en qui il avait mis des espoirs maintenant déçus.

Dans sa solitude d'alors, certaines paroles de Jésus prennent un singulier relief : « J'ai caché ces choses aux savants et aux sages, et les ai

1. Auteur, en particulier, de la *Doctrine suprême selon la pensée zen*, et du *Lâcher prise* (Le Courrier du Livre).

révélées aux petits... » Émile Gillabert, qui aime se comparer au pauvre Gaspard de Verlaine en proie aux grands d'esprit (« Ils ne m'ont pas trouvé malin »), découvre que les clercs ont une échelle de valeurs qui ne peut que les rendre étrangers à une priorité qu'ils n'ont pas établie eux-mêmes... Priorité remarquablement restaurée par *Thomas* en tant que parole des origines, dans sa concision diamantaire et son essentialité métaphysique. Aux disciples qui souhaitent un Sauveur conforme à leurs projections et lui demandent : « Quel jour te verrons-nous ? », Jésus répond : « Quand vous vous dépouillerez de votre honte, déposerez vos vêtements à vos pieds comme les petits enfants et les piétinerez, alors vous verrez le Fils de Celui qui est vivant. »

Le « retour à la maison » correspond à l'élan du cœur, à l'intuition fondamentale. Il s'oppose aux motivations de ceux qui, en forgeant des mythes, fabriquent Dieu à leur image. La remise en question à laquelle procéder est longue, laborieuse, mais irrépressible. Tandis que Philippe de Suarez traduit le premier, en français, l'*Évangile de Thomas* et se livre à un vaste travail de concordances exhaustives, de notes et de commentaires, Émile Gillabert, retiré dans la Drôme, consacre son temps et ses forces à l'étude et à la propagation de cet Évangile, aidé par son épouse, Monique, toute dévouée à son œuvre. Homme de lentes maturations, c'est à soixante ans qu'il publie son premier ouvrage, consacré à *Saint Paul*, et stigmatisant les méfaits d'une religion exclusive du Dieu mâle, qui évacue la Nature Mère. Un second livre, *Paroles de Jésus et Pensée orientale*, s'attache à dissocier l'enseignement authentique de Jésus d'un messianisme littéraliste, et le confronte à la métaphysique pour en dégager les constantes universelles. Enfin, *Moïse* tente de remonter à l'origine du mythe dont le christianisme a assuré la relève en faisant de Jésus le réalisateur des prophéties.

## *Métanoïa*

Grâce à l'*Évangile de Thomas*, retrouver et rétablir « l'enseignement authentique » de Jésus, tel est le but visé par cette trilogie. Émile Gillabert fonde dans le même temps une association, *Métanoïa* [1], qui continue la recherche inaugurée par ses ouvrages. Principalement consacrée à l'interprétation du nouvel Évangile, elle étudie également les conditions et le milieu qui l'ont vu naître.

1. *Métanoïa* signifie en grec : « changement, retournement, renversement » et, par suite, « conversion ».

Ce que pensent tenter les membres de *Métanoïa* ressemble assez, *mutatis mutandis*, à ce que firent les premiers *Tch'an* à l'égard du bouddhisme. On sait en effet que ceux-ci débarrassèrent le bouddhisme des fioritures dogmatiques, des alourdissements et affadissements dévotionnels qui le défiguraient depuis de nombreux siècles. Les *Métanoïa* travaillent de même à retrouver un chemin d'origine et à désengorger la source. Comme dans le cas des *Tch'an*, cet assainissement est le fait non de religieux, mais de laïcs ; il s'accomplit hors de l'Église-institution. En découvrant « le lien de la vie », l'ancien berger des Alpes valaisannes, frère des gnostiques et des cathares, a retrouvé le pays de son enfance où, comme il l'écrit dans un de ses poèmes, « les fleurs d'un jour vivaient un éternel été ».

D'un parler mesuré, précautionneux, soucieux du terme le plus fidèle à la pensée – comme celui qui s'avance dans la jungle du mystère l'est du moindre de ses gestes –, Émile Gillabert m'ouvre des voies insoupçonnées, me rend contemporain du Galiléen et me fait entrevoir ce que le christianisme aurait peut-être été, si rien ne l'avait détourné de lui-même dès l'obscur de sa naissance.

JEAN BIÈS : Moïse et Paul sont pour vous les deux grands paranoïaques qui encadrent et étouffent le vrai message de Jésus. Vous les tenez même pour responsables de la crise de l'Occident, qui leur doit son vouloir de conquête, son esprit juridique et littéraliste, la destruction de la nature et de la féminité, le « sens de l'histoire ».

ÉMILE GILLABERT : Le peuple d'Israël, surtout à l'origine, était un peuple combattant, qui avait à conquérir la Terre promise. Il avait avant tout besoin de soldats ; chacun sait que la femme, « repos du guerrier », devient dangereuse dans l'économie des moyens de conquête. Par l'intermédiaire de Moïse, Israël s'est donné des lois où la femme et la nature sont jugées mauvaises. Moïse a reçu ces lois sur le Sinaï, sans que le peuple puisse le voir. C'est ici que commence le discours paranoïaque : admirablement construit, mais établi sur des prémices invérifiables : « Yahvé m'a dit... » Moïse est seul à posséder la vérité ; il se montre intransigeant, xénophobe, fait vivre son peuple dans un climat de culpabilité et de peur permanent. Le peuple, empêché d'avoir un contact direct avec Yahvé, l'est aussi de vivre une aventure spirituelle personnelle : l'intimité avec Dieu lui est pratiquement interdite. La seule aventure permise est collective : la guerre.

J.B. : Il est pourtant possible d'interpréter les Psaumes dans un sens symbolique de guerre intérieure, comme on le fait pour la « guerre sainte » islamique, ou pour celle d'Arjouna dans la *Bhagavad-Gītā.*

É.G. : Sans doute. Il n'empêche qu'Israël a voulu s'inscrire dans le devenir historique, inscrire son action dans l'espace-temps. En se choisissant un guide tout-puissant inspiré par le Dieu des armées, il a opté pour une transformation extérieure.

J.B. : Cet instinct guerrier provient d'une société patriarcale. On pourrait penser que l'orphelin Moïse s'est fabriqué un père d'autant plus autoritaire que la carence a été plus durement vécue.

É.G. : Le culte rendu au père lui a fait condamner et maudire tout ensemble la femme, la mauvaise mère, la nature, assimilées à la mort. Cela se retrouve jusque dans Freud. Moïse a confondu la sexualité et le péché ; d'où le souci obsédant des purifications rituelles et des expiations. L'agressivité d'Israël combattant vient du renoncement sexuel, de l'autopunition reliée à la notion de péché. La déesse mère a été bannie : l'unité du Ciel et de la Terre, brisée. Le dualisme chair-esprit, instinct-raison, était né : nous voyons aujourd'hui les conséquences catastrophiques de cette phallocratie... Dans le christianisme même, le culte de la Vierge Marie a pu tempérer les rigueurs de la Loi, mais n'a point assumé la sexualité. Pour le juif comme pour le chrétien, séparés de la nature, il est devenu impossible de s'intégrer à un temps cyclique, de découvrir une harmonie universelle. Non seulement l'homme n'existe plus que collectivement, mais son but est de transformer cette nature ennemie ; Marx est au bout.

J.B. : Paul n'a fait selon vous que succéder à Moïse dans une perspective chrétienne. Vous établissez plusieurs rapprochements entre son enseignement et l'idéologie essénienne : même rêve hégémonique, même dualisme fondamental, même souci de justification par les Écritures, même impatience messianique. Vous expliquez sa paranoïa en évoquant un besoin de surpuissance et de possession exclusive de la vérité, et vous réduisez Damas à une hallucination.

É.G. : Le départ de Paul ne nous satisfait pas plus que celui de Moïse. Nous ne pouvons vérifier cette expérience de foi fondée sur un Christ ressuscité, sur cette réanimation d'un cadavre... Le discours est organisé, logique, efficace ; l'absence de preuves subsiste. Oui, Damas est pour moi une hallucination, une perception sans objet, en termes psychanalytiques, une « régression ». Le psychotique privé du tiers témoin ne peut contempler que sa propre image.

J.B. : Paul aurait donc accentué, selon vous, le processus de *yangisation* de l'Occident ?

É.G. : Je me suis aperçu qu'il n'avait fait que continuer un travail déjà bien avancé, en sous-estimant l'élément féminin – *yin* –, beaucoup plus proche que le masculin – *yang* –, des cycles naturels. Paul a insisté sur la Loi, représentée par le père : autorité, sévérité, condamnation ; c'est le père, non Jésus, qui a tué le « vieil homme » en Paul. Dans ses Épîtres, la femme porte le poids du péché originel. La chair est identifiée au mal. Il ne parle de la mer que pour mentionner ses naufrages, de la nuit que pour en souligner l'aspect négatif ; il ne fait aucune mention de la mère de Jésus... Comparez avec *Thomas*, où Jésus rend sa vraie place à la femme, réhabilite la mère divine : « Le royaume du père est semblable à une femme. »

J.B. : Il le compare aussi à un berger, à un marchand, dit que le royaume est pour « toute femme qui se fera mâle ». Mais ne chicanons pas... Vous estimez que l'aspect messianique des Évangiles est également une signature de Paul.

É.G. : Les paroles que les rédacteurs évangéliques prêtent à Jésus pour montrer qu'il venait réaliser les prophéties sont des ajouts ou des interpolations. Même l'exégèse confessionnelle est d'accord là-dessus. On a confondu Jésus et le messie des prophètes (Daniel surtout) ; on a fait subir aux textes des manipulations pour les besoins de la catéchèse. Surtout dans Matthieu...

J.B. : Cependant, toutes les traditions connaissent la notion de fin de cycle, et vous-même ne la niez pas.

É.G. : Nous sommes effectivement à la fin d'un cycle. Mais la notion de cycle elle-même est liée au monde manifesté, elle est étrangère à l'essentiel, qui est la vie intérieure, la seule qui intéresse Jésus. Ce qui nous est demandé, c'est de revenir à l'origine d'avant le temps. Les Juifs, et les disciples de Jésus à leur suite, attendaient un messie, et Jésus ne présentait pas les caractéristiques requises. Le messie devait apparaître dans les nuées du ciel, au son des trompettes, dans une sorte de branle-bas cosmique... Or, aux yeux des non-initiés, rien ne distingue un initié de celui qui ne l'est pas. Tout au long de la vie de Jésus, nous constatons que les disciples ne le comprennent pas. Ils se sont déjà forgé un personnage en fonction des prophéties ; ils vivent sur des préjugés, sur des projections. En réalité, cette attente messianique n'était qu'une prodigieuse utopie ; cette fuite dans le rêve avait pour but de décharger l'âme collective de sa culpabilité.

J.B. : Je vous entends parler de Jésus, non du Christ. Or, tout messager porte deux noms, l'un humain, l'autre divin.

É.G. : Christ est un terme juif et paulinien à la fois, désignant l'oint du Seigneur. Il appartient donc encore à la perspective messianique que je viens de dénoncer. Le messie devait naître de la race de David et recevoir l'onction. L'on a fait naître Jésus à Bethléem parce que Bethléem est une terre de Juda, donc de la tribu de David, alors que les exégètes nous disent maintenant que Jésus n'a pas pu naître à Bethléem, étant donné la date du recensement de César. On veut alors le faire naître à Nazareth, mais on rencontre une nouvelle difficulté : Nazareth ne figure sur aucune carte ancienne, dans aucun livre d'histoire...

J.B. : Comme le Jérimadeth d'Hugo ! ... Pour vous, cela n'a pas d'importance. Pour un Claude Tresmontant, le problème ne se pose pas en ces termes. Jésus est *nazôraïos*, qui décalque l'hébreu *nazir*, « consacré à Dieu » ; il est le « saint de Dieu », le « prophète » attendu... Maintenant, quelle importance ou crédibilité accordez-vous aux miracles de Jésus ? Vous dites que ceux-ci figurent dans des versets ajoutés.

É.G. : Il existait depuis longtemps des recueils de miracles ; c'est là qu'ont puisé les évangélistes, en y ajoutant encore l'imagination orientale, pour élaborer leur mythe. La résurrection m'apparaît comme un phénomène explicable, mais appartenant, comme tout phénomène, à l'ordre de la manifestation, et donc secondaire, du point de vue ésotérique. Or, Jésus a dit : « Par les choses que je vous dis, ne savez-vous pas qui je suis ? » Il attire l'attention sur sa *parole*, non sur l'aspect merveilleux des miracles. On a voulu faire de lui un fakir, alors qu'il récusait tout moyen d'action physique.

J.B. : Est-ce à dire que Jésus n'a jamais fait de miracles ? Tous les sages ont été investis de « pouvoirs », même s'ils y ont renoncé par la suite.

É.G. : Il en avait probablement. S'il est issu du milieu essénien, comme d'aucuns le prétendent, on sait par les textes de Qumrān que les Esséniens étaient des guérisseurs. Jésus a fort bien pu être un thérapeute.

J.B. : De fait, tout homme réalisé en est un par l'efficace de sa parole. Elle est le « moyen juste utilisé par l'homme juste », dont parle le taoïsme.

É.G. : Exactement... Parce qu'il y a chez lui adéquation entre la parole et le réel, et parce qu'il aide le patient à voir le réel, à y adhérer dans l'instant présent.

J.B. : Quant aux autres miracles, n'est-il pas possible de leur donner une interprétation allégorique, comme l'ont fait certains Pères de l'Église à propos des noces de Cana ou de la marche sur les eaux ?

É.G. : Je ne nie pas ces miracles, je les néglige plutôt. Ils sont pour moi de l'ordre extérieur.

J.B. : Alan Watts dit quelque chose d'analogue : christianisme et marxisme se rejoignent, d'une part, dans l'attente d'une parousie (même si celle-ci est pour eux de nature très différente), d'autre part, dans cette curiosité indiscrète à l'égard du phénomène matériel.

É.G. : Le véritable enseignement de Jésus n'est point là. Je le trouve dans *Thomas*, qui ne mentionne pas plus la parousie que les miracles.

É.G. : Qu'est-ce que cet Évangile, dont on n'avait jamais entendu parler auparavant ?

É.G. : Il s'agit d'un texte copte, découvert près de la localité de Nag-Hammādi, et dont les premières traductions datent de 1959. Le manuscrit se trouve au musée du Caire ; nous en possédons le fac-similé. Une véritable conjuration du silence entoure cette découverte qui remet en question les bases mêmes du christianisme tel qu'il nous a été transmis.

J.B. : Vous dites quelque part que cet Évangile aurait été dicté par Jésus à son disciple Thomas. Il serait une stéréotypie des paroles mêmes du maître.

É.G. : L'incipit de cet Évangile est le suivant : « Voici les paroles secrètes » (et non pas apocryphes !..) « que Jésus le Vivant a dites et qu'a transcrites Didyme Judas-Thomas... » On peut supposer que Jésus, se sentant menacé à la fois par les pharisiens et par les Romains, a dicté l'essentiel de son message au disciple susceptible de le préserver.

J.B. : Quelque chose m'intrigue... Le Christ ne parlait point copte, langue des Égyptiens christianisés, qui semble dater du IIIe siècle. Le professeur Puech suppose un original grec et donne au texte une date beaucoup plus tardive. Jean Doresse arrive à la même conclusion. Claude Tresmontant, déjà cité, pose l'Évangile de Jean comme le plus ancien. Comment peut-on, dès lors, considérer ces paroles comme ayant été prononcées par le Christ ?

É.G. : Lorsqu'il y a différentes versions d'un même texte, le plus archaïque est le plus correct. Les paroles de Jésus dans *Thomas* sont plus condensées que celles des Évangiles canoniques. Ceux-ci ont connu la loi de l'entropie qui s'exerce dans le sens de l'inflation... On ne peut affirmer que Jésus ne parlait point le copte, car il a séjourné en Égypte, et le copte sahidique, qui est la langue de notre Évangile, existait de son temps. M. Puech estime que, pour l'instant, on ne peut faire remonter la date de *Thomas* au-delà de la seconde moitié du IIe siècle. Il se place sur le plan de l'exégèse ; celle-ci peut progresser grâce à de nouvelles études. Il est maintenant établi que les parallèles grecs de cet Évangile – les manuscrits d'Oxyrhynque – sont antérieurs à la fin du IIe siècle, et qu'ils représentent un état intermédiaire entre *Thomas* et les Synoptiques. Cela ne prouve pas que le texte originel soit copte, mais il est dangereux de partir du présupposé grec.

J.B. : Vous vous plaisez également à souligner qu'à la différence des autres Évangiles, celui-ci fut enterré presque aussitôt que divulgué, et qu'il est ainsi resté à l'abri de toute manipulation.

É.G. : Oui. Les gnostiques, persécutés, cachèrent le texte. On n'y trouve aucune de ces amplifications propres aux Synoptiques, lesquels sont l'aboutissement de rédactions successives : les versions que nous en avons sont de troisième ou quatrième main ; Paul les a infléchies de toute son influence (Marc principalement). Très vite l'enseignement de Jésus s'est trouvé récupéré, dégradé et trahi.

J.B. : La conjuration du silence à laquelle vous faisiez allusion s'expliquerait fort bien dans la mesure où l'Église, depuis longtemps, récuse toute notion d'ésotérisme.

É.G. : Il est commode mais abusif d'amalgamer la *gnose* de Thomas en tant que « connaissance initiatique » et les gnosticismes aberrants des premiers siècles. Jésus a dit : « Vous avez caché les clés de la connaissance ; non seulement vous n'êtes pas entrés, mais vous empêchez les autres d'entrer. » De même, « le chien dans la mangeoire » ne mange ni ne laisse manger les bœufs. Et encore : « Je dis mes mystères à ceux qui sont dignes de mes mystères... » L'incompréhension ne pouvait être que totale : un dialogue de sourds, avec des disciples infantiles, interprétant les paraboles dans un sens quantitatif et historique, et fermés à toute notion d'intériorité et d'éternité. L'aventure du royaume est intérieure et individuelle ; elle a été comprise comme extérieure et collective. L'éveil de la conscience a été confondu avec la « résurrection des morts ». Manger le pain de la parole, s'abreuver à la coupe de l'enseignement est devenu la cène (alors que Jean lui-même n'identifie nullement la chair et le sang du fils de l'homme au corps et au sang d'une victime offerte en sacrifice : le rachat par le sang est une idée de Paul...). L'épreuve salvatrice de celui qui se prend en main a dégénéré en salut par la croix de celui qui se fait prendre en charge. Le retour à l'Un, à l'Être intemporel, la fin de tout dualisme sont devenus « la fin des temps » (alors qu'il est démontré que Jésus n'a jamais prononcé de discours apocalyptique). Le dévoilement de l'Esprit, lorsque cesse notre cécité, a été pris pour l'apparition de Jésus *post mortem*.

J.B. : La résurrection du Christ serait donc une fable ?

É.G. : Nous ne ramenons pas la mort de Jésus à une fable. Simplement, nous affirmons que l'histoire ne rapporte à peu près rien sur la vie et la mort de Jésus. Nous ne nions pas sa crucifixion, ni sa mise au tombeau. Nous récusons le rôle de rachat qu'on lui fait jouer, et considérons comme secondaire l'aspect thaumaturgique de son existence... Quant au suaire de Turin, c'est un peu comme l'historicité du tombeau de Pierre : la foi se substitue à l'absence de preuves scientifiques. La foi est typiquement chrétienne, elle n'est pas gnostique. La *gnose* est *connaissance* de notre identité véritable. Or, « les pharisiens et les scribes ont pris les clés de la gnose et ils les ont cachées ». En se plaçant dans la perspective du salut messianique juif, les chrétiens ont, à leur tour, substitué les clés et persécuté les gnostiques qui restaient fidèles à l'enseignement de Jésus.

J.B. : En revanche, cet enseignement assimile Jésus aux messagers, aux *Avatāra* des grandes traditions. Il rejoint la connaissance métaphysique située au-delà des exotérismes religieux et telle que l'Asie l'a conservée.

É.G. : Une fréquentation prolongée, attentive, des *logia* de Jésus révèle une pensée attestant des correspondances surprenantes avec les grands enseignements orientaux. Par exemple, avec la *Bhagavad-Gītā* et les *Upanishad*, la poésie mystique des soufis, les aphorismes du tch'an, les *kôan* du zen. J'ai pu établir des rapprochements entre telles paroles de Jésus et Bouddha, Lao-tseu, Lin-tsi, Hui-meng, Gaudapāda. Mais c'est encore du *tao* en tant que voie du « juste milieu » que cet enseignement est le plus proche... Ces rapprochements portent sur l'esprit d'enfance et de pauvreté, sur la non-violence et le désengagement, les illusions du mental, l'abolition de l'ego, la nécessité de vivre *hic et nunc*, la conciliation des contraires, l'androgynie primordiale, le Vide métaphysique, le Père en tant qu'aspect incréé – le *brāhman* sans second –, et le Fils, en tant que réalité manifestée – l'*ātman*.

J.B. : Inutile par conséquent d'imaginer un voyage de Jésus en Inde ou au Tibet !..

É.G. : Comparé aux enseignements initiatiques de l'Asie, ce message se révèle dans ses dimensions d'universalité et permet à l'Orient et à l'Occident de parler le même langage.

J.B. : On a prétendu que l'*Évangile de Thomas* cherchait à « désexualiser » l'homme. « Les femmes ne sont pas dignes de la vie », etc.

É.G. : Plus on approfondit *Thomas*, plus on est convaincu qu'il s'agit moins de fuir le monde que de le changer, mais de le changer en l'assumant pleinement. Or, comment l'assumer sans permettre, grâce au jeu des compensations, une *structuration* de l'homme et de la femme, équilibrée et solide ? La sexualité doit pouvoir entrer dans ce jeu sans avoir à pâtir de contraintes et de défenses qui se traduiront par des blocages et des névroses. Il s'agit d'aller dans le sens de la vie en lui permettant de s'épanouir.

J.B. : On ne trouve donc pas l'éternité en fuyant la sexualité ?

É.G. : Dans l'*Évangile de Thomas*, Jésus montre que l'éternité « a besoin » du temps, que la réalisation ne saurait faire abstraction du corps. La vraie connaissance n'est pas affaire de concept seulement. Jésus fustige les docteurs de la loi : « Celui qui connaît le Tout, s'il est privé de lui-même, est privé du Tout. » Par le jeu des compensations, on apprend à connaître le monde. On peut s'y enliser et périr, ou le transcender et, grâce à lui – non pas sans lui –, se sauver. « Celui qui a connu le monde a trouvé un cadavre, et celui qui a trouvé un cadavre, le monde n'est pas digne de lui. »

J.B. : *Thomas* obligerait donc à une révision complète des dogmes de l'Église...

É.G. : Il faut s'attendre à des révisions pénibles et déchirantes. C'est le prix à payer pour retrouver la vérité originelle et obtenir la libération. Il reste peu de paroles authentiques de Jésus dans les Évangiles canoniques. L'évacuation de l'ésotérisme dès le début condamne aujourd'hui l'Église soit à se replier sur des positions historiques et sécurisantes de moins en moins tolérables, soit à foncer dans le social. Or, on ne peut rien comprendre à cet ésotérisme sans le préalable retournement, l'indispensable *métanoïa* de tout son être, pour revenir à la « source bouillonnante » que Jésus a « mesurée ».

J.B. : Ce retournement peut faire peur, en effet. Il est renonciation à toute sécurité dogmatique et morale.

É.G. : « Quand ils auront rejeté leur vin, alors ils changeront de mentalité. » Je pense que *Thomas* ne peut trouver d'écho que chez ceux qui ont commencé leur propre remise en question et sont disposés au sacrifice total du moi. Nous ne pouvons comprendre et vivre le message de Jésus que si nous parvenons à nous libérer des forces paralysantes de notre inconscient, imprégné de légalisme juif et de dogmatisme chrétien. Ce travail ne pourra se faire que sur plusieurs générations.

J.B. : Certains, se référant à la loi selon laquelle toute fin de cycle en rejoint le commencement, pourraient penser que la découverte de ce cinquième Évangile, qui, en fait, serait le premier, constitue un indice de la fin du cycle chrétien.

É.G. : Pour moi, elle indiquerait plutôt la renaissance de la spiritualité occidentale. Cette découverte est une chance insigne offerte à l'homme de notre temps, juste au moment où les Églises ne peuvent plus répondre à ses interrogations essentielles. À maladie mortelle, remède radical... Tandis que le judéo-christianisme se meurt sous nos yeux, réduit à un épiphénomène de civilisation, l'*Évangile de Thomas* inaugure un nouveau cycle, ouvre déjà la voie de réalisation aux hommes de demain.

J.B. : Si cet Évangile ne peut être taxé de dualisme, peut-on en dire autant de la Gnose en général, à laquelle ce texte se rattache visiblement ?

É.G. : Il nous faut d'abord nous interroger sur ce qu'a été et sur ce qu'est réellement la Gnose. Si elle est marquée par un dualisme forcené, caractérisé par le mépris de la chair et une vision pessimiste de l'existence, on ne peut pas reprocher à cet Évangile d'être gnostique. Mais la Gnose est peut-être autre chose que ce que l'on nous en dit.

J.B. : Pourriez-vous expliciter votre pensée ?

É.G. : Un ancien procès d'accusation dont seul nous serait parvenu le récit des témoins à charge, voilà, en bref, ce dont nous disposions avant les découvertes récentes. Nous ne connaissions pratiquement les gnostiques qu'à travers les ouvrages des hérésiologues, tels saint Irénée, Hippolyte, Épiphane... Deux découvertes viendront bouleverser et renouveler les notions que nous pouvions avoir de la Gnose : vers 1930, étaient retrouvés près de Fayoum plusieurs recueils gnostiques, et, quinze ans plus tard, à Nag Hammādi, douze manuscrits, dont *Thomas*. La recherche dispose aujourd'hui de textes, et non plus de citations tronquées, issus des milieux mêmes qui les ont utilisés.

J.B. : Le gnostique sait que son origine se confond avec le royaume. Sa grande interrogation : comment le retrouver, comment retrouver où il était, où il est réellement ?

É.G. : Oui. C'est la connaissance qui doit lui fournir la réponse ; une connaissance qui s'obtient par identification du sujet qui cherche et de l'objet qui se fait connaître. Autrement dit, je me livre, *ici et maintenant*, à la présence de Dieu. Auparavant, je devais constater qu'elle m'était souvent, ou toujours, absente : je n'étais pas accordé. Et voici que la présence dissout la maladie et la mort : « Les vivants ne meurent pas », dit Jésus. Nous avons à réveiller en nous la parcelle divine et nous intégrer à nouveau au monde supérieur qui nous est consubstantiel... Rétablir la vérité revient exactement à inverser les signes. Non seulement *Thomas* n'est pas dualiste, mais la Gnose, dans son besoin essentiel de surmonter nos antinomies, ne l'est pas davantage.

J.B. : Dans une telle perspective de réhabilitation, l'hérésie devient orthodoxie, et l'orthodoxie, hérésie...

É.G. : Le surgeon devient le tronc, et inversement. Ce tronc n'est autre que celui de l'arbre de vie de la métaphysique traditionnelle, tel qu'il apparaît nettement dans le soufisme, l'*Advaïta-Vedānta* ou le zen. Il a fallu attendre le dernier quart du XXe siècle pour que s'impose cette constatation. Les bouleversements qui en seront les conséquences ne sont pas encore mesurables, mais on peut penser qu'ils seront déterminants pour l'orientation de la recherche sur la destinée humaine, au cours du troisième millénaire.

---

## *Le cinquième Évangile ?*

*Depuis cet entretien (1977), les passions autour de l'*Évangile de Thomas *se sont quelque peu calmées ; l'intérêt ne s'est guère éteint. Et chacun a choisi son camp. Si le contenu du texte me captive toujours, je m'interroge sur son origine.*

*Faut-il croire à l'existence d'un cinquième Évangile ? Si « le témoignage d'un homme est insuffisant, il en faut au moins trois », dit le* Deutéronome *(XIX, 15). Quatre étant le nombre idéal des témoins dans la jurisprudence hébraïque, il est parfaitement satisfaisant de penser que deux disciples ont écrit leurs Évangiles peu de temps après le Christ : Matthieu, en insistant sur l'humanité, et Jean, sur la divinité de celui-ci ; et que deux autres ont écrit les leurs en tant que témoins des deux principaux apôtres (saint Pierre et saint Paul) : Marc, à l'adresse des Latins, Luc, à celle des Grecs.*

*Il n'y a pas à nier l'intérêt de* Thomas. *Les correspondances orientales sont évidentes. Si l'auteur de ces* logia *est celui qui passe pour avoir évangélisé l'Inde, on est en droit de penser qu'il adapta l'enseignement du Christ à l'esprit des hindous –, au point d'en faire des nestoriens. L'extrême dépouillement de* Thomas, *impersonnel, désincarné, apollinien en quelque sorte, sans considération de temps ni de lieu, par-delà l'anecdotique, a de quoi plaire aux hommes d'aujourd'hui, volontiers sceptiques à l'égard du surnaturel et désireux de concision. Il y a, dans ces « paroles secrètes », profondeur, mystère et beauté, dus peut-être à leur ambiguïté même.*

*Remarquons d'abord, toutefois, qu'un nombre important de* logia *se retrouve à peu de choses près dans les Évangiles canoniques. On ne voit pas ce qu'ajoute* Thomas *(5, 3-4) : « Ce qui t'est caché te sera dévoilé, car il n'y a rien de caché qui n'apparaîtra », quand Luc (*XII, *2) déclare : « Il n'y a rien de voilé qui ne doive être dévoilé, ni de recouvert qui ne doive être connu »... La synopse a été établie par Émile Gillabert lui-même pour chaque verset.*

*D'autres thèmes formulés dans* Thomas *se retrouvent exprimés et amplifiés par les Pères de l'Église, qui ne le connaissaient pas. Ainsi, de nombreuses conciliations de contraires : le « mouvement » et le « repos », par exemple (*Thomas, *50, 18; Maxime le Confesseur)* [1]. *Mieux informés, les chrétiens d'Occident n'auraient pas à aller chercher dans* Thomas *tout ce qui se trouve exprimé et amplifié dans le christianisme oriental : la* Sophia, *la Sur-Essence, la transfiguration du monde. Même « la femme qui se fera mâle (*Thomas, *104, 9) figure dans les* Apophtegmes *sous les traits d'Amma Sarra.*

*Enfin, il y a d'autres éléments purement gnostiques, sans doute les plus tardifs, des emprunts à des apocryphes (au second sens du terme) et des citations canoniques manipulées (donc hérétiques), qui contribuent à faire de l'*Évangile de Thomas *un « manteau d'Arlequin ».*

*Si des rapprochements avec l'Orient sont souhaitables, les sources officielles du christianisme peuvent suffire à la tâche, qu'elles soient connues ou à redécouvrir. Un ouvrage comme* Doctrine de la non-dualité et christianisme, *par un moine d'Occident (Dervy, 1982), en constitue une preuve, est un modèle à suivre.*

1. *Questions à Thalassius*, 60.

FRITHJOF SCHUON

# Un visage de la sagesse éternelle

*La vie est un rêve, et penser Dieu, c'est se réveiller.*

Inédit.

*Ces entretiens ont eu lieu à Pully, en Suisse, les 26 juillet 1967, 9 septembre 1968, 25 août 1971. Frithjof Schuon vit actuellement aux États-Unis.*

L'idée qu'existe, sous la diversité des symboles traditionnels et des formulations métaphysiques, une vérité une et immuable, n'est certes pas nouvelle, mais elle a besoin d'être exprimée sans cesse sous des formes adaptées aux différentes époques. Telle est la vocation des interprètes de la *Philosophia perennis* ; et c'est, dans le monde actuel, celle de Frithjof Schuon, à la suite de René Guénon.

Ananda Coomaraswamy écrivait en 1943 dans son « Avertissement » à *Hindouisme et Bouddhisme* : « En vérité, le temps vient où une somme de la *Philosophia perennis* devra être écrite, fondée impartialement sur toutes les sources orthodoxes, quelles qu'elles soient. » On peut considérer qu'à la suite de l'œuvre guénonienne, celle de Frithjof Schuon constitue une contribution décisive à la reconstitution des éléments de cette somme.

On sait que dans l'ésotérisme hébraïque, Élie représente le type du « maître caché », initiant l'élite non seulement aux mystères de la *Torah*, mais à l'ésotérisme de toutes les traditions authentiques d'Orient et d'Occident. Il rejoint par là même cette Tradition primordiale – le *Sanātana-Dharma* des hindous, qui est aussi, dans la Bible, la « langue unique » antérieure à l'éclatement de Babel. Élie reviendra à la fin des temps, étendant sa mission à l'ensemble des religions, descendant secrètement parmi les hommes pour proclamer la paix entre elles, et révélant ainsi leur « unité transcendante » qui devra, au retour du messie, se manifester dans sa forme *unanime*. Un aspect singulier de la fonction d'Élie réside dans le fait que celle-ci peut être exercée par d'autres que par lui. Sa mission se trouve alors actualisée par délégation, avec le concours de représentants privilégiés des diverses religions. Chacun d'eux revivifie la sienne à partir de son ésotérisme et peut aussi, éventuellement, en revivifier d'autres. Ce rôle est dévolu dans l'islâm au *khidr*, le « Verdoyant », maître spirituel toujours vivant.

Mais un tel portrait et une telle fonction rappellent étrangement l'image de Frithjof Schuon parmi nous. Sans doute crie-t-il dans le désert, mais peut-être aussi prépare-t-il les voies du Seigneur. Il semble avoir exercé, pour son époque et dans son milieu, *mutatis mutandis*, une fonction analogue à celle d'Élie ; et cela, en contribuant à « rétablir toutes choses », en donnant l'explication ésotérique de versets ou de textes cachés, en reliant les traditions entre elles dans la perspective du seul œcuménisme acceptable, en résolvant diverses difficultés doctrinales, en dirigeant enfin certains êtres dans leurs voies respectives.

Frithjof Schuon aura contribué à préparer l'état final de l'humanité en révélant l'essence commune à toutes les traditions saisies dans leur orthodoxie intérieure ; il a bâti, peut-on dire, pierre après pierre, livre après livre, l'avenir eschatologique ; et cela, en dépit des ruses de l'adversaire, dont la plus grande est d'ourdir le silence autour des œuvres. Celle-ci ne s'en fraie pas moins son chemin dans les consciences. La « fonction éliatique » s'intensifie à proportion même de l'obscurcissement du monde. C'est bien ce que nous pouvons constater à propos de l'œuvre de Frithjof Schuon ; unique en son genre, mais aussi une en son contenu, universelle en sa nature.

Frithjof Schuon est l'auteur d'une œuvre philosophique considérable – il s'en faut que tout en soit encore publié – qui fait de lui le grand métaphysicien du XX^e^ siècle. Œuvre mûrie à l'écart de tout tapage publicitaire, et dont l'importance comme l'influence ne font que croître avec le temps. Ajoutant à l'ampleur des vues une absolue rigueur doctrinale, cette œuvre sans compromis se réfère, par-delà tout syncrétisme, au soufisme, au *Vedānta*, au bouddhisme du Grand Véhicule, à l'ésotérisme chrétien, et même au shintō et à la tradition des Indiens d'Amérique du Nord.

Les quelques personnes qui ont eu le privilège d'approcher Frithjof Schuon disent toutes avoir reconnu en lui l'image archétypique de l' « homme traditionnel ». Les trois rencontres que je fis de lui n'ont pu que me renforcer personnellement dans cette opinion.

Il résidait alors sur les hauteurs de Lausanne, à Pully, dans une petite villa cachée sous les feuillages. Je revois nettement l'espèce de cellule où il me reçut ; des nattes sur le sol, un ameublement simple, de style marocain. Une fenêtre que tamisait une toile donnait sur le lac Léman, Évian et les Alpes. Au mur, le nom d'ALLĀH en caractères koufiques et le portrait du sheikh Al-Allawī dont il avait été le disciple de 1930 à 1933. Assis chacun sur un haut coussin, adossés au mur, une table basse nous séparait, avec son plateau de cuivre rond, couvert de papiers : nous nous voyions de côté. (Il me souvient qu'en Inde nul disciple ne peut se tenir en face du guru, et ce, afin d'éviter que l'action du *prāna*, lié au souffle et à la voix, ne produise un « choc » sur le plan psychique.) Je n'étais pas le disciple de Schuon, mais je trouve parlante cette attitude ; significative, aussi, la difficulté que j'avais eue à ouvrir le portillon du jardin, la serrure fonctionnant mal : c'était là, pour moi du moins, qui mis de longues minutes à en venir à bout, une espèce d'*épreuve* symbolique à vaincre sur le seuil.

Schuon avait le visage des spirituels ; ce visage qu'on n'a jamais encore vu auparavant, et qu'on reconnaît pourtant aussitôt. Mais peut-on en suggérer plus que des caractères physiques, quand l'essence même qui se dégage d'un être ne peut se trouver cernée par aucune clause de style ? Un vaste front, une courte barbe grise, d'abondants cheveux blancs tirés en arrière ; le nez fortement busqué ; les doigts effilés d'un pianiste. On remarque moins en lui ses yeux que son regard. Ses gestes ont de la vivacité ; ils sont ritualisés jusque dans leurs détails : inviter à s'asseoir, saisir un porte-plume ne se font pas n'importe comment... Il est vêtu d'une djellaba brune, porte une écharpe de soie claire qui tombe sur ses bras et ses épaules.

Au long des entretiens, il fera glisser de l'une à l'autre main un petit chapelet aux grains d'ivoire. Sa faculté d'accueil et d'attention à l'autre est totale ; il semble toujours profondément intéressé par ce qui lui est demandé, cela fût-il de la dernière banalité. Il s'exprime avec un léger accent germanique – qu'il doit à son origine bâloise –, articule les phrases avec netteté, laissant transparaître une ardente conviction, une autorité péremptoire, une emphase de majesté. Il prononce dans leur prononciation d'origine les mots latins, grecs, arabes ou sanskrits qui émaillent ses propos.

Schuon vit dans cette maison modeste, inaperçue, inaperçu lui-même de l'intelligentsia officielle, dominant de toute la profondeur de sa pensée tous les pseudo-philosophes du moment dont l'œuvre fait d'autant plus de bruit qu'elle est plus désespérément vide. Il vit là, entre la prière et cette œuvre qu'il élabore lentement, dans la patience et le secret, comme ces anciens « reclus », les *sequestrati*, sans la solitude desquels le monde, depuis longtemps, aurait cessé d'exister. En regardant ce compagnon de la « retraite cellulaire », de la *khalwah*, je pense aux vers du sheikh al-Akbar dans ses *Futūhat* : « Je me suis retiré avec Celui que j'aime passionnément. » Enfermé dans sa chambre initiatique, c'est ici qu'il mentionne Dieu pour être mentionné par Lui, ici qu'il accroît sa science « en bouchant les ouvertures », comme le dit Ibn Arabī, « afin que nul courant d'air n'affecte la balance », mais que sa pensée réflexive reçoive seulement le *fayd al-ilāhī*, l'« épanchement divin » des connaissants. Qu'à cet éminent savant Dieu accorde ses grâces unitives et pacifiques !

## *Entretien du 26 juillet 1967*

Mon premier entretien avec Frithjof Schuon fut surtout d'ordre théorique. Comme pour les deux suivants, je n'en relaterai que les passages que j'ai pu transcrire aussitôt après, alors que la mémoire ne trahit pas encore les paroles entendues. Conscient de vivre des moments importants, je m'efforçais de prêter la plus grande attention à ce qui m'était dit.

J'étais alors très occupé par la question des cycles cosmiques et par ce qu'elle implique comme conséquences collectives et personnelles à plus ou moins long terme. Étions-nous dans l'ultime phase du *Kali-yuga* [1] ?..

– Nous sommes, me répondit Schuon, dans la dernière phase du *Kali-yuga*, ce qui ne signifie pas l'ultime, qui est à proprement parler le règne de l'Anti-Christ, et qui précédera immédiatement la dissolution finale, le *pralaya* des hindous.

JEAN BIÈS : Quel crédit peut-on accorder aux dates qui ont été avancées quant à la fin de l'« âge sombre » ?

FRITHJOF SCHUON : Aucun. Ces dates sont approximatives ; il peut s'agir aussi de nombres symboliques. Il est seulement possible de fixer la fin du cycle à une cinquantaine d'années.

J.B. : Si la fin du *Kali-yuga* est proche, que voulait dire Shrī Rāmakrishna [2] quand il prédisait qu'il reviendrait d'ici deux cents ans ?

F.S. : Deux cents est symbolique. Il voulait probablement dire qu'il y aurait bientôt un phénomène comme le sien, permettant d'insister sur l'unité des religions, ce qui est le fond même de son message.

J.B. : Cette fin du *Kali-yuga* est-elle une chute verticale ?

F.S. : Il vaudrait mieux parler d'un mouvement ondulatoire descendant. Il y a des dégradations de plus en plus évidentes, compromettant de plus en plus l'avenir. Mais il existe aussi des compensations. Voici

1. Le quatrième et dernier âge d'un cycle cosmique majeur, ou Manvantara ; l' « âge sombre », l'âge des conflits.
2. Shrī Rāmakrishna (1836-1886), grand sage et mystique bengali, considéré en Inde comme « Descente » divine.

un demi-siècle, dans l'Université, c'était la nuit intellectuelle. C'est toujours la même nuit, mais on peut parler de yoga, de *Vedānta* [1], dans certains milieux. On enseignait alors des erreurs officielles contre lesquelles on ne pouvait rien dire. On est moins naïf aujourd'hui ; il existe une immense curiosité pour l'Orient, et des orientalistes dont il est impossible de nier les mérites.

J.B. : Comment voyez-vous l'avenir de l'Université pour les trente années qui viennent ?

F.S. : Cela traînera jusqu'à la fin... L'Université a toujours trouvé un *modus vivendi*. La déchéance est là ; il y aura des redressements partiels et momentanés. L'attitude à adopter, c'est dire ce qu'il est possible de dire. Simple question de discernement et d'opportunité.

J.B. : Avez-vous constaté que, parmi les jeunes, certains êtres ne veulent pas de la *culture* qu'on leur impose, soupçonnent qu'il existe autre chose, et témoignent d'une belle curiosité spirituelle ?

F.S. : Elle est à encourager. Mais les jeunes sont volontiers discutailleurs, dialecticiens. Il faut aller à l'essentiel avec eux.

J.B. : Vous évoquez, dans *L'Unité transcendante des religions*, l'actuelle réapparition de la *Sophia perennis*, en vertu de la loi de compensation au matérialisme ambiant. Estimez-vous, Sheikh, qu'au-delà d'œuvres par trop spécialisées l'heure ait sonné d'un dévoilement de l'ésotérisme, du moins aux oreilles de ceux qui peuvent entendre ?

F.S. : C'est, là encore, affaire de discrimination. Il convient de voir le degré de maturité des interlocuteurs ; et cela une fois fait, il est possible de parler d'ésotérisme dans certains cas.

J.B. : J'ai remarqué que vous vous montriez beaucoup plus sévère à l'égard des artistes plastiques qu'à celui des poètes et des musiciens. Vous avez même déclaré, dans *Principes et critères de l'art universel*, qu'à l'époque de la Renaissance et dans les âges suivants la dégénérescence de la musique et de la poésie était infiniment moindre que celle des autres arts. Pourquoi ?

---

1. La fin du « Veda », le couronnement de la Connaissance.

F.S. : La déchéance des arts plastiques est bien plus grande que celle des arts sonores. On n'en explique pas la cause... Les sonnets de Michel-Ange sont de beaucoup supérieurs à sa statuaire, qui est des moins spirituelles, comme tout l'art humaniste. Dante et les troubadours furent de vrais poètes ; mais ils étaient intégrés à une société spirituellement normale. On trouve encore de belles réussites au XVIII^e^ et au XIX^e^ siècle, dans la littérature allemande, dans certains quatuors de Beethoven.

J.B. : Estimez-vous cependant, Sheikh, qu'une « renaissance » ait néanmoins déjà commencé dans l'ombre, et que cette « renaissance » puisse avoir son origine en Occident, comme le suggère, par exemple, Julius Evola ?

F.S. : On ne voit pas le signe d'une « renaissance » effective. Evola met les *kshatriya* [1] au-dessus des *brāhmana* [2], il prend le rôle de l'Orient pour celui de l'Occident, et il opte pour Mussolini ! On peut seulement dire qu'il y a, ici comme partout, des individualités isolées qui redécouvrent pour elles-mêmes les sagesses traditionnelles.

J.B. : Que signifie alors le *hadīth* selon lequel, à la fin du cycle, le soleil et les étoiles se lèveront à l'ouest ?

F.S. : Il signifie d'abord qu'à partir d'une certaine époque les grands saints de l'islâm seraient surtout des Maghrébins : et c'est ce qu'on a constaté. Ensuite, que le Mahdi viendrait de l'ouest. Et enfin, que l'Orient a besoin, aujourd'hui, non certes des leçons de l'Occident moderne, mais d'une certaine aide du génie occidental mis en valeur par l'esprit métaphysicien et traditionnel, donc, dans une large mesure, par l'Orient. C'est la part positive de leur esprit critique, ainsi que certaines de leurs qualités morales, que les Occidentaux guéris de la déviation moderne peuvent léguer à des Orientaux empoisonnés idéologiquement, indolents et privés de méthode.

J.B. : Vous avez rencontré deux fois René Guénon au Caire ; je sais que vous êtes loin de partager toutes ses vues. Comment constituer l'« élite virtuelle » souhaitée par Guénon, alors que le même auteur écrit que le passage d'un cycle à un autre est « instantané », c'est-à-dire hors du temps ?

---

1. La caste chevaleresque dans la société traditionnelle hindoue.
2. La caste sacerdotale.

F.S. : C'est une contradiction. On ne peut envisager pour l'heure qu'un « salut » individuel. Il faut que l'élite subsiste pour conserver la Vérité. Ce n'est pas le prochain cycle qui a besoin de l'élite, c'est nous !.. D'autre part, il est à penser que toute l'humanité ne disparaîtra pas...

J.B. : Comment concilier un non-engagement politique avec l'idée que « d'autres – comme vous l'écrivez – se chargent de penser et d'agir pour ceux qui n'en ont pas envie » ?

F.S. : La véritable *apolitéia* ne consiste pas seulement à ne rien attendre de bon des politiciens à la mode, mais à travailler chez soi à devenir un homme antique, à se rendre capable de suivre une voie, avant même de vouloir la suivre... Tous les réflexes de l'homme moderne vont contre les exercices et les attitudes spirituels : ouvrir un poste de radio, se saisir du téléphone, lire le journal, conduire une voiture sont autant d'automatismes destructeurs... Il faut tâcher de les éviter par tous les moyens, à l'égal des idéologies et des philosophies actuelles : il ne nous a jamais été demandé d'absorber des poisons et des saletés. Il faut acquérir l'esprit d'un métaphysicien et garder l'âme d'un enfant, rester en contact avec la nature, aimer les fleurs, lire de vieux livres simples comme la *Légende dorée*... Pour le reste, choisir le moindre mal...

J.B. : Comment envisageriez-vous une entente entre religions, fondée sur la base d'intérêts communs, face à de communs dangers ?

F.S. : On ne peut pas demander l'impossible aux croyants. Mais il faudrait leur faire comprendre qu'une première entente urgente et facile s'impose, et que, face au matérialisme, au scientisme, à l'athéisme, ils ont des idées et des tendances semblables. Je sais que le « narcissisme religieux » empêche de voir la vérité chez l'autre. Quand un chrétien pense à l'islâm, il ne pense qu'à la polygamie ! Mais il est des musulmans chastes ; et combien y a-t-il de catholiques qui ont deux ou trois femmes, et le cachent ? Les musulmans, les hindous, les bouddhistes prient, jeûnent, veillent et se prosternent. Encore aujourd'hui. Combien de chrétiens le font-ils ? Je connais des revues qui assimilent encore l'islâm à Satan !..

J.B. : Selon quelles modalités se ferait cette entente ?

F.S. : Il faudrait une conférence entre différents émissaires, tous se mettant d'accord dans la lutte contre l'athéisme. Au moins s'entendre sur les principes. L'œcuménisme tel qu'on le pratique aujourd'hui est absurde. L'entente n'est réellement possible qu'à partir des convergences de l'ésotérisme... Un catholique a compris l'islâm : Massignon ; il y a même vu une Révélation authentique.

## *Entretien du 9 septembre 1968*

Mon deuxième entretien avec Frithjof Schuon porta principalement sur l'unité des religions. Je souhaitais être d'abord éclairé sur la manière dont celles-ci envisagent la succession temporelle, selon une conception généralement cyclique, mais linéaire dans le christianisme, ce qui peut donner lieu à une contradiction. Si le Christ, en s'incarnant, a transfiguré le temps et brisé la ronde « infernale » des éons, y a-t-il conciliation avec ce qu'enseignent, par exemple, les *Purāna* [1] ?

Schuon me répondit qu'il s'agissait moins d'une « vision » proprement dite que d'un « point de vue » métaphysique, un *darshana.* Tous les Pères de l'Église n'ont pas refusé la doctrine cyclique. Le christianisme n'a été amené à préférer la conception linéaire du temps que parce qu'il devait, pour s'imposer à un monde hostile, prendre le contre-pied des philosophies de l'époque. En concentrant toute son attention sur le phénomène christique, il en est venu à diviser le temps en une phase antérieure et en une phase postérieure au Christ... Question d'autant plus complexe que chaque religion forme elle-même un cycle majeur formé de cycles secondaires.

Ma deuxième question était d'ordre plus dogmatique : pouvait-on concilier le dogme chrétien selon lequel le Christ, Fils « unique » de Dieu, s'est incarné « une seule fois » et « une fois pour toutes », avec la doctrine des *Avatāra* [2] successifs, où le Christ n'est plus qu'un parmi d'autres ?

Schuon me répondit en ces termes :

« Une religion sémitique se borne toujours seulement à un " phénomène ", et l'exotérisme chrétien insiste même sur l'aspect " historique " de l'apparition du Christ. Pour les juifs, les chrétiens et les musulmans, il n'est de vrai que ce qu'ils croient. On confond une

---

1. Les *Anciens Récits* de l'hindouisme, rassemblant des légendes, des mythes et d'innombrables traditions.
2. « Descentes » de Vishnou dans le monde manifesté, chargées de délivrer des enseignements spirituels.

vérité principielle avec un fait survenu dans le temps humain; on s'attache sentimentalement à un fait, à une idée... Le Christ actualise une manifestation divine; mais le *Vêda* en fait autant. La métaphysique se tient au-delà du " phénomène " en tant que tel. " Je suis la Voie, la Vérité et la Vie " : pour le chrétien, " Je " désigne Jésus-Christ; mais, du point de vue métaphysique, " Je " correspond au Logos, lequel peut se manifester partout. »

Ma troisième question concernait la transmigration : existait-il un point de contact entre la doctrine de la transmigration (même interprétée dans son acception symbolique) et la doctrine d'une vie terrestre unique, de l'unicité de la « personne humaine » comme l'envisage la théologie chrétienne?

« Là encore, dit Schuon, la doctrine judéo-chrétienne reste partielle. Ce qui ne concerne plus l'être humain comme tel, elle n'en parle pas ou reste vague et embarrassée. Ou bien, elle déclare l'Enfer éternel alors que rien ne peut être éternel que l'Absolu ! Or, si le Christ ne parle pas de la transmigration, il ne la condamne, non plus, nulle part. L'Inde parle à la fois d'un Paradis éternel, le *Brahmaloka*, d'où il n'y a pas de renaissances, et de la transmigration, qu'on peut rapprocher des « limbes », extrinsèquement tout au moins. »

JEAN BIÈS : Vous aimez citer cette phrase de saint Irénée : « Dieu s'est fait homme pour que l'homme se fasse Dieu. » Est-il encore possible, Sheikh, dans les conditions du monde actuel, de travailler à cette alchimie intérieure, qui permet de passer du *Samsāra* [1] au *Nirvāna* [2] ?

FRITHJOF SCHUON : C'est toujours possible. À condition d'intercaler des pauses méditatives dans ses occupations, régulièrement et quotidiennement. Mais il faut commencer par pratiquer un sévère ostracisme : bannir tout ce qui n'est pas le « seul nécessaire », se défaire d'abord de toute suffisance, ne pas s'attendre à des « pouvoirs », à des « phénomènes », ni les rechercher, ne pas suivre une voie pour faire une « expérience spirituelle » : le moment de la mort, voilà une expérience !.. Il faut se souvenir que les fondements mêmes de toute vie intérieure sont, *primo* : *discerner* le réel de l'illusoire, *Ātma* de *Māyā* –, et *secundo* : *se concentrer* sur le réel. Et cela, selon certaines conditions intrinsèques qui sont, d'une part, l'« orthodoxie formelle », d'autre part, les « vertus ». L'« orthodoxie formelle », c'est-à-dire la conformité sacrale des formes dont nous nous entourons, et dont les

1. Le monde du devenir et du multiple, dans l'hindouisme.
2. L'extinction du moi et de l'illusion.

prototypes sont la nature vierge, l'art sacré, la civilité traditionnelle. Les « vertus » : statiques, telles que la résignation, la patience, la pauvreté, l'effacement, l'humilité, la conscience de son néant ontologique ; et dynamiques, telles la ferveur, la confiance, la vigilance, la générosité... Rien ne doit rester en dehors de la vie spirituelle, car elle engage l'homme entier, donc tout ce qui est humain, dans la mesure où nous avons le choix.

J.B. : L'Église romaine protestantisée n'a plus rien à voir avec celle sur laquelle Guénon fondait encore quelques espoirs. Quelle attitude conseilleriez-vous aux catholiques d'aujourd'hui ?

F.S. : Beaucoup d'entre eux me disent qu'il leur est devenu impossible d'accepter les outrances démagogiques du modernisme. Si c'est par trop souffrir que d'assister à une messe où tout se trouve fait à l'envers, ils peuvent prier chez eux, être seulement présents à la transsubstantiation.

J.B. : Estimez-vous encore possible, Sheikh, de suivre un ésotérisme chrétien véritable ?

F.S. : Il s'agit de s'entendre sur le mot ésotérisme. Tout, dans le christianisme, est en principe ésotérique, contrairement à l'islâm, qui distingue *Sharī'ah*, l'exotérisme social et législatif, et *Tarīqah*, la voie initiatique. Dans le christianisme comme dans toute autre religion, les dogmes peuvent être interprétés ésotériquement, à la lumière de la gnose universelle. Quoi de plus ésotérique que le vin liturgique ?..

J.B. : Les sacrements n'ont donc pas dégénéré, selon vous ?

F.S. : Ils ne le peuvent.

J.B. : Qu'entendez-vous par ce « dixième de la Loi », que mentionne un *hadīth*, et qui est exigible des hommes de la fin du cycle ? Suffit-il de réciter une fois par jour le « Notre Père », comme la Vierge le demanda aux bergers de La Salette, ou ce dixième exige-t-il une vie quasi érémitique ?

F.S. : Au début du cycle, ce sont les neuf dixièmes qu'il fallait accomplir : c'est ce qu'indiquent les *Shastra* [1]. À la fin du cycle, le

1. Les règles et préceptes, dont les *Lois de Manou*, dans l'hindouisme.

dixième désigne évidemment le minimum : dans l'islâm, les cinq prières quotidiennes et l'aumône ; pour les chrétiens, se confesser une fois l'an, faire ses pâques...

J.B. : Vous êtes hostile à la psychologie en tant qu'apprentissage de la connaissance de soi, et tout spécialement en ce qui concerne le freudisme et la psychanalyse en général. La seule psychologie que vous reconnaissez est la « science des humeurs », qui étudie les causes de nos attitudes et de nos actions ou réactions, les noyaux d'erreurs inarticulées dans le subconscient. Vous avez dit : « Il convient de mettre au jour ces noyaux et de les épuiser ; c'est ce que fait la vie spirituelle », mais n'atteint-on pas assez vite à une espèce de piétinement ?

F.S. : C'est inévitable... L'orfèvre doit frapper le métal, longtemps en vain ; mais au centième coup, il le brise. Il en est de même pour l'âme. Elle est faite de glace, de passions obscures et rampantes, mais aussi d'un élément lumineux qui veut être délivré de sa gangue. Il s'agit de détruire le durcissement, non l'énergie passionnelle. Celle-ci n'est pas mauvaise en soi ; elle est neutre. Il faut la retourner, l'intérioriser. L'élément immortel en nous, l'*intellectus increatus et increabilis* d'Eckhart, demande à être délivré de la couche de ténèbres. On est dès ici-bas ce qu'on sera dans l'au-delà... L'ascèse requiert toujours une certaine violence ; elle est une « conversion », un dégagement de l'être pour devenir ce qu'il est. C'est l'effort de toute une vie ; le résultat peut ne venir qu'au moment de la mort ; mais il se produit, et l'âme fond alors comme la cire.

J.B. : Ce travail de transformation interne ne risque-t-il pas de créer une distorsion dangereuse avec le milieu ?

F.S. : On peut jouer sincèrement la comédie...

## *Entretien du 25 août 1971*

Plusieurs circonstances m'empêchèrent de me rendre auprès de Frithjof Schuon dans les deux années qui suivirent. Le sentiment d'avoir beaucoup reçu de ses paroles et de sa présence ainsi qu'un souci de discrétion me dispensaient d'en vouloir plus, avant d'avoir assimilé ce qu'il m'avait livré, et que complétaient d'ailleurs la publication régulière de ses ouvrages ainsi que l'envoi de plusieurs lettres.

Cependant, l'intérêt accru que je portais à la prière du cœur en tant que yoga chrétien me fit solliciter un nouveau rendez-vous.

Je retrouvai un Schuon semblable à lui-même, à peine un peu vieilli. Mais, tout autour de la petite maison, d'énormes immeubles avaient été construits, l'écrasant de leur poids et ôtant tout espoir de vue sur le lac et les montagnes. Il y avait comme le signe que la place de Schuon n'était plus ici. Il devait dès ce moment songer à partir ; et j'allais apprendre quelques années plus tard qu'il avait effectivement émigré aux États-Unis, où l'attendait la communauté de ses disciples soufis.

JEAN BIÈS : J'ai particulièrement apprécié les pages que vous avez consacrées à l'hésychasme. Que pouvez-vous me dire de cette « prière du cœur » qui m'a toujours paru être le cœur de la prière ?

FRITHJOF SCHUON : Vous avez souvent lu que, pour l'homme du *Kali-yuga*, ce qui compte par-dessus tout, c'est le « souvenir de Dieu ». Là est la quintessence de la religion. L'important est de *se souvenir*. On invoque Dieu parce qu'Il est la seule Réalité, sans attachement ni attente d'une récompense. Il y a ensuite le motif d'amour. L'homme cherche le bonheur ; il a le droit de le chercher, parce qu'il est fait pour le bonheur. Or, où puis-je trouver ce bonheur, sinon dans l'amour de l'Amour ? J'invoque Dieu parce que je veux et je dois être heureux. « J'aime parce que j'aime », dit saint Bernard : c'est une ellipse métaphysique admirable. Enfin, le motif de crainte. L'homme est pécheur, il risque la souffrance du Purgatoire, il le sait. Il sait qu'il doit se sauver. Comment faire ? Rien n'apaise autant la colère de Dieu que l'invocation de Son Nom avec foi, humilité et persévérance.

J.B. : Certains ont parlé de l'existence d'une initiation hésychaste. Pensez-vous, Sheikh, qu'il soit nécessaire d'obtenir cette « bénédiction » ?

F.S. : L'initiation chrétienne, c'est le baptême, la communion, la confirmation. Voilà l'ésotérisme chrétien. Il faut y ajouter, premièrement, la doctrine : *Ātma*, le Réel, se fait *Māyā*, l'illusoire, pour permettre à *Māyā* de se faire *Ātma* ; deuxièmement, la méthode : la prière de saint Paul, « Priez sans cesse » ; la parabole du juge inique... Il y a des bénédictions particulières : lorsqu'on prononce des vœux monastiques ; mais leur quintessence est l'oraison perpétuelle. Pauvreté, chasteté, obéissance sont des supports sans valeur s'il n'y a pas la prière. Il faut faire vœu d'oraison perpétuelle, et alors descend la bénédiction...

Il n'est pas obligatoire d'être au monastère; on peut être dans le monde, comme le pèlerin russe.

J.B. : Comment faire ce vœu d'oraison?

F.S. : On peut, devant l'icône de la Vierge, faire le vœu de s'engager à prononcer toute sa vie la formule consacrée et traditionnelle, le *mantra* chrétien par excellence : IÉSOUS ; ou KYRIE IÉSOU CHRISTE, ÉLEÏSON ME ; et l'on obtient directement la bénédiction du Ciel. Faire au Ciel cette promesse de prière, la tenir en se retirant chaque jour, un quart d'heure le matin, à midi et le soir, et en priant, autant que possible, le reste du temps; et tous les moyens du vishnouite sont ainsi fournis... L'invocation du Nom salvateur est parfaitement apte à conférer une initiation christique authentiquement traditionnelle. L'homme du *Kali-yuga* peut, du jour au lendemain, n'avoir de secours à attendre de personne. Il ne lui reste rien d'autre qu'à se cramponner au Nom.

J.B. : Comment un laïc d'aujourd'hui peut-il pratiquer la prière jaculatoire?

F.S. : L'Église chrétienne propose des formules jaculatoires en vue de diverses indulgences, et ces formules, contenant le nom du Christ, parfois aussi celui de Marie (en tant que sa *Shakti*), peuvent en principe faire fonction de méthode invocatoire sur la base des sacrements et d'un vœu approprié. Je dis en principe, car il suffit d'une idée fausse ou d'une tendance dysharmonieuse pour tout compromettre. Au Moyen Âge, ce problème ne se posait guère. Non plus qu'au mont Athos, encore aujourd'hui.

J.B. : Comment répéter le Nom durant le travail hyperintellectuel auquel est astreint l'homme moderne?

F.S. : On ne travaille pas comme une machine. Il y a toujours des moments perdus... Mais dès qu'il s'agit de prier, on trouve qu'on n'a pas le temps.

J.B. : N'y a-t-il pas aussi danger d'automatisme?

F.S. : Eh bien! Vive l'automatisme!..

J.B. : Quels doivent être le costume et l'attitude de l'orant?

F.S. : Le costume européen n'a aucun argument en sa faveur. Or, on est aussi responsable de son costume... On peut se revêtir, pour prier, d'une robe, d'un caftan, d'une djellaba, n'importe ! pourvu que soit caché le vêtement profane. Il faut se revêtir d'une étoffe universelle. Et, d'autre part, s'asseoir sur un siège bas, permettant de croiser les pieds, assurant au corps la symétrie, ou sur un banc rustique ; ou encore, sur le sol, dans la position du lotus.

J.B. : Les procédés psycho-physiologiques, la descente du *noûs* dans le cœur peuvent-ils concerner les laïcs d'aujourd'hui ?

F.S. : C'est vouloir aller en Enfer et ne plus en remonter ! Ces choses n'ont pas été écrites à l'intention des hommes du XX^e siècle. Seule convient la répétition du Nom, aidée et soutenue de la respiration.

J.B. : Comment dissiper les souvenirs, associations, idées vagabondes ? La prière ne fait souvent que *papillonner* à la surface du Nom.

F.S. : Il y a l'usage des arguments. Par exemple, celui qui consiste à dissocier le réel de l'irréel, pour se concentrer sur le premier ; l'argument de bonheur : le seul bonheur réside dans le Nom divin ; l'argument de confiance : le monde brûle, tout y est douleur ; donc, fuir vers Dieu avec confiance.

J.B. : Appliquer le Nom divin aux personnes, aux animaux, l'apposer comme un sceau sur les éléments naturels, cela ne rejoint-il pas un certain teilhardisme ?

F.S. : C'est du temps perdu et c'est une erreur. Encore vaut-il mieux une erreur qu'une hérésie.

J.B. : La prière du cœur n'est-elle pas une manière d'eucharistie vocale ?

F.S. : Par l'énonciation du Nom, l'homme s'assimile à la présence divine dont le Nom est le support consubstantiel. La simple énonciation est analogue à l'énonciation primordiale de l'Être. Le Nom a été révélé par Dieu, il implique une Présence qui devient opérante dans la mesure où le Nom prend possession du mental de celui qui l'invoque.

J.B. : Dans ce climat d'apocalypse, que faire afin de *plaire à Dieu* et de réaliser pleinement ce que nous sommes ?

F.S. : Si j'accomplis l'essentiel, ces questions ne se posent plus ; si je sais l'essentiel, je sais par là même le secondaire. Dieu demande tout à tout homme. Dieu veut notre âme... Si nous la lui donnons, nous apprendrons certainement ce qu'il exige de plus, le cas échéant. On doit procéder du conjectural à l'évident, du possible au nécessaire, du facultatif à l'obligatoire. Pour devenir vraiment utile, il faut oublier qui l'on est : Dieu ne peut rien faire de l'ambitieux. La vocation certaine de tout homme, c'est se donner sans condition à Dieu, s'oublier en Lui, et faire ainsi acte de présence spirituelle dans le monde.

JEAN HERBERT

# Interprète des dieux et des sages

Question : *Jean, vous considérez-vous comme un sage ?*

Réponse : *Oh ! non, certainement pas. Mais j'ai eu l'extraordinaire privilège de rencontrer des sages qui m'ont parlé des dieux et m'ont demandé de vous transmettre ce qu'ils m'avaient donné.*

Rencontre de Vandœuvres,
avril 1974.

*Cet entretien a eu lieu à Vandœuvres, en Suisse, le 13 mars 1974. Jean Herbert est mort le 20 août 1980.*

Gandhi, Vinōbā Bhave, Shrī Rāmakrishna, Swāmi Vivekānanda, Swāmi Rāmdās, Shrī Aurobindo, Ramana Maharshi, Mā Ananda Moyī... Les « sages de l'Inde contemporaine »... Ces noms sont désormais liés à celui de Jean Herbert, sans qui nous ne les connaîtrions que peu ou pas du tout. Des noms qui sont aussi des paroles de vie, des enseignements capitaux, où l'Occident en dérive puise les éléments de l'éternelle sagesse et les possibles d'une humanité future. À ce titre, Jean Herbert n'apparaît pas seulement comme un traducteur ou un vulgarisateur de talent, mais comme un humaniste et un précurseur, à la fois sensible au rapprochement des peuples d'Orient et d'Occident, et soucieux d'une unité mondiale par le haut.

On se trouvait avec lui en présence d'un homme qui avait passé cinquante ans de sa vie à parcourir l'Asie, à séjourner auprès de ses maîtres spirituels ; et la cinquantaine de volumes qu'il a consacrés à l'Orient – dont certains sont de véritables sommes – démontre l'étendue et l'importance de l'enquête. Celle-ci n'est pas une élaboration universitaire abstraite ; elle plonge dans les profondeurs mêmes d'une sagesse toujours vécue, toujours visible – il suffit d'y aller voir en ayant les bonnes adresses –, et propose des solutions éminemment pratiques.

Si les derniers survivants d'une humanité détruite, réfugiés sur une île déserte, avaient le droit de n'emporter que quelques livres à partir desquels reconstruire l'avenir, ne serait-ce pas ceux des « spiritualités vivantes », tels que les a traduits et transmis Jean Herbert ?

## *Le soldat*

Il naît à Paris, en face de la Sorbonne, le 27 juin 1897. Son père, qui enseigna pendant soixante ans à l'École des sciences politiques, et sa mère, également professeur, souhaitaient le voir marcher sur leurs traces. À sa sortie du collège Chaptal, il obtient une bourse pour se préparer à l'École normale supérieure, mais la Première Guerre mondiale, qui le trouve en vacances à Édimbourg, vient interrompre ses études. Il reste en Écosse une année encore, enseignant le français au George Watson College. Ses études, poursuivies difficilement pendant et après la guerre, portent sur les lettres et le droit à la Sorbonne, le russe à l'École des langues orientales. Mais les circonstances l'avaient très tôt fait renoncer à l'enseignement ; dans le secondaire tout au moins (car il devait professer plus tard, pendant dix ans, à l'université de Genève).

Mobilisé en 1915 au premier régiment de zouaves, il est, au bout de quelques mois, transféré dans l'artillerie. Il a l'exceptionnelle responsabilité de commander au chemin des Dames, à quelques centaines de mètres des lignes ennemies, la section chargée de contre-battre la « Grosse Bertha » qui bombardait alors Paris. Ce jeune sous-lieutenant avait dans son poste de commandement une ligne directe avec le ministère de la Guerre, qui l'avisait dès qu'un obus tombait sur Paris. Il n'en tomba jamais deux dans la même journée, ce qui lui valut la croix de guerre. Après l'offensive allemande du mois d'avril, ses connaissances d'anglais le font envoyer comme officier de liaison auprès d'une division anglaise d'artillerie, puis comme conseiller technique auprès d'une division américaine d'artillerie, qui venait de débarquer, et avec laquelle il terminera la guerre.

Mobilisé de nouveau en 1939, il est, pendant un an, à Valence, chef d'état-major d'une unité chargée de former des régiments d'artillerie lourde. Lors de la grande débandade, son chef devait le charger d'emmener vite et n'importe où quelque deux mille recrues alsaciennes qui venaient d'être incorporées et qui, si elles étaient prises par les Allemands, risquaient fort d'être fusillées. Sans argent ni moyen de transport, pratiquement sans cadres, il réussit à les amener en sécurité, toutes sans exception, jusqu'aux Pyrénées. Après quoi, il se démobilise d'office et se réfugie dans une ferme isolée en pleins bois, dans le massif des Maures. Il y restera jusqu'à la fin de la guerre, sans que les troupes allemandes d'occupation ne soupçonnent sa présence. Ces années de retraite lui sont d'une extraordinaire fertilité pour le travail auquel il s'est désormais consacré.

## *L'interprète*

En juin 1917, un épisode inattendu avait en effet, et sans qu'il s'en doutât, décidé de ce que serait sa profession. Il était à Paris en permission de quatre jours lorsqu'on lui offrit d'accompagner à Londres le ministre des Finances, M. Thierry, et le gouverneur de la Banque de

France, M. Luquet, qui allaient solliciter un emprunt. Muni en quelques heures d'un passeport diplomatique signé du ministre des Affaires étrangères et d'un ordre de mission signé du ministre de la Guerre, il remplit pour la première fois les fonctions d'interprète de conférence en prenant le breakfast avec Lloyd George dans sa résidence de Park Lane. Début d'une carrière qui durera soixante ans.

Rappelé de l'armée pour servir d'interprète aux commissions d'armistice au début de 1919, il avait été tout naturellement de l'équipe d'une douzaine d'interprètes à la conférence des préliminaires de paix qui prépara le traité de Versailles. À la commission des réparations chargée de décider le montant des dommages exigés de l'Allemagne, la décision de la commission fixant cette dette porte sa seule signature.

Entre les deux guerres, il travaillera dans toutes les grandes organisations internationales : Société des Nations, Bureau international du travail, sociétés savantes, organisations professionnelles, conférences diplomatiques, Croix-Rouge, congrès de toutes sortes et à tous les niveaux. Il côtoie Clemenceau, Poincaré, Briand, Barthou, Winston Churchill, avant de devenir l'ami de Rolland et de Kazantzakis.

La Seconde Guerre mondiale n'était pas encore terminée quand, dans sa retraite provençale, il reçoit du ministère français des Affaires étrangères un télégramme lui fixant un rendez-vous à la gare Saint-Lazare. Arrivé à Paris, il apprend qu'une grande conférence va se réunir à San Francisco pour préparer une Organisation des Nations unies destinée à remplacer la Société des Nations. Il est de l'équipe de quatre interprètes qui en assure le service auprès de Georges Bidault. La langue française y est imposée à l'égal de l'anglais et du russe.

Jean Herbert devient le premier interprète en chef des Nations unies. Commençant avec trois collègues, il en forme rapidement d'autres, si bien que, au bout de deux ans, il a une équipe de quatre-vingts interprètes. Mais, président du comité du personnel, il se trouve en conflit permanent avec le secrétaire général, Trygve Lie. Tous deux seront soulagés lorsque Jean Herbert sera transféré à Genève. Il reste sept ans encore aux Nations unies, puis reprend sa liberté, et, comme interprète indépendant, continue de sillonner les cinq continents.

Auteur du *Manuel de l'interprète*, publié en six langues et utilisé dans toutes les universités du monde, président de l'Association internationale des interprètes de conférence, présidant pendant quinze ans les jurys d'examens des écoles d'interprètes aux universités de Paris et de Trieste, Jean Herbert se charge encore d'une autre tâche. Pour amener les écoles universitaires d'interprètes à s'entraider, il réussit, non sans peine, à les grouper en une conférence permanente, qui tient depuis lors des réunions annuelles. Non content de ce premier résultat, il obtient qu'elles créent et patronnent conjointement une collection de dictionnaires techniques multilingues, qui seront publiés sous sa direction aux éditions Elsevier (Amsterdam). C'est la première fois dans l'histoire que des universités de plusieurs pays différents, Allemagne, Italie, France, Suisse, États-Unis, s'engagent dans une telle collaboration [1].

## *Le chercheur de vérité*

Mais ce ne sont point là les activités les plus importantes de Jean Herbert. De mère catholique et de père protestant, il avait été élevé dans le catholicisme. Après une première communion fervente, son enthousiasme était tombé. Peu d'années plus tard, il avait eu comme professeur de philosophie André Cresson, alors le représentant de l'école positiviste d'Auguste Comte, qui exerça sur lui une forte influence et lui « apprit à raisonner », ce pour quoi il lui est resté toute sa vie reconnaissant.

Cependant, les préoccupations spirituelles et religieuses n'avaient pas tardé à refaire surface. Pendant quelques années, sous la direction de Mme Guetty, il s'était plongé dans la « science chrétienne », y avait exercé comme praticien. Il y trouvait du christianisme une vision plus profonde et plus spirituelle que celle qu'il avait trouvée dans le catéchisme. Mais il y trouvait aussi le même complexe irritant de supériorité envers toutes les autres conceptions religieuses.

Un voyage en Turquie lui est, en 1925, une première révélation de l'Orient à travers l'islâm. Il se met ensuite à étudier le bouddhisme. En 1934, une conférence internationale au Mexique lui fournit l'occasion de faire une tournée dans les principaux pays bouddhistes : Japon, Chine, Indochine, Ceylan, Birmanie. Il est profondément déçu d'y découvrir la même intolérance qui l'avait choqué chez les chrétiens. Mais ce voyage est pour lui décisif. C'est qu'en cours de route il fait escale en Inde. Dès l'abord, ce pays le surprend, l'intéresse d'autant plus qu'il a lu et apprécié les ouvrages que Romain Rolland a consacrés à quelques-unes de ses personnalités spirituelles.

Sans qu'il l'ait cherché, un concours de circonstances l'amène à Pondichéry, dans l'*āshram* de Shrī Aurobindo. Et c'est le coup de foudre. Il rencontre enfin un maître qui allie à une stricte rationalité

1. Avec la collection annexe, les *Lexica Elsevier*, également dirigés par J. Herbert, les *Glossaria interpretum* comptent actuellement quelque trente-cinq volumes sur les sujets les plus divers.

une étonnante vision métaphysique applicable au quotidien, tout en respectant les autres conceptions. Jean Herbert a trouvé son centre de gravité. Aurobindo non seulement l'accepte comme disciple, et plus tard lui confère l'initiation, mais il le charge de traduire ses œuvres en français et de les faire publier. Tel est le yoga personnel qui lui est donné, et que le disciple nomme, non sans humour, « le yoga de la machine à écrire ».

De retour à Paris, Jean Herbert rend compte de ce premier séjour à Romain Rolland, qui lui demande d'approfondir l'œuvre amorcée par lui sur la spiritualité hindoue, c'est-à-dire de faire connaître à l'Occident non seulement Aurobindo, mais aussi Rāmakrishna, Vivekānanda et les autres *guru* traditionnels et authentiques de l'Inde moderne. Là est le point de départ de son œuvre, facilitée par les nombreux séjours qu'il fait ensuite dans l'Inde – une douzaine, soit un total de trois années –, pendant lesquels Shrī Aurobindo lui conseillera d'aller aussi s'asseoir aux pieds des autres sages. C'est ainsi qu'il séjournera à diverses reprises auprès de Ramana Maharshi, Swāmi Rāmdās, Mā Ananda Moyī, Swāmi Sivānanda, et connaîtra Gandhi, Rabindranath Tagore, bien d'autres dont il traduira plusieurs œuvres.

## *L'orientaliste*

Jean Herbert se heurte d'abord à une totale incompréhension, tant chez les éditeurs que chez les universitaires, qui revendiquaient alors une véritable exclusivité pour tout ce qui concernait l'hindouisme. Pendant près de dix ans, il doit s'endetter pour publier à ses frais des livres qu'il colporte ensuite chez les libraires. En 1944 cependant, un article qu'il publie aux *Cahiers du Sud*, dirigés par Jean Balard, attire l'attention d'André Sabatier, directeur littéraire des éditions Albin Michel, qui lui demande d'écrire un livre sur l'hindouisme. Jean Herbert y met comme condition que cet éditeur publiera aussi les œuvres des grands sages hindous. André Sabatier accepte, et c'est le début de la collection « Spiritualités vivantes [1] ». Il convient ici de rendre hommage à Paul Masson-Oursel, le premier universitaire français à comprendre l'importance de ce travail, et qui accepta d'y associer son nom.

Jean Herbert, qui s'est sourtout intéressé aux enseignements qu'on peut tirer de la mythologie hindoue, jusqu'ici presque totalement inconnue (ou incomprise), fait cependant une incursion dans le shintō,

1. Cette collection, reprise par M. de Smedt, J. Mouttapa, comprend aujourd'hui plus de cent volumes, dont certains ont eu un succès suffisant pour être traduits en de nombreuses langues.

sur la demande d'un ami japonais, frappé par l'influence qu'exerce sur les Occidentaux l'arrivée des enseignements spirituels hindous. Jean Herbert consacre cinq années à l'analyse du shintoïsme et publie sur ce sujet cinq volumes, la première étude sérieuse jamais faite dans ce domaine.

Le succès obtenu par les livres sur l'hindouisme et le shintō le conduit à inclure dans sa collection des ouvrages émanant des plus hautes autorités de l'ésotérisme musulman, des diverses écoles bouddhistes et du taoïsme. Il n'est pas exagéré de dire aujourd'hui que ces ouvrages ont véritablement révolutionné l'attitude de l'Occident envers la spiritualité, jusqu'alors insoupçonnée, des autres religions.

## *Le chêne rouvre*

Stature impressionnante d'un grand intellectuel que tout amusait. Œuvre puissante, produit d'une rare capacité de travail, à laquelle trois compagnes ont apporté leur contribution successive. Il y a chez Jean Herbert l'assise, la force obstinée du chêne rouvre. C'est qu'il a sans doute l'art de ne pas se disperser dans l'instant. Ne travaillait-il pas à ses textes dans les cabines d'interprètes, durant les demi-heures de battement entre les séances de travail ?

Je le retrouve dans son chalet de Vandœuvres – il m'y recevra plusieurs jours – tapissé de livres, au milieu des sapins. Confort anglais ; atmosphère d'étude. Comme tous les êtres vraiment vivants, un être contradictoire : moustaches mode 1930, longs cheveux d'artiste shivaïte fumant pipe ou cigare avec délectation, mais capable de s'arrêter de fumer dès qu'il l'a décidé. De surcroît, fin gourmet et tout aussi susceptible d'absorber les plats les moins ragoûtants. Homme d'un hier prophétique, s'intéressant aux mouvements politiques du monde à travers les cours de la Bourse ; d'une générosité naturelle, mais raisonnée ; ayant élu domicile dans les hautes sphères de l'Esprit ; ne se départant jamais du bon sens, qu'il tient pour une expression privilégiée de la sagesse ; pouvant être attentif et tendre, ou dur en amitié, s'il sait qu'il aidera mieux ainsi ; grave et sérieux, ses petits yeux pointus, propres à dénuder les textes et les êtres, riant du spectacle des hommes et des choses, avec, dans ce rire, ce grand rire, une grande indulgence. (Shrī Aurobindo ne l'avait-il pas surnommé Vishvabhandou, « l'Ami de tous » ?)

On parlerait longtemps de son éclectisme – tout apparent. Ayant expliqué l'hindouisme à un sage soufi qui le lui demandait, l'autre lui dit : « Et vous croyez vraiment à tout cela ? – Oui », dit-il. Le sage répliqua : « Alors, vous êtes un vrai musulman ! »

Il ne chante pas très juste, se montre insensible à la poésie et à l'art contemporain, aimerait presque les histoires paillardes. Mais il est *pesant* des responsabilités humaines que ceux qu'il côtoie lui font toujours porter. Sa qualité la plus marquante me semble être celle de l'adaptation à tous les lieux et circonstances : il jeûne, s'il n'y a rien à manger ; s'il n'y a pas de chaise, s'assied par terre. Dans sa forêt des Maures, il ne trouvait pour toute nourriture que des lactaires, champignons d'un goût médiocre, mais qu'il juge encore « délicieux »... Enfin, un de ces êtres avec lesquels on se sent bien, parce qu'ils possèdent au plus haut point la chose la plus mal partagée, cette faculté princesse qui a nom intelligence. Esprit d'organisation et de synthèse, rapidité d'élaboration, possibilité d'aller droit au cœur d'un problème, rigueur de la pensée, souci du mot juste, ouverture, respect attentif lui faisant toujours admettre la diversité des points de vue.

Des entretiens que j'ai eus avec Jean Herbert, on lira ici des fragments qui résument sa pensée, sans qu'on ait à se perdre dans les sinuosités de l'érudition. Il y manque sa voix modulée et chaude, ses mains, dont il sait jouer. Ce ne sont point là les moindres charmes de sa personne.

JEAN BIÈS : Vous êtes assurément l'homme qui était destiné à livrer à l'Occident le trousseau de clés qui lui manquait, ou qu'il avait perdu, pour sortir d'une prison devenue à beaucoup intolérable. L'enseignement des grands sages de l'Inde contemporaine, comme celui de l'ésotérisme soufi, du bouddhisme zen, du shintō constituent une partie appréciable de ces clés. Vous avez vécu auprès de Gandhi, de Ramana Maharshi, de Shrī Aurobindo, votre guru ; vous vous êtes entretenu avec le dalaï-lama. Vous avez fait venir en France Swāmi Siddheswarānanda, et reçu Swāmi Rāmdās. Pourtant, votre métier d'interprète dans les grandes réunions internationales ne semblait en rien vous prédisposer à une carrière d'orientaliste...

JEAN HERBERT : C'est cependant l'interprétariat qui m'a donné la faculté de me tourner vers l'orientalisme. La discipline de l'interprète consiste à comprendre un individu et à traduire sa pensée le plus honnêtement possible ; celle de l'orientaliste, à comprendre et à faire comprendre un groupe d'individus. L'interprète doit s'incarner dans l'orateur et renoncer à sa propre personnalité pour exprimer et devenir l'autre. C'est exactement la même technique que j'ai employée dans mes recherches sur l'Orient, en abdiquant ma personnalité et en rendant le plus claires possible les religions orientales.

J.B. : Quel a été votre but, en fondant la collection « Spiritualités vivantes » chez Albin Michel ?

J.H. : Ouvrir l'esprit des Occidentaux aux philosophies orientales. Au début du siècle, les élites spirituelles d'Orient et d'Occident s'ignoraient totalement, ou même se méprisaient dans la mesure où elles soupçonnaient l'existence l'une de l'autre. À peine si les chrétiens parlaient avec condescendance des « mystiques naturelles ». J'ai pensé, encouragé en cela par Romain Rolland, qu'il était utile et urgent de combler un tel vide.

J.B. : N'était-ce pas amorcer un changement de conscience chez certains Occidentaux, et répondre au vœu de René Guénon souhaitant la rencontre de ces élites ?

J.H. : Sans aucun doute. René Guénon a été un grand pionnier à qui nous devons beaucoup. Il a été le premier Occidental à se plonger véritablement dans une mystique orientale, pour en retirer les fruits dans la pratique.

J.B. : Ce travail ne se fit pas sans difficultés. Quoique vous ayez professé à l'université de Genève, en qualité de *privat docent*, l'enseignement officiel ne vous a jamais soutenu.

J.H. : Cela a changé depuis. Mais je me suis heurté, au début, à une opposition considérable. Les orientalistes ne concevaient pas qu'on aille se renseigner sur l'hindouisme auprès des hindous !.. Ils estimaient en savoir beaucoup plus que les tenants des religions étudiées ; ils ne les prenaient même pas au sérieux... Lorsque j'ai envoyé un exemplaire des Commentaires par Shrī Aurobindo de la *Bhagavad-Gītā*, à un célèbre professeur qui enseignait l'indianisme au Collège de France, il me répondit en me remerciant : « Je ne comprends pas l'intérêt que vous portez à ce commentateur indigène... » Quant aux éditeurs de l'époque – et je les ai tous essayés les uns après les autres –, ils considéraient comme invendables des livres dont les noms d'auteurs étaient imprononçables !..

J.B. : Avant d'en venir à l'Inde, j'aimerais vous demander ce que l'Orient, en général, vous a apporté. Qu'en est-il du bouddhisme ?

J.H. : Devant tant d'anathèmes et de scissions, je ne sais vraiment plus ce qu'il est. Il existe en fait plusieurs bouddhismes, plus encore que de confessions chrétiennes : tibétain, birman, chinois, cinghalais, japonais. Ses aspects sont très intéressants, mais très différents. Leur seul point commun est de découvrir en soi, à l'aide de certaines méthodes, la nature de Bouddha. Mais je dois dire que j'ai trouvé dans les ouvrages du professeur Suzuki sur le zen une extraordinaire source d'enrichissement... Je suis, comme vous le savez, à l'origine de l'introduction du bouddhisme zen en Occident, et si je ne l'ai pas pratiqué moi-même, à la différence d'autres voies, je sais qu'il fait beaucoup de bien à ceux qui s'y sont engagés. L'immobilité, le silence, surtout dans un monde agité comme le nôtre, ne peuvent que procurer ce bien-être ; à plus forte raison, s'ils sont assortis de diverses techniques.

J.B. : Et le shintō ?

J.H. : Plus qu'une religion, le shintō est une conception de la vie fondée en particulier sur le culte des ancêtres et le sens de l'honneur. Il imprègne de sa noblesse tout un peuple, même si, pour beaucoup de Japonais, ses enseignements sont si évidents qu'il est inutile de les expliquer. Comme le christianisme continue d'imprégner même les agnostiques de chez nous. Mais il ne peut être pratiqué que par les Japonais, en tant que descendants des dieux primordiaux du Japon... Du shintō j'ai tiré un grand principe : « Ici et maintenant. »

J.B. : Quelle est selon vous, et d'une façon toute générale, la meilleure clé que nous a léguée l'Orient, celle qui peut le mieux nous aider à comprendre ?

J.H. : La clé de la continuité. Tandis qu'en Occident, nos recherches scientifiques nous conduisent à des fragmentations, des subdivisions, des oppositions croissantes, l'Orient nous apprend la continuité de toutes choses, l'enchaînement ininterrompu des événements ; la continuité entre l'homme et la nature, entre les différents règnes, entre l'homme et Dieu, entre les différentes espèces d'hommes ; la continuité entre les plans matériels et subtils ; la continuité de l'espace et celle du temps ; un immense ensemble où tout se coordonne et s'harmonise.

J.B. : La tradition hindoue reste celle qui vous a le plus marqué. Mais il est une double objection que l'on entend souvent de la bouche

*Le terme d'hindouisme ne date que du* XIX^e^ *siècle. Mieux vaudrait parler du* Sanātana-dharma, *la « Loi éternelle », héritée des « voyants »* (rishi) *des âges primordiaux.*

*Le* Sanātana-dharma *comprend, d'une part, la* Shrūti, – *l'« Audition (intérieure) » –, exprimée par les quatre* Vêda : Rig *(panégyriques des dieux),* Yajur *(formules rituelles),* Sāma *(mélodies liturgiques),* Atharva *(charmes). À quoi viennent s'ajouter la* Samhitā *(recueil d'hymnes), les* Brāhmana *(commentaires théologiques), les* Âryanaka *(explications cosmologiques), les* Upanishad *(traités spéculatifs et ésotériques), les* Sūtra *(aphorismes).*

*Il comprend, d'autre part, la* Smriti, *la « Mémoire » : les* Purāna *(la cyclologie) ; les* Védānga *et les* Upavéda *(les sciences et les arts), le* Manava-dharma-shāstra *(« Lois de Manou »), les six « points de vue »* (darshana) : *logique et didactique, physique, cosmologie, herméneutique, techniques du yoga,* vedānta, *l'« accomplissement », sur le plan métaphysique, du* Vêda ; *enfin, les deux grandes épopées :* Mahābhārata *(90 000 vers) et* Rāmayāna.

*Au commencement est le Principe impersonnel et universel, le suprême* Brahman, *sans attributs ni qualités* (nirguna), *fait d'Être, de Conscience et de Béatitude* (Sat – Chit – Ānanda). *Sa première détermination est* Ishvara, *le* Brahman *qualifié* (saguna), *principe des qualités et propriétés des différents êtres.* Ishvara *se présente sous la forme d'une Triade* (Trimūrti) : Brahma, *créateur et producteur,* Vishnu, *animateur et conservateur,* Shiva, *destructeur et transformateur. Chacun de ces archétypes, représentés dans la mythologie sous forme de « dieux »* (dêva), *est pourvu d'une « énergie »* (shakti), *représentée sous forme de déesse* (dêvi). *Ces « épouses » ont pour rôle d'animer les principes, de les faire passer de la puissance à l'acte, de les faire se manifester. Parmi des millions d'autres dieux, la présence de ces trois dieux a fait croire de l'hindouisme qu'il était un polythéisme, alors que tous ne sont que les aspects partiels et les fonctions respectives d'un seul et même Principe unique.*

*La* shakti *suprême est la Mère cosmique à l'œuvre dans les Trois Mondes : Ciel, Espace intermédiaire et Terre. En face de* Purusha, *le pôle masculin, elle est* Prakriti, *le pôle féminin, substrat éternel formé des trois* guna *(tendances ascendante, expansive et descendante).* Prakriti *désigne, en outre, et selon le contexte, la puissance créatrice et spirituelle du Divin, la substance formée des cinq éléments matériels et subtils, le monde des apparences, – l'Illusion* (Māyā), *– du « jeu » magico-divin* (līlā), *dont le travail spirituel, la* sadhāna, *aidera à se désidentifier.*

*Si toutefois tout est* Māyā *au regard des non-dualistes, tel Shankara (VIIIe siècle), si rien n'existe que l'Absolu indifférencié et inconnaissable, d'autres, comme Rāmānuja (XIIe siècle), poseront l'existence d'un Absolu qui peut être aussi une Personne digne d'adoration ; d'autres même, comme Madhva (XIIIe siècle), iront jusqu'au dualisme total.*

*Arches salvatrices entre le monde spirituel et une humanité victime de l'ignorance* (avidyā), *les* Avatāra, *ou « Descentes divines » – plutôt qu'« Incarnations » –, viennent, « chaque fois que l'ordre chancelle », restaurer la Tradition tout en l'adaptant à de nouvelles phases cycliques dont l'issue, au terme du* Kali-yuga *dans lequel nous nous trouvons, est cataclysmique –* Agni, *le Feu, en est l'agent –, tout en permettant l'apparition d'un nouveau cycle. À la suite de Matsya, Varāha, Rāma, Krishna, dont la théophanie illumine la* Bhagavad-Gītā, *le* Kalkin-avatâra *est celui qui rétablira l'Âge de Vérité sur la terre.*

*Le but de l'existence humaine est la Libération* (moksha), *qui permet d'échapper au monde du multiple et du transitoire qu'est le* Samsāra, *pour se fondre dans l'Un, le* Nirvāna, *qui est extinction de tout désir, volonté, manifestation égotiques. Ce que l'on appelle improprement « réincarnation » n'intéresse que les éléments psycho-physiques non purifiés ; elle ne concerne pas l'individualité personnelle périssable, ni n'affecte l'élément immuable et impersonnel qu'est l'*ātma, *identique au* Brahman.

*Fidèle reflet du macrocosme, l'homme-microcosme se proposera de reproduire en lui le Sacrifice primordial du* Purusha, *l'« Homme cosmique », démembré pour donner naissance à la Manifestation : il sacrifiera son « moi » pour laisser place au Soi. Selon l'institution des quatre* āshrama, *l'hindou de tradition aura d'abord reçu l'enseignement d'un maître, puis élevé une famille. Il se sera ensuite retiré dans la forêt, avant de devenir renonçant, moine errant* (samnyāsin). *Celui même qui ne pousse pas l'ascèse jusque-là ne néglige pas, même aujourd'hui, d'obéir à de strictes règles de morale et de pureté rituelle, d'étudier avec foi les Écritures sacrées, de vénérer un* guru, *de pratiquer la « non-nuisance »* (ahimsā), *d'achever ses jours dans un* āshram. *Chacun selon sa nature propre, son* dharma, *aura à privilégier l'exercice d'un* yoga : hatha-yoga : *le contrôle du souffle-énergie à partir de postures* (âsana) ; – le karma-yoga : *l'action sans recherche de profit ; le* bhakti-yoga : *la ferveur dévotionnelle à l'égard d'une divinité ; le* jñāna-yoga : *l'approche intellectuelle, mais aussi la connaissance intellective ; le* kundalinī-yoga : *l'éveil des forces subtiles, relié au tantrisme, et répétition de formules magiques* (mantra) ; *le* rāja-yoga, *exposé par Patañjali : le retrait des sens, la concentration mentale et la méditation conduisant à l'instase* (samādhi), *et faisant du yogin un « délivré-vivant »* (jīvan-mukta).

*Quelle que soit la voie suivie, il s'agira toujours d'alléger son* karma *pour briser le cycle des causes et de leurs effets, et d'immoler le « moi » pour briser celui des morts et des naissances.*

*Ainsi se présente très succinctement, et dans ses lignes les plus générales, la tradition hindoue, la plus inclusive, synthétique et complète que l'on connaisse, la tradition la plus ancienne de la présente humanité, et celle qui, aujourd'hui encore, reste de beaucoup la plus vivante.*

---

même de ceux qui admettent la valeur de sa « spiritualité », et qui peut se résumer en ces termes : comment admettre l'immense misère de l'Inde, et comment le pays de la non-violence a-t-il pu se doter de l'arme atomique ?

J.H. : Ce sont deux questions différentes. Puisque les hindous ont toujours consacré une grande partie de leur énergie aux disciplines spirituelles de leur religion, il leur en est resté beaucoup moins pour se consacrer à l'amélioration de leur sort matériel. Il en aurait été de même pour les chrétiens s'ils s'étaient consacrés à appliquer les enseignements de l'Évangile. Quant à la bombe atomique, Gandhi a dû se retourner dans sa tombe, si j'ose dire. Elle est le résultat naturel de la politique nationaliste et impérialiste suivie par les gouvernements du pandit Nehru et de sa fille.

J.B. : Autre objection. En admettant que la première moitié de ce siècle ait offert une magnifique floraison de sages, en est-il de même aujourd'hui ? Et peut-on envisager s'engager sans guru dans une voie ?

J.H. : Je rappelle à ce propos la parole de Mā Ananda Moyī : « Tous les hommes, toutes les choses de ce monde sont mon guru. » Cela rejoint la notion d'*upaguru*, des maîtres temporaires et secondaires, inconscients de leur rôle – humains, animaux, événements –, qui, par leur parole ou leur comportement, peuvent nous enseigner quelque chose, à tel moment du chemin.

J.B. : Mais cela exclut toute initiation... Qu'est-ce, d'abord, que l'initiation ?

J.H. : L'idée que je m'en fais réside en ceci : premièrement, le maître indique au disciple la voie à suivre ; deuxièmement, il lui inspire le désir de s'y engager ; troisièmement, il lui donne la force et les conditions pour continuer. Le rite lui-même s'accompagne de la transmission d'une formule et d'une force spirituelle. Mais mieux vaut répéter un mantra avec ferveur et constance sans avoir été initié, qu'avoir été initié à un mantra et l'oublier.

J.B. : Je voudrais vous demander quelle est la vision du monde que l'Orient, l'Inde en particulier, vous a donnée, ainsi que l'attitude de vie qu'elle vous a inspirée.

J.H. : L'Orient m'a beaucoup apporté, m'a ouvert l'esprit, tout en me rattachant à mes propres racines, en en éliminant ce qui me choquait, à commencer par le complexe de supériorité, tout à fait injustifié, des Occidentaux. Ceux-ci s'imaginent que ce qui est vrai dans leur pays sur les plans moral, social, religieux, etc., doit l'être pour tout le reste de l'humanité. Il m'a enseigné à respecter toujours l'opinion d'autrui, à ne jamais vouloir lui imposer ma façon de voir. Tout être a quelque chose à nous apprendre... Le bon sens aussi, auquel ne cessent de se référer les Orientaux... Je crois aujourd'hui davantage à la continuité sous différentes formes qu'aux étiquetages, oppositions, exclusives. Dans le déroulement du jeu divin, il n'y a rien de vraiment et de définitivement tranché. Où se trouve la frontière entre le normal et l'anormal, l'énergie et la matière, la vie et la mort, le bien et le mal ?... *Dêva* et *asura*, dieux et démons, sont simultanés. Les dieux triomphent des démons, mais perpétuellement, jamais définitivement. Sans cette lutte, rien ne pourrait exister en dehors comme au-dedans de nous. Toutes les dualités ou pluralités se résolvent en une unité supérieure où chacune se situe à sa place, sans aucune possibilité de conflit.

J.B. : On pourrait de même demander : sans Judas, que devient le christianisme ?, ou affirmer : sans *Kali-yuga*, point de *Satya-yuga* [1]... À ce propos, qu'en est-il des dates finales de l'« Âge sombre » ?

1. L'« Âge de l'Être », qui inaugure un nouveau cycle.

J.H. : Nul n'en sait rien... Mais c'est insensiblement que l'on passe d'une mer chaude à une mer froide, et inversement.

J.B. : Il est cependant incontestable qu'il y a dans l'humanité actuelle un terrible instinct suicidaire.

J.H. : Nous sommes évidemment dans une période de l'histoire où les forces du mal prennent des proportions de plus en plus affolantes. Il est fantastique, d'autre part, de voir la quantité d'énergie que cette humanité gaspille à regretter le passé et à craindre l'avenir. Pour l'Inde, tout est voulu par Dieu. Swāmi Rāmdās disait que si, dans un naufrage, tout le monde périt, sauf moi, c'est la volonté de la Providence, mais que si tout le monde est sauvé, sauf moi, c'est aussi la volonté de la Providence. Il faudra, ou bien que l'humanité disparaisse, ou bien que l'on fasse un rétablissement spectaculaire. Mais c'est précisément lorsqu'on touche le fond qu'on peut le mieux rebondir... Shrī Aurobindo n'est pas du tout catégorique sur ce que nous, hommes, deviendrons. Dans la *Vie divine*, il écrit que la possibilité est offerte à l'homme d'évoluer au-delà de ce qu'il est actuellement, mais qu'il est également possible que l'homme ne soit pas l'instrument divin, qu'il y ait une limite prédéterminée à sa puissance progressive, et que, de même qu'il a détrôné les autres espèces terrestres, un autre être le remplace... À côté de l'effort auquel nous sommes conviés, les questions de datation du *Kali-yuga* ont peu d'importance.

J.B. : Je suppose qu'une des autres grandes leçons de l'Inde a été pour vous la tolérance.

J.H. : Cette tolérance qui exige de tolérer même l'intolérance !... Mais je préfère dire le respect. C'est le respect qui, en Orient, m'a ouvert toutes les portes. Il est regrettable que, chez nous, toute « Église » veuille convaincre de *sa* vérité comme étant la seule digne d'être imposée. L'autre agit différemment de moi, mais il agit selon le rôle qui lui a été confié. Vous devez le respecter autant qu'il doit vous respecter.

J.B. : Cela nous conduit à la question des *darshana*, des « points de vue ».

J.H. : Ce sont des explications différentes, non contradictoires, d'un même phénomène, d'une même vérité... Photographiez une forêt, un arbre, une coupe histologique de l'arbre, un atome du tissu ligneux, vous photographierez toujours la même chose. Il n'y a vraiment pas de quoi se quereller – ce qu'ont oublié chrétiens, musulmans et bouddhistes !.. J'ai vu, un jour, au bord du Gange, une femme vêtue de haillons, qui déchirait à longueur de temps du papier en petits morceaux. Du point de vue de la science moderne, cette femme eût passé pour folle. Mais le vieux Swāmi, docteur en philosophie, qui m'accompagnait, me déclara très sérieusement : « C'est une grande Incarnation !... »

J.B. : Les mythes et les rites... Ces deux notions reviennent souvent dans vos livres. Que pouvez-vous nous en dire encore ?...

J.H. : J'ai acquis la conviction que la mythologie est le fondement même de l'hindouisme, et que les textes qui ont suivi sont déjà des exégèses, des mentalisations. Tous les mythes relatant les étapes du passage de l'Absolu à la différenciation, les modes de manifestation des *guna*, les divers *avatāra* de Vishnou, les *shakti* symbolisant la puissance de manifestation des dieux, sont d'une importance capitale.

J.B. : Quelle définition donneriez-vous du mythe ?

J.H. : Le mythe relate une interaction entre des forces déterminées, susceptibles de se dérouler à plusieurs niveaux : métaphysique, cosmique, psychologique, yogique.

J.B. : Vous avez vous-même proposé dans *Le Yoga de l'amour* une très suggestive interprétation du mythe de Krishna, en étudiant successivement la lutte contre les obstacles à l'union avec le Divin, la description de l'état d'union, et le comportement, dans la vie quotidienne, de celui qui est parvenu à l'union.

J.H. : Cette étude m'a occupé une vingtaine d'années.

J.B. : Et a trouvé l'assentiment des meilleurs pandits de l'Inde... On assiste, au contraire, dans le christianisme actuel, à un effort acharné de démythification tendant à vider les mythes de l'Ancien Testament de leur valeur spirituelle, et à ravaler le Nouveau à un manuel de morale sociale.

J.H. : En effet. Alors qu'il existe dans la Bible des mythes fort intéressants – je pense en particulier au *Livre de Daniel* –, et que chaque mythe contient des étages de significations qu'il faudrait déchiffrer minutieusement.

J.B. : Ne doit-on pas déplorer en même temps la dégénérescence des rites en Occident ?

J.H. : Le ritualisme est, lui aussi, très important. Il constitue une aide considérable, nullement méprisable, sans rapport avec les superstitions. Pour l'hindou, il n'est pas de pensée, d'acte, d'événement, au cours de sa journée et de sa vie, qui ne s'accompagne de rites plus ou moins compliqués. Chaque ensemble de rites se rattache à une variété de yoga, est d'une efficacité éprouvée, consacrée. Pour ne prendre qu'un exemple, tous les hindous savent que le *japa*, la répétition du nom d'un dieu de son choix, permet d'assimiler les qualités du dieu ainsi évoqué.

J.B. : Le christianisme oriental a gardé ce sens ritualiste. Au *japa* correspond la « prière du cœur ». Mais, en Occident, les rites ont été de plus en plus incompris et simplifiés.

J.H. : Je dirais qu'il y a sûrement beaucoup trop de dogmes et pas assez de rites.

J.B. : Ces dogmes qui étouffent, alors qu'il « existe, disait Vivekānanda, autant de religions que d'individus ».

J.H. : Certainement... Le dogme entretient la hantise de l'hérésie. Dans le christianisme occidental, dès qu'un grand mystique apparaît, on craint pour lui et pour tous qu'il verse dans l'hérésie ; on le chambre, on le cache. En Orient, quand un sage apparaît, on se précipite pour recevoir son enseignement.

J.B. : Les chrétiens ont coutume de considérer le monothéisme comme supérieur au polythéisme, et d'opposer le Christ, Fils unique de Dieu, aux *Avatāra* mythologiques de l'Inde.

J.H. : Toutes les religions sont à la fois monothéistes et polythéistes. Chacun choisit l'aspect du Dieu unique qui lui convient le mieux. Le Dieu du « Notre Père », le Sacré-Cœur de Jésus, l'Enfant dans la crèche, le Christ en croix, le Ressuscité sont cinq manifestations différentes du même Dieu. Les quatre-vingt-dix-neuf noms d'Allāh présentent au musulman plusieurs aspects de son Dieu. Il en est de même chez les hindous, où Dieu apparaît comme père, mère, enfant, ami, amant, etc.

J.B. : L'hindouisme considère de toute façon le christianisme comme une des grandes traditions de l'humanité.

J.H. : Oui, mais le Christ lui-même n'a jamais déclaré qu'il était l'unique Fils de Dieu. Ce sont les théologiens qui sont venus ensuite tout brouiller avec des mots et des concepts, ont bâti des théologies, scindé les choses, suscité des conflits.

J.B. : Une autre pierre d'achoppement est le problème de la transmigration. Dans quelle mesure cette dernière est-elle littérale, et de quelle façon, symbolique ?

J.H. : Si elle est admise sans réserve comme évidente chez tous les hindous (comme pour les chrétiens, l'existence de l'âme), elle est comprise et expliquée dans l'Inde à beaucoup de niveaux différents. D'ailleurs, le Christ, s'il n'a pas parlé de transmigration, n'a jamais dit non plus qu'elle n'existait pas. Elle est en tout cas une excellente hypothèse de travail. Rāmakrishna disait : « Les vies successives existent, mais elles ne sont pas ce que vous croyez... »

J.B. : Beaucoup s'étonnent que vous ne vous soyez pas converti à l'hindouisme, sans penser qu'il faut y être né, et que l'hindouisme est moins une religion qu'une philosophie.

J.H. : L'hindouisme, à ce titre, ne fait aucun prosélytisme ; il s'applique à rendre chacun meilleur dans sa propre voie. Il a pu contribuer à faire de moi un meilleur chrétien. Les hindous assurent que la voie du Christ se suffit à elle-même. Comme Gandhi, j'estime d'ailleurs dangereux, sauf exceptions, de se « convertir » à une autre religion. On ne peut faire abstraction de son atavisme psychique et culturel. Je n'ai, pour ma part, jamais cessé d'être chrétien.

J.B. : Tagore a bien rappelé aux chrétiens qu'avec les Béatitudes et la prière de saint François d'Assise ils n'avaient même rien à envier à l'Orient. Swāmi Siddheswarānanda ajoutait saint Jean de la Croix.

J.H. : Il est légitime de comparer sans honte la richesse de nos traditions à celle de l'Orient. Renoncer à ces trésors serait une perte indéniable. L'Orient n'est pas là pour les détruire mais pour les raviver. Ce que les spiritualités orientales nous permettent, c'est d'approfondir la religion dans laquelle nous sommes nés. Elles offrent en outre des techniques qui, à ma connaissance, n'existent pas dans le christianisme, et qu'il est tout à fait possible de leur emprunter ; ce que fait d'ailleurs l'Église catholique.

J.B. : Puisque les yogas ne sont liés à aucune confession particulière, quelle sorte de yoga préconiseriez-vous aux Occidentaux ?

J.H. : Pour répondre à cette question, il convient d'abord de savoir la nature des Occidentaux. Parce qu'ils sont « physiques » et « vitaux », le *hātha-yoga* peut grandement les aider, à condition d'être dirigés par un maître parfaitement compétent, et de procéder à des ajustements. Les attitudes du *hātha-yoga* facilitent la circulation et la respiration, dégagent les courants nerveux, décongestionnent les centres psychiques, transforment profondément l'être anatomique, physiologique et psychologique. Mais parce que les Occidentaux sont aussi hypermentalisés, je leur conseillerais parallèlement de satisfaire leur curiosité intellectuelle en se plongeant dans l'étude du *jñāna-yoga*, qui leur offrira un système métaphysique cohérent et répondra à leurs questions. Ce sera une bonne opération de nettoyage mental... Et enfin, parce que les Occidentaux sont aussi des actifs et des affectifs, j'ajouterais un mélange de *karma* et de *bhakti-yoga* : l'un pour satisfaire à leur besoin de faire du bien à autrui, mais en restant détachés des « fruits de l'action », l'autre, à leurs aspirations religieuses. La nature de chacun détermine évidemment les choix et les dosages. Mais le *karma-yoga* concerne plus particulièrement les Occidentaux en leur rappelant que l'homme a droit à l'action, mais pas à ses conséquences, bonnes ou mauvaises.

J.B. : Christianisme et yogas, inspirés de maîtres authentiques... Mais n'y a-t-il pas, aujourd'hui, avec le déferlement des sectes de tout genre, un grave danger pour les gens non avertis, non formés, les jeunes en particulier ; et cette pseudo-spiritualité n'est-elle pas en fait l'arme la plus subtile de la subversion, ce que d'aucuns appellent la « contre-initiation » ?

J.H. : Il faut reconnaître que quelques sectes font du bien à certains de ceux qui s'y sont rattachés. Penser à autre chose qu'à la matière, observer des moments de silence, avoir un idéal spirituel est toujours bénéfique. Mais beaucoup de ces sectes font aussi du mal en engageant des gens sur des voies extrêmement dangereuses. Il ne faut pas s'y rallier en renonçant au bon sens et à la discrimination.

J.B. : Comment distinguer un maître authentique d'un faux maître ?

J.H. : La lecture des vrais maîtres y aide déjà beaucoup. Il faut ensuite observer, apprécier à sa valeur le maître rencontré. Le vrai maître ne cherche jamais d'argent, n'exerce aucun « pouvoir », ne cherche pas à attirer les disciples.

J.B. : L'Inde se heurte à d'énormes problèmes socio-économiques, le Japon a opté pour le matérialisme producteur et consommateur, la Chine est toujours à l'heure du communisme. De son côté, l'Occident se débat dans une crise financière, morale, intellectuelle et spirituelle qui paraît à certains le signe de sa fin. Peut-on croire, après cela, à une Sainte Alliance de l'Orient et de l'Occident ?

J.H. : Je crois que l'Occident peut recouvrer un peu de l'équilibre qu'il a perdu en s'inspirant de l'Orient. Et que l'Orient, sans pour autant renoncer à ses richesses spirituelles, peut améliorer son sort en adoptant certaines des découvertes et des inventions de la science et de la technique occidentales... L'Inde a encore sûrement beaucoup de ressources cachées. On n'imagine pas combien elle reste un pays secret... Ce n'est qu'au terme de mon quatrième séjour chez des amis de Bénarès qu'on me fit visiter un temple souterrain dans cette ville, dont on ne m'avait jamais parlé jusque-là !

J.B. : Et il s'y passe encore d'étranges choses... Je ne sais quel crédit vous accordez à l'anecdote suivant laquelle Mā Ananda Moyī [1] alluma le feu sur les autels brahmaniques en prononçant le nom d'Agni [2]... Puis-je vous demander si vous avez été vous-même témoin de faits de ce genre ?

J.H. : Personnellement, je n'ai jamais cherché à voir de tels phénomènes, même lorsque se présentaient des occasions valables. Ce qui est sûr, c'est qu'en Inde la limite entre le possible et l'impossible n'est pas la même que chez nous. Il s'y passe quantité de choses que la science occidentale, à son stade actuel d'évolution, n'est pas à même

1. Mystique hindoue (1896-1982), considérée comme « Descente » divine.
2. Le dieu du Feu.

d'expliquer. Je suppose qu'un jour elle le fera, et que nous ne qualifierons plus de miracles ce qu'aujourd'hui nous ne comprenons pas. Il y a moins d'un siècle, la télévision aurait été pour la science occidentale un miracle.

J.B. : Cela m'amène aux maîtres spirituels dont vous avez traduit les enseignements... Gandhi, qui reste le plus connu, en Occident, des grands hindous modernes, en fait-il partie ?

J.H. : Gandhi a toujours refusé d'être considéré comme un maître spirituel. Je l'ai personnellement connu, et je l'admire, naturellement ; mais il est, avant tout, un moraliste rigoureux. Il mêlait la morale et la politique ; il agissait, mais en abandonnant les conséquences à Dieu, c'est-à-dire qu'il pratiquait le *karma-yoga*. Ce qui ne pouvait qu'entraîner un dialogue de sourds avec les Anglais.

J.B. : D'un genre tout différent était Rāmakrishna, puisqu'il est considéré comme un *Avatāra*. En quels termes pourrait-on définir cette figure et son rôle ?

J.H. : De son enseignement, on a surtout retenu : « Toutes les religions mènent à Dieu », ce qui est une affirmation classique dans les textes sacrés hindous. Mais il en a apporté une confirmation pratique par son expérience personnelle.

J.B. : J'aimerais vous demander encore ce qui vous a le plus frappé chez les sages hindous.

J.H. : Essentiellement trois choses. D'abord, leur regard, tout différent de celui des autres hommes. On a établi la même différence entre le regard humain et le regard bovin. Certains de ces regards vous transfigurent... Ensuite, la connaissance directe qu'ils ont de l'ensemble de ce qui existe. Ils ne sont pas omniscients, ni érudits ; ils peuvent même ignorer beaucoup de choses. Mais expliquez-leur une chose qu'ils ignorent, ils la situeront dans la totalité, vous expliqueront son origine, son développement, ses aboutissants. Cela est très impressionnant... Et enfin, leur joie de vivre. Non pas une joie bruyante, mais intérieure. D'où le rayonnement extraordinaire de ces êtres, même immobiles et semblant ne rien faire, ne pas s'occuper de ceux qui sont autour d'eux. Ainsi Ramana Maharshi, qui résolvait les questions avant qu'on les lui pose.

J.B. : Cette joie n'était-elle pas aussi celle de Swāmi Rāmdās [1] ?

J.H. : Swāmi Rāmdās était le « petit enfant » de l'Évangile, par son rire, sa gentillesse, sa simplicité. Mais quand on lui posait une question ardue de métaphysique, il y répondait, comme un petit enfant, et d'une façon définitive !

J.B. : De tous les messages de l'Inde contemporaine, celui de Shrī Aurobindo est de beaucoup le plus important pour vous.

J.H. : J'ai découvert l'āshram de Shrī Aurobindo en 1934. Je n'avais jusqu'alors même pas entendu son nom. Or, j'ai découvert en lui un homme qui m'a passionné et dont les œuvres m'ont aussitôt paru d'une importance capitale.

J.B. : N'avez-vous pas été tenté de demeurer près de lui, à Pondichéry ?

J.H. : Si !.. Mais Shrī Aurobindo me dit que ma place était en Europe. Il voulait que je fasse connaître au public francophone son message et celui des maîtres orientaux. Et aujourd'hui, son nom se répand énormément parmi les jeunes, les éducateurs, les psychologues, dans toutes sortes de milieux.

J.B. : N'a-t-on pas reproché aux traductions de ses textes de comporter des inexactitudes ? Correspondent-elles parfaitement à ce qu'a écrit Shrī Aurobindo ?

J.H. : Toutes les traductions françaises faites du vivant de Shrī Aurobindo lui ont été soumises et ont été approuvées par lui personnellement. Celles faites plus tard ont été soumises à ses disciples les plus proches et approuvées par eux. Dans un cas comme dans l'autre, les rares corrections proposées ont toutes été incorporées, sous réserve, parfois, de corrections grammaticales.

J.B. : On a comparé, sans exagération, Shrī Aurobindo à Platon. Qu'est-ce qui vous a le plus frappé dans sa pensée ?

J.H. : Il avait une vaste culture occidentale, savait le latin et le grec, l'anglais, le français, l'allemand ; il lisait de nombreuses revues scienti-

1. Maître hindou (1884-1963) dont l'enseignement reposait sur la répétition du nom de Rāma.

fiques, mais il savait aussi le sanskrit et connaissait parfaitement les Écritures de l'Inde. Cela donna lieu non à un œcuménisme quelconque, mais à une puissante synthèse de tout ce qui l'avait précédé aux niveaux scientifique, religieux et métaphysique. Shrī Aurobindo est arrivé à la conclusion qu'à partir de la base actuelle il était possible et même inévitable que la vie sur la terre continue d'évoluer. Il n'y a pour lui aucune raison de penser que l'évolution, à partir de la matière, de la vie et du mental, soit terminée ; l'homme n'en est pas le point final. Aurobindo annonce la descente sur terre d'un plan « supramental », dont il estime que le moment est proche.

J.B. : La fin du cycle actuel est marquée par l'apparition du *Kalkin-avatāra*, représenté sous la forme d'un cheval blanc. (C'est aussi sur un cheval blanc que doit venir le Christ du second Avènement.) Ne peut-on pas penser qu'il correspondrait à l'apparition d'un nouveau plan de conscience, celui-là même qu'Aurobindo nomme le supramental ?

J.H. : On peut le penser, en effet.

J.B. : Auroville vous apparaît-elle comme un tremplin d'où s'élancera une nouvelle humanité ?

J.H. : Je n'ai personnellement jamais vu en quoi cela pouvait avoir un rapport quelconque avec l'enseignement de Shrī Aurobindo. Il n'en est nulle part question dans son œuvre.

J.B. : Quelle est la véritable raison qui vous a fait rester fidèle à Aurobindo ?

J.H. : C'est que, lorsque je lui ai demandé : « Vous estimez-vous le révélateur de la Vérité ultime ? », Aurobindo s'est mis à rire et m'a répondu : « D'autres viendront après moi, qui iront plus loin que moi !.. »

J.B. : Une dernière question, toute personnelle. Avez-vous un secret, Jean Herbert – yogique ou autre –, ou du moins des habitudes de vie vous permettant, né en 1897, d'avoir les allures, l'esprit et les capacités de travail d'un homme de soixante ans ? Est-ce seulement question de nature, de destin ?

J.H. : Aucun secret. Mais j'ai l'impression que Shrī Aurobindo, en me donnant l'initiation, m'a donné toute la force dont j'aurai besoin, et aussi longtemps que nécessaire, pour m'acquitter du travail dont il m'avait chargé.

MARIE-MAGDELEINE DAVY

# L'Église intérieure

*Lorsque* l'éternité *visite un ami de la solitude, l'*Éden *entrouvre sa porte : splendeur !...*

Lettre à l'auteur, 9 août 1995.

*Ces entretiens sont nés d'une série de rencontres à Paris, de 1980 à 1985. Marie-Magdeleine Davy vient d'achever deux livres :* L'Art de vieillir *et* L'Arbre *(en collaboration avec Charles Hirsch dans la collection « Symboles » chez Philippe Lebaud).*

Il existe des femmes-lumière qui éclairent leur temps de leurs paroles ou de leurs actions, et dont l'« *animus* positif », dirait la psychologie, est l'inlassable serviteur d'une cause parfois surhumaine. Elles avancent dans la vie mues par l'intensité de leur mission. Avec obstination, méthode et courage, elles accomplissent ce qu'il est dans leur destin d'accomplir. Elles sont de ces êtres dont on dit qu'ils n'ont pas seulement de la personnalité mais du *fond*. Elles détiennent le don rarissime de savoir repérer l'important et de s'y concentrer, au lieu de s'éparpiller dans les caprices infantiles, dans les intrigues de cour et le bavardage rieur des mondanités fardées.

Celle que je rencontre depuis bien longtemps habite quelque part au faîte du quartier Latin, dans une de ces hautes pièces qui pourrait être une sorte de chapelle dont les piliers seraient des piles de livres, et l'autel, une table studieuse et pensive. Marie-Magdeleine Davy est là, avec la simplicité directe des êtres bourrés de savoir et d'expérience – le plus sûr rempart pour dissimuler d'inépuisables réserves d'affectivité : « la souffrance d'autrui m'accable » –, la simplicité de ceux qui ont dépassé la crainte du jugement d'autrui ; avec, dans sa voix chaude et grave, modulée comme les voix de l'ancienne France, la vigueur que confèrent les certitudes : des chapelets de phrases concises, indépendantes ; avec, dans le regard, la perspicacité qui lui indique de l'autre quel il est.

Volontaires, la réduction à l'indispensable, le rejet de l'artifice, de l'inutile qui encombre, ralentit, disperse, la pratique du dépouillement monastique au cœur du monde. Une vie tout à l'étude et à la méditation. Marie-Magdeleine Davy est à la fois le rappel, la confirmation et l'annonce qu'une vie intérieure est toujours possible, quelles que soient les circonstances du dehors.

## *L'universitaire solitaire*

Elle fait ses études de philosophie à la Sorbonne et à l'Institut catholique. À cette époque, les femmes étaient reléguées près de la porte de sortie ; on leur refusait les grades universitaires en théologie. De même était écartée toute recherche ésotérique chrétienne.

Durant la guerre, elle participe à la Résistance. Elle enseigne ensuite à l'université de Manchester pendant trois ans. Rentrée à Paris, elle est chargée de cours à l'École pratique des hautes études, et devient maître de recherches au Centre national de la recherche scientifique.

Une solide santé lui permet de parcourir l'Europe, les États-Unis, l'Amérique du Sud, l'Afrique et l'Asie. Elle donne des centaines de conférences. Croit peu en l'efficacité de la parole, mais éprouve le besoin de partager, de communiquer ce qui lui paraît l'*urgence de l'essentiel*. Une raison du succès de ses conférences est certainement que, tout en traitant de sujets élevés, elle les agrémente de détails concrets et d'historiettes : une des leçons qu'elle a reçues de l'Inde.

Au cœur de la vie intellectuelle de son temps, Marie-Magdeleine Davy a l'occasion de rencontrer Mauriac et Valéry, Lanza del Vasto, Bachelard, Senghor ; elle connaît Gandillac, traducteur de Maître Eckhart, Hippolyte, directeur de l'École normale supérieure, Madaule, Wahl, Masson-Oursel, Jung, Cioran, Dumézil, Eliade, La Tour du Pin, Clara Malraux, Paulhan, Artaud, du Bos, Chestov, Lossky, Evdokimov, Clément, Abellio, toutes les grandes figures du siècle. Ses références personnelles sont explicites, largement significatives : Philon d'Alexandrie, qui ouvre le Désert par la clé du dépouillement ; Platon et Plotin, initiateurs de la vie contemplative avant le « baptême » d'Aristote ; Origène, découvrant dans les livres sapientiaux les « fondements de la vraie philosophie » ; Grégoire de Nysse, dénonciateur des « concepts créateurs d'idoles » ; Hildegarde de Bingen, qui sait l'homme porteur en lui du ciel et de la terre ; Boehme, dont les écrits s'adressent aux seuls « enfants des mystères » ; Maître Eckhart, le plus lu et le plus cité. Mais il y aurait aussi Pascal et ses trois « ordres », Alain, « professeur d'écriture », Kierkegaard, Milosz, beaucoup d'autres.

Armée d'une telle connaissance, il est loisible à Marie-Magdeleine Davy de comparer les hautes époques spirituelles et la nôtre. Non seulement elle déteste le racisme, se voulant elle-même citoyenne du monde, et se défie du « gros animal » platonicien plus visible aujourd'hui que jamais, mais elle déplore l'actuelle et totale politisation. Il lui semble qu'il y a aujourd'hui carence d'hommes de qualité, de vrais intellectuels, comme elle en a connu, carence de professeurs, de philosophes, d'artistes, de vrais écrivains, de vrais politiques ; carence d'hommes de Dieu. Elle constate, non sans horreur, la prolifération de groupes spirituels qui n'ont de spirituel que le nom. La démangeaison d'apprendre à autrui lui paraît naître du besoin de s'affirmer.

Cette universitaire d'exception est aussi une exceptionnelle solitaire. Autrui ne lui est pas indispensable. « Pour l'homme intérieur, écrit-elle, l'important n'est pas dans le mariage ou le non-mariage, il est dans l'authenticité. » L'option pour l'Absolu prime le reste. Bavardages, agitations, échanges de surface, banalités la font périr d'ennui. C'est que Marie-Magdeleine Davy n'est pas seulement philosophe ou penseur ; l'être de son être est fait de mysticité. Et le continent spirituel offre une telle immensité qu'une vie humaine suffit à peine pour en explorer la lisière. Il procède d'une telle richesse – dont nul ne peut nous déposséder – qu'on peut être assuré de ne jamais languir avec lui.

## *L'aventurière de l'Absolu*

Aventurière de l'Absolu, Marie-Magdeleine Davy se montre sans pitié à l'égard des domaines parallèles et des déviations doctrinales. « Des sciences occultes, l'Esprit saint est absent », me dit-elle. Elle distingue nettement les psychiques des pneumatiques : les premiers explorent le futur par inquiétude et manque de foi, les seconds vivent dans l'instant présent. Elle ne se dissimule pas non plus la médiocrité de tant de chrétiens : le « Noble Voyageur » étouffe au sein des communautés cléricales. Si le peuple a perdu la foi, la faute en incombe aux clercs : leur option du social et du politique consacre le « triomphe de la confusion sur la lucidité ». L'on regrette aussi le manque d'informations précises concernant les *moyens* qui font atteindre le but. (Cette carence encourage les affamés d'Absolu à se tourner vers l'Orient.) Marie-Magdeleine Davy observe que l'Église exotérique est implacable à l'égard de ceux qui vivent une vie spirituelle en dehors de son autorité, se méfie des âmes de pointe – amis de la sagesse, poètes, mystiques –, les condamne, les persécute s'ils menacent son enseignement. Berdiaev, déjà, distinguait l'Église de Pierre et celle de Jean, qui, tour à tour, l'emportent : l'une, tournée vers l'action, le social, le psychique, se sécularise et se désacralise, l'autre, tournée vers la « gnose » et le « prophétisme », relève de l'éternité.

Celle que j'ai dû rencontrer une bonne trentaine de fois – et me propose d'interroger encore – préfigure et incarne la lignée des spirituels à venir dans cet Âge de l'Esprit qui succède à ceux du Père et du Fils, et entrevu, peut-être assez mal encore, par Joachim de Flore. Elle est l'annonce vivante de cette société de chrétiens peu nombreux mais totalement engagés dans la voie, portant l'Église en eux, salant le monde de leur témoignage, parfois même de leur martyre. Loin de toute théologie scolastique, littérale, desséchée, elle puise dans l'immémorial enseignement du Désert, lui-même héritier du monachisme égyptien, tant il est vrai que l'avant-garde n'est que la quintessence de l'antique, régénéré. Elle en apprend la *migration* : retrait de la foule, non par égoïsme ni manque d'amour, mais selon la nécessité d'un changement de niveau : « Plus l'homme devient profond, plus sa communion avec autrui deviendra authentique. » La véritable communion passe par la profondeur. Puis, la *pauvreté* : elle consiste à renoncer à tout, y compris au désir de Dieu, rejoignant ainsi l'état dans lequel il se trouvait avant sa création, dans la non-connaissance d'être unifié. Ensuite, la *solitude* : l'être intériorisé se suffit à lui-même ; il aime l'étude, la prière. Turbulence, émiettement de l'énergie lui sont intolérables. L'*esseulement* enfin : il conduit à l'absence de désirs et de soucis, au suprême détachement, à la dépossession de tout, au silence, à la paix.

Ces différentes étapes, Marie-Magdeleine Davy ne les connaît pas seulement sur le mode intellectuel, elle les vit, en a l'usage. Le Grand Vide exempt de nom, elle l'a entrevu une fois aux « Portes de l'ombre de la Mort ». Analysant son expérience à la façon de Montaigne renversé par un « puissant roussin », mais avec une plus minutieuse acuité quant au jeu subtil où l'âme et le corps jouent à qui perd gagne, elle a goûté à cette nudité faite d'absence abyssale de tout désir et de tout souhait, même ceux d'une vie future. Passation des pouvoirs à l'Évanouissement suprême. Abandon consentant à l'Effacement de soi. « Je m'éprouvais comme privée d'avant et d'après. »

## *La passeuse entre les rives*

Aux avant-postes de l'information. Marie-Magdeleine Davy suit avec une particulière attention un phénomène qui reste inaperçu de la plupart : la découverte fervente par certains Occidentaux du domaine oriental. Elle défend avec force l'idée qu'il est possible d'intégrer au christianisme un certain nombre d'éléments et de techniques assimilables et praticables, inclus dans le message asiatique, celui de l'Inde notamment. Un précurseur existe : Jules Monchanin, fondateur de l'*āshram* de Shantinivanam. Un successeur aussi : Henri Le Saux, qui suivit l'enseignement de Ramana Maharshi et de Shrī Gñānānanda, vécut dans les cavernes d'Arunāchala, fit le pèlerinage himālayen. À travers la lecture des *Upanishad* et la rencontre des sages, Henri Le Saux allait découvrir la non-dualité védantique et le Christ en tant que *Sadguru*, « Maître universel ». Avant eux, Simone Weil avait relié l'Inde et la Grèce, discerné la transcendance révélée par Krishna au fils de Kunti.

Or, c'est sous le signe de l'*Universel* que se place notre époque. Refuser son temps, c'est manquer d'audace. Marie-Magdeleine Davy le sait et l'écrit. Il importe à l'homme d'aujourd'hui de s'affranchir des barrières politiques, nationales, confessionnelles ; il lui importe de retrouver ce sacré dont la perte entraîne la ruine de l'humaine condition, de s'ouvrir à la *gnōsis* et à la mystique avec l'aide de l'Orient. S'il est légitime de privilégier les Écritures de sa propre tradition, l'on ne saurait plus s'enfermer néanmoins dans un ghetto. Le christianisme naissant a subi l'influence de la pensée grecque ; au seuil de l'an 2000, on peut espérer que ce que les maîtres de l'Inde ont à nous dire sera reçu avec reconnaissance par ceux qui sont encore soucieux d'accroître leurs dimensions intérieures. Ni syncrétisme, ni déracinement : l'*orientalisation* doit se faire par le dedans.

Pensée pétrie de maturité, riche, complexe, audacieuse. Pensée dérangeante, par là même vivificatrice ; qui n'a sa place en aucun cadre, mais crie des temps nouveaux. Attentive, surtout, à tout ce qui réfère aux « essaims de ponts », reliant l'humain et le divin, l'extérieur et l'intérieur, l'Occident et l'Orient ; attentive aux leviers capables de soulever le monde, aux alternances de la pesanteur et de la Grâce, aux subtils agissements du surnaturel, aux cheminements clandestins de la décréation. Pensée ouverte à tout ce qui a chance de relancer une spiritualité qui s'essouffle et s'égare, de régénérer des formes trop longtemps rigidifiées par le juridisme, le rationalisme, l'exotérisme intolérant. Plus encore et plus simplement, pensée qui sauve l'Occident du mystère d'iniquité.

JEAN BIÈS : « Depuis ma petite enfance, j'ai été happée par la recherche de l'Absolu, et cela involontairement... Je n'ai pas choisi cette voie, elle m'a été imposée du dedans... » Vous évoquez dans la même page de votre *Itinéraire* la « morsure de l'Absolu », sa « séduction ». Quand et de quelle manière avez-vous perçu pour la première fois l'*appel* d'une conversion à l'Absolu, dont vous écrivez encore qu'il est « nostalgie du mystère de l'intériorité » ?

Marie-Magdeleine Davy : Je devais avoir cinq ou six ans, l'été, à la campagne chez ma grand-mère. J'avais peur de la nuit. De temps à autre, le soir, ma mère, pour me faire dominer ma crainte, me remettait un petit caillou que je devais porter dans le jardin, à l'extrémité d'une allée. Celle-ci bordait une rivière. Je devais m'y rendre à pas lents. Défense m'était faite de courir, d'autant plus que j'aurais pu tomber en me prenant les pieds dans des racines d'arbre. J'étais terrorisée par des bruits qui m'apparaissaient étranges : tressaillements d'oiseaux endormis et réveillés soudain par ma présence, passages rapides de belettes ayant commencé leur chasse, agitation des roseaux balancés par le vent...

Une fois, je me suis arrêtée pour écouter ces bruits. Soudain, j'eus l'impression d'aimer ce qui provoquait mon effroi. Il m'apparut que la nuit cédait devant une douce lumière. La dimension nocturne était devenue une amie pour tout le reste de mon existence.

À mon retour, ma grande sœur me guettait. Elle s'inquiétait pour moi de la proximité de la rivière. Voyant mon visage apaisé et heureux, elle me questionna : – Qu'as-tu vu ? Je ne répondis pas. C'était là mon secret. Je sentais confusément que je ne devais rien dire.

J.B. : Vos conférences se multiplient, vos livres sont au chevet de tous les frémissants de Dieu. Comme les prêcheurs itinérants de cet Âge dit « moyen » qui était Âge « majeur », vous allez éveillant, stimulant, guérissant des âmes. Comment vous situez-vous dans le monde intellectuel contemporain ? Quel message prioritaire pensez-vous lui apporter ?

M.-M.D. : J'ai conscience de n'avoir aucun message à donner, de ne jamais faire de bien à personne. De temps à autre, quelque chose filtre à travers moi. Et ce quelque chose ne m'est pas imputable. Il passe en dépit des obstacles qu'il peut rencontrer. Après avoir été beaucoup trop intellectuelle durant de nombreuses années, je ne me situe pas dans une quelconque intelligentsia qui, d'ailleurs, ne m'intéresse guère. J'aime passionnément les êtres indépendamment de leur culture. Il est évident que je m'intéresse à ce monde contemporain marquant la fin d'une ère.

J.B. : Écrivez-vous seulement poussée par l'urgence de l'époque ? Pensez-vous plutôt, comme Rilke, qu'« il suffit de sentir que l'on pourrait vivre sans écrire pour qu'il soit interdit d'écrire... » ? N'y a-t-il pas, d'autre part, un hiatus crucifiant entre se faire connaître par ses ouvrages et s'abolir dans l'anonymat supérieur de l'Innommé ?

M.-M.D. : J'éprouve la nécessité d'écrire. L'absence d'écritoire me rend presque infirme. Le jour où l'écriture me quittera, je crois pouvoir dire que je répondrai « oui » à son abandon. Je suis tout à fait en accord avec la phrase de Rilke que vous venez de citer. Je n'écris qu'à la campagne, durant les vacances de Noël, de Pâques ou d'été. À Paris, pendant les mois d'hiver, j'en suis incapable. Pour écrire, j'éprouve la nécessité d'une existence solitaire. Il me faut aussi être entourée d'arbres, avoir un espace suffisant pour me mouvoir. Quand mes livres sont publiés, ils ne m'intéressent plus. Lorsque les oiseaux peuvent voler, ils s'évadent de leur nid et la mère les oublie, elle rêve déjà de nouvelles nichées. C'est pourquoi il m'est impossible de susciter des comptes rendus et de m'intéresser au sort des textes qui me quittent.

J.B. : Dans la nuit initiatique, les astres sont des clous brûlants. Mais c'est la seule qui détienne un minuit vermeil, une aurore sans déclin. Êtes-vous passée par l'« acédie », le doute, la déréliction, bref, par le *nocturne* ?

M.-M.D. : L'angoisse m'apparaît s'inscrire dans tout cheminement vers la profondeur. La déréliction aussi. Mais de cela il est impossible de parler en raison de son ampleur et de sa densité. On peut devenir amoureux du nocturne par tendresse pour l'aurore. Mais rien ne peut se formuler.

J.B. : Vous remarquez qu'il y a dans l'homme différencié une « modification de structure ». Celui-ci est inadapté à un monde construit à l'image de la majorité. La présence de l'homme essentiel blesse, altère autrui ; c'est pourquoi un tel homme est privé de toute protection contre un monde hostile qui le refuse. De plus, la découverte de la vérité, obligeant à des renoncements, crée un isolement ; l'aventure ne permet pas la marche arrière, elle peut se finir tragiquement... « Tous ceux, écrivez-vous, qui ont eu la grâce de rencontrer dans leur vie des hommes épris de sagesse ont deviné à leur contact leur extrême solitude »... Quels sont les hommes essentiels que vous avez rencontrés ? Pouvez-vous en dire quelques mots ? De Nicolas Berdiaev, vous écrivez : « On le sentait battu par les vents » ; on ressentait près de lui « un état paradisiaque ».

M.-M.D. : La rencontre avec des hommes de lumière – ceux-ci peuvent d'ailleurs habiter la dimension nocturne – m'apparaît comparable à des oasis perçues dans le désert de l'existence. Durant ma jeunesse, j'ai pu les chercher et me réjouir des échanges. Actuellement, je n'éprouve plus la nécessité de la présence physique. Il est possible de communier les uns avec les autres, indépendamment du temps, de l'espace, de nos différentes demeures.

L'homme le plus extraordinaire que j'ai pu connaître a été Nicolas Berdiaev. Lorsque je dis « extraordinaire », je souhaite signifier sa dimension hors du commun. Génial, il portait en lui l'Orient et l'Occident. C'était un prophète, un visionnaire. Orthodoxe – tout en étant ouvert à l'universel –, il n'était enfermé dans aucune forme. J'ai toujours remarqué sa sympathie à l'égard des catholiques et des protestants. L'athéisme ne le gênait pas. Je pense qu'il lui semblait préférable à l'idolâtrie... Ayant beaucoup lu des traductions d'auteurs russes, je retrouvais chez Berdiaev une consonance avec des écrivains qui m'étaient chers. Ce qui me semblait rare chez Berdiaev consistait dans sa façon de vivre, de regarder le monde, sans participer à ses jeux. La simplicité de son existence m'enchantait. Rien de mondain, tout résonnait d'une façon juste comme du cristal. Je n'ai jamais vu chez lui le moindre compromis ou le plus léger mensonge. Il ne parlait de l'essentiel que par allusions. On comprenait qu'il avait dressé sa tente dans l'indicible. Sa voix venait de loin, d'une cime difficile à atteindre. Habitant un sommet, sa parole devait descendre pour rejoindre ses auditeurs. Il pouvait être violent ; à de tels instants, il était plein de tics et parlait russe. Le français qu'il maniait avec beaucoup d'accent ne lui permettait pas de manifester la rigueur de ses oppositions avec ses compatriotes. Ensuite, il s'excusait de ses outrances

J.B. : Vous avez bien connu aussi Gabriel Marcel.

M.-M.D. : Il venait souvent me voir, ou j'allais chez lui. J'éprouvais à son égard une vive tendresse. C'était un homme d'une immense sensibilité. D'un commun accord, nous évitions de parler de sujets politiques qui auraient marqué nos oppositions. Son ouverture sur l'au-delà me fascinait. Parfois je le trouvais un peu naïf, voire crédule. C'était un homme dont l'humilité s'avérait très profonde. Il n'a pas eu en France le crédit qu'il méritait, et il n'en souffrait guère ; du moins, il ne s'en plaignait jamais. Chez une amie, Solange Lemaître, j'ai eu la joie de faire aussi la connaissance de Teilhard de Chardin. La luminosité de son visage m'éblouissait. J'ai eu l'occasion de converser avec lui à Paris et aux États-Unis. J'ai pu constater son immense souffrance, et la qualité de sa fidélité à l'Église.

J.B. : Qui encore ?

M.-M.D. : Parmi les personnes que j'ai pu rencontrer et pour lesquelles j'ai éprouvé une véritable amitié, je pourrais citer le père Jean Daniélou, Jean Grenier, Emmanuel Mounier, Jean Baruzi, Robert Aron, Louis Massignon, Edmond Fleg, Henry Corbin... J'ai « travaillé » autrefois avec Véra Daumal qui m'introduisit chez Gurdjieff. Pendant la guerre, j'ai pu parler avec un certain nombre d'écrivains grâce à Marcel Moré et aux réunions de la Fortelle. Après la Libération et durant des années, une merveilleuse amie, Suzanne Tézenas, m'a fait rencontrer chez elle des écrivains, des artistes. À un certain moment, j'ai fréquenté assidûment des cafés du boulevard Saint-Germain, où je retrouvais, par exemple, Adamov, plus rarement Sartre et Simone de Beauvoir. J'éprouvais la nécessité d'avoir des relations avec des personnes d'horizons très divers. Il m'était impossible de me confiner dans un seul climat. Sinon j'aurais étouffé par manque d'air ! Je ne cite ici que des personnes passées sur l'autre rive ; sinon je pourrais évoquer d'autres noms.

À Londres, j'ai connu une femme remarquable : Tony Sussmann. Je la voyais trois ou quatre fois par mois. Allemande, d'origine juive, devenue catholique, elle n'appartenait en réalité à aucune forme religieuse. Elle était dotée d'une vaste culture ; je n'ai jamais eu l'occasion de voir quelqu'un d'aussi libéré. J'ai pu rencontrer à Londres, à Paris, aux États-Unis, en Inde ou au Japon, quelques individus d'une magnifique envergure. Étant profondément marquée par la culture judéo-chrétienne et grecque, je suis intéressée mais non séduite par la pensée de l'Extrême-Orient.

J.B. : Que pouvons-nous entendre de vous par ce que vous dites quelque part : « J'ai cherché l'Absolu. Je ne le cherche plus » ?

M.-M.D. : La recherche m'apparaît se situer dans la dimension horizontale. Un point d'eau découvert exige un creusement pour trouver la source. On passe ainsi de l'horizontalité à la verticalité. Durant la première démarche, on se livre au questionnement, aux rencontres, aux échanges. Ensuite, la solitude et le silence deviennent des intermédiaires. Le reste se révèle superflu.

J.B. : Pour quitter les questions personnelles, comment s'y prendre, selon vous, pour extraire de leur torpeur tant et tant d'hommes dont presque tous, momentanément, s'éveillent au spirituel si on leur en parle en termes adéquats ? Comment opérer un déclic qui soit définitif ?

M.-M.D. : Je suis absolument persuadée qu'il nous est impossible de provoquer l'éveil d'autrui. Cela ne nous regarde pas. C'est entre lui-même et son maître intérieur que tout passe et se déroule. Le secret d'autrui possède une porte close. Nous pouvons nous méprendre sur les autres. L'important est d'accepter la diversité des hommes de la même manière que la diversité des fleurs et des chants d'oiseaux. Il n'existe pas de déclic provenant de l'extérieur. Rien n'est définitif en raison de la mobilité de la condition humaine... Autrefois, j'ai beaucoup souffert en constatant que l'essentiel n'était pas cherché par la majorité des hommes. Maintenant, cela ne m'afflige plus. Je comprends mieux cette mobilité, la multiplicité des états, des demeures. Rien de tout cela n'a d'importance devant Dieu, du moins je le suppose.

J.B. : Avant l'exploration de la spiritualité moderne, vous avez arpenté la spiritualité médiévale. Pour quelles raisons le XII^e^ siècle vous est-il apparu comme tellement important dans l'histoire des idées religieuses de l'Europe ?

M.-M.D. : Élève d'Étienne Gilson à l'École des hautes études, j'ai été introduite par lui à la pensée médiévale. J'ai passé ma thèse de doctorat sur la théologie mystique de Guillaume de Saint-Thierry, ami de Bernard de Clairvaux. La théologie mystique du XII^e^ siècle m'a beaucoup appris, en particulier le monachisme cartusien et cistercien. La pensée et l'art du XII^e^ siècle sont essentiellement cosmiques. Avec son sens de la festivité, de la liturgie fondée sur les saisons, l'homme se mouvait naturellement « en Dieu ». Je m'intéresse aux valeurs spirituelles de l'Europe. Or, l'Europe du XII^e^ siècle était avant tout cistercienne. L'intellectualisme et la scolastique décapante viendront plus tard obscurcir la vision du terrestre et du céleste étroitement unis. Après, il arrivera une tragique rupture dont nous vivons actuellement les conséquences.

J.B. : Vous constatez la socialisation de l'époque, entrevoyez un « mouvement d'individuation » qui lui succédera, sans exclure toutefois la possibilité de la « disparition de la personne ». Peut-on croire que les temps nouveaux, en s'orientant non vers Dieu mais vers l'homme, orienteront l'homme vers Dieu ?

M.-M.D. : L'homme n'a pas à s'orienter vers Dieu. Il en est incapable. C'est en lui-même qu'il découvre la présence divine. Tant qu'il cherche un Dieu au-dehors, il ne rencontre que des idoles. S'orienter vers l'homme équivaut à s'orienter vers Dieu. Toutefois, je ne suis pas certaine qu'on se tourne aujourd'hui vers l'homme, mais plutôt vers un robot. La dimension humaine s'acquiert. Ceux qui devraient se trouver concernés par l'intériorité sont trop souvent politisés et englués dans le social. Les temps nouveaux ne sont pas pour demain, mais toujours pour aujourd'hui. On peut seulement espérer qu'un plus grand nombre d'hommes ira vers l'essentiel.

J.B. : Parlant, dans *L'Homme intérieur et ses métamorphoses*, du retour au « pays natal », vous écrivez qu'« on ne joue pas impunément avec la dimension de profondeur ». Comment se maintenir aujourd'hui sur la ligne de crête, si l'ascèse nous est interdite, et sans faire du « juste milieu » la voie royale de la « médiocrité » ?

M.-M.D. : La voie royale est celle du vide, du dénuement, de la nudité. Je ne pense pas qu'on puisse s'y installer ; on l'emprunte passagèrement. L'ascèse consiste, il me semble, à ne pas céder à la tristesse. Accepter sa totale solitude et la vivre joyeusement au-dedans, sans penser durant un fragment de seconde qu'on puisse se situer sur une ligne de crête. Les sommets sont vides. Même les oiseaux n'y habitent pas.

J.B. : Vous constatez qu'en Occident la rareté des maîtres n'est pas sans rapport avec celle des disciples. Que faire alors ? vous demanderont beaucoup. En existe-t-il actuellement de vivants ? Le maître intérieur est le maître idéal, mais les psychiques – la majorité – prennent pour des messages d'en haut les *flatus vocis* d'une subjectivité débridée.

M.-M.D. : Qu'il s'agisse de l'Orient ou de l'Occident, nous ne sommes plus à l'époque des maîtres, mais à celle de la découverte du guru intérieur, de l'Église intérieure. Laissons courir, sans les juger, ceux qui éprouvent le besoin de s'agiter pour trouver des intermédiaires, et qui parfois traversent des continents pour les rencontrer. On apprend toujours quelque chose en se dépaysant. Les déplacements extérieurs peuvent devenir une invitation à tenter le voyage du dedans. Chaque chose vient en son temps, ou n'arrive jamais. Cela n'a aucune importance ! Tant mieux si des maîtres trouvent des disciples, et des disciples des maîtres. Ne convient-il pas de percevoir son « bonheur » là où il se trouve ? Je suis persuadée qu'il existe encore de véritables maîtres. Ceux-là se cachent et ne revendiquent aucune paternité spirituelle. Durant longtemps, j'ai cru à leur importance. Actuellement, je ne saurais y croire tout en reconnaissant qu'il y a certainement d'heureuses exceptions.

J.B. : Ne peut-il pas même y avoir danger du maître spirituel ? On connaît bien des échecs, des dérapages. Et beaucoup de faux maîtres !..

M.-M.D. : Dans cet ordre, j'ai pu constater beaucoup d'échecs. Des transferts jamais dépassés, des sexualités refoulées, des états mensongers, dérisoires, des perversions... L'évolution de la femme, la liberté de sa vie sexuelle ont modifié le comportement féminin. La féminité, dans l'homme et dans la femme, se transpose actuellement. Que la femme s'assume, que les jeunes gens se prennent en charge, le nombre des pseudo-maîtres reculera. Il est aisé d'abuser de la crédulité et de la faiblesse de nombreux individus esseulés. La méditation des Écritures – Bible, *Upanishad*, *Vêda* – peut aider à condition de ne pas s'en tenir à la lettre afin de découvrir l'esprit voilé par la lettre. De nombreuses traductions d'ouvrages importants peuvent suppléer à l'absence de maîtres, ou à la carence de ceux qui se répandent aujourd'hui sur le « marché de l'initiation spirituelle ». En raison d'une surabondance, le choix de la valeur se révèle difficile. D'où l'importance de la lucidité et du discernement.

J.B. : L'intelligence et la mystique juives vous apparaissent exceptionnelles. Vous êtes sans problème avec le protestantisme. Vous trouvez dans l'orthodoxie une profondeur qui manque au catholicisme. Cependant, vous êtes demeurée dans cette religion, vous sentant indifférente à la « forme », fidèle aux écrits cartusiens, cisterciens et rhénans. Vous pensez que les « confessions » peuvent s'affronter, mais que les religions se rejoignent au sommet. Est-il vraiment possible de venir à bout de tant d'antinomies, et comment ?

M.-M.D. : Je n'ai pas la prétention de connaître la moindre recette. Tout est affaire personnelle. Chacun possède sa propre singularité et doit s'y référer dans son cheminement. C'est pourquoi j'éprouve beaucoup de difficultés pour saisir les bienfaits des groupes qui, aujourd'hui, pullulent et deviennent un véritable et fructueux commerce. Seul, l'au-delà des chemins permet de participer à un festin unique. Les religions et les confessions sont des créations d'hommes, elles s'avèrent nécessaires. Elles possèdent leur beauté et leurs enseignements. Mais les confessions s'affrontent. Elles conduisent trop souvent à des assassinats. L'histoire d'hier et d'aujourd'hui en est chargée. Les jeunes générations semblent faire l'économie des religions; elles les relèguent volontiers dans le passé. En cela, elles ont tort. Il nous faudrait surtout comprendre que l'Évangile ne présente pas une religion, mais un *art de vivre et d'aimer*, instaurée par le Christ et vécu par lui. Si l'on parvient à saisir le sens de cet art, les antinomies disparaissent.

J.B. : Berdiaev disait de la Russie qu'elle était l' « Orient chrétien ». Vous-même écrivez que l'homme médiocre ne peut que détester la pensée russe; elle stimule et nourrit celui qui vit dans une dimension tragique. Qu'apportent Berdiaev et, avec lui, l'orthodoxie, à l'Occident, et cela, dans l'éventuelle élaboration d'une spiritualité nouvelle ?

M.-M.D. : Tout est nouveau et en même temps rien n'est jamais neuf. C'est là un paradoxe inévitable. Ce qui est inusité pour l'un est déjà compris et vécu par un autre. La mystique orthodoxe s'est révélée à moi comme transfiguratrice. Mais je ne pense pas que le souffle libérateur apporté par Nicolas Berdiaev soit issu de l'orthodoxie. Il importe ici de se référer à la *Légende du Grand Inquisiteur*, exposée dans *Les Frères Karamazov*, et au choix nécessaire entre l'esclavage et la liberté : adhésion à constamment renouveler.

J.B. : Chaque époque invente un nouvel accès aux mystères : il y a aujourd'hui, outre une meilleure connaissance du soufisme, du bouddhisme et de l'hindouisme, la découverte des Pneumatophores du Désert, des alchimistes, des hésychastes, des kabbalistes et théosophes chrétiens, des présocratiques, des platoniciens de Perse, des zénistes et des taoïstes. Mais au lieu de se réjouir de cette surabondance, beaucoup voient dans tous ces apports des ferments supplémentaires de dissolution. Que répondre à l'accusation de syncrétisme ? Et quelle différence faites-vous entre celui-ci et l'appropriation d'éléments lentement digérés et assimilés ?

M.-M.D. : Un adage répété au Moyen Âge m'apparaît valable : « Ne regarde pas celui qui parle; tout ce qui est bon, confie-le à ta mémoire. » Une position syncrétiste me semble très répréhensible car elle résulte d'un mélange. Les valeurs issues des traditions peuvent s'enrichir mutuellement jusqu'au jour où il est possible de découvrir l'au-delà des chemins.

J.B. : Toute votre œuvre témoigne en faveur des religions comparées et de leur rencontre au plus haut niveau. Il y a cependant pour vous une nette différence entre l'univers occidental et les univers orientaux : la Personne du Christ. Le Christ n'est pas à vos yeux un *Avatāra* parmi d'autres, voire un *primus inter pares* [1] : il est beaucoup plus. Mais alors, peut-on parler encore d'un au-delà des religions ?

M.-M.D. : Si le Christ n'est pas le fondateur d'une religion, ce que je crois fermement, le problème auquel vous faites allusion ne se pose pas. Les discussions philosophiques et théologiques sont vaines. L'important est de tendre vers la sainte unité. Je ne crois pas à l'efficacité des comparaisons. Si elles me conviennent, je puis en user. Sinon, je laisse tout tomber pour tenter de vivre dans l'authenticité. Comme l'a très bien montré Eckhart, tout ce qui est dit de Dieu est bavardage. Celui qui possède une expérience de la *présence* est au-delà des comparaisons, des ressemblances, des différences. D'où l'importance du silence à l'égard de l'essentiel. Que chacun trouve sa voie et son au-delà ! Il découvre en progressant. Il peut renier ce qui, la veille, pouvait lui convenir et passagèrement le rassasier.

J.B. : Avec Simone Weil et Nicolas Berdiaev, la troisième personnalité qui a ponctué votre démarche est Henri Le Saux ; devenu « d'autant plus chrétien, dites-vous, qu'il est parfaitement unifié par l'hindouisme ». Il souhaitait une « théologie de la rencontre des religions ». Cette théologie est-elle en train de s'élaborer, et le fait-elle dans le complet respect de l'autre ?

M.-M.D. : Le *Journal* de Le Saux m'apparaît remarquable pour montrer la nécessité d'une purification de tout ce que nous avons pu apprendre et considérer autrefois comme authentique. Ni Simone Weil, ni Berdiaev ne se sont trouvés dans l'obligation de pratiquer une telle ascèse. Henri Le Saux a dû se libérer d'une formation scolastique reçue au séminaire et dans son abbaye de Kergonan... Je ne pense pas que la libération des formes religieuses puisse convenir à tous. Elle exige un trop grand dénuement pour être atteinte. D'où le besoin constant des refuges, des enseignements, des dogmes, des prescriptions.Personnellement, la rencontre des religions ne m'intéresse pas, mais je peux comprendre qu'elle passionne certains esprits. L'important m'apparaît consister dans l'acquisition de la dimension humaine. Je n'ose pas croire à la déification possible, elle m'apparaît un projet toujours devant soi.

1. « *Premier entre égaux.* » La formule est appliquée au pape de Rome par les orthodoxes.

Chacun possède son ou ses charismes, et aussi ses carences. Je n'adhère qu'à la singularité de chaque cheminement. Il me semble que l'expérience d'Henri Le Saux peut provoquer l'éveil, à condition toutefois de ne pas l'*imiter*. Ne cherchons pas des modèles. C'est là une facilité, une sorte de fuite pour ne pas nous connaître et nous assumer dans une parfaite fidélité à notre vocation. Celle-ci reste toujours à découvrir.

J.B. : Swāmi Abhishiktānanda voulut ne plus « penser à Dieu », récuser les « signes », car – le Védānta l'enseigne – la véritable connaissance est au-delà de tout concept intellectuel, de tout savoir. Il faut plonger dans son « fond » pour rencontrer Dieu. L'originalité d'Henri Le Saux n'a sans doute pas été de concilier, difficilement, une religion historique et une religion cosmique ; mais peut-être de suivre la voie du Dieu personnel : Yahvé s'est fait *signe* en Jésus, tout en s'astreignant à l'Impersonnel advaïtin ! En d'autres termes, n'a-t-il pas voulu déborder de la *bhakti* [1] vers le *jñāna* [2] ?

M.-M.D. : La voie de l'amour et celle de la connaissance se jumellent. On ne peut les distinguer que dans l'abstrait. L'important consiste à en vivre le contenu en s'orientant vers l'unité. L'histoire me semble une explication, un reflet d'événements qui se déroulent ailleurs. L'approche des mystères se vit dans un au-delà de l'histoire, de l'espace et du temps.

J.B. : L'Inde rappelle sans doute aux catholiques et aux réformés ce qu'ils semblent avoir oublié. Parlant de cette terre d'antériorité, Henri Le Saux évoque la « grâce d'intériorisation » qu'elle octroie, et la « purification de la notion de Dieu » qu'elle permet. Mais les orthodoxes ont gardé la théologie négative (le *neti* des hindous), ce yoga qu'est la prière du cœur (leur *japa*), et ils ont en outre une admirable liturgie. Que pourrait donc apporter au christianisme oriental l'Orient non chrétien, surtout si le Christ est davantage qu'un *Avatāra* ?

M.-M.D. : L'essentiel m'apparaît exister dans le judéo-christianisme. Toutefois, l'intériorisation n'a sans doute été vécue que par un tout petit nombre, l'audace n'étant pas une vertu humaine dont on reconnaît volontiers l'importance et l'efficacité. Je crois, en effet, que la métaphysique de l'Inde peut provoquer une purification, un déblaiement, un rappel de ce qui a été oublié ou non vécu par ignorance ou

1. La voie dévotionnelle, s'adressant à un dieu personnel.
2. La voie gnostique, reliée à l'impersonnel.

pusillanimité. D'où l'extrême opportunité de comprendre combien un intellectuel occidental est encombré et comment il doit se défaire de tout ce qui l'encombre. Le primat que Le Saux donne à la solitude et au silence est à retenir. C'est un aboutissement auquel ce moine chrétien et hindou n'est parvenu qu'à la fin de son existence. Il parlait et écrivait volontiers, c'était pour lui une façon de tout clarifier. Il manquait d'interlocuteur valable pour saisir le sens de sa souffrance, de sa perpétuelle remise en question des thèmes les plus essentiels. Sa loyauté, sa droiture sont d'une extraordinaire ampleur. Chacun en le lisant trouvera un profit. Ne serait-ce que par l'inquiétude qu'il pourra éprouver... Les uns trouveront une justification de leur adhésion au christianisme, d'autres se verront fortifiés dans leur intérêt pour la métaphysique de l'Inde. Quelques hommes comprendront l'importance du « passage » par les mythes et les symboles. Enfin, certaines personnes parviendront à se libérer d'un fatras qui les empêchait de voir clair.

Il convient de ne jamais oublier que l'éveil s'accompagne de morts et de résurrections. Celles-ci opèrent dans le creusement et l'approfondissement. L'éveil libérateur s'accomplit dans le désert, c'est-à-dire dans le pays intériorisé de la soif, de la lecture des signes et de la rencontre. La véritable rencontre s'effectue au-dedans, et devient expérience. Une indicible expérience dont l'essentiel est inconnaissable.

SATPREM

# Vers l'humanité nouvelle

*Je dois tout à Mère et à Srī Aurobindo. Je n'ai pas fait ce yoga par la force de mes vertus mais en dépit de mes faiblesses. En fait, je n'ai rien fait du tout : ils ont tout fait pour moi, et en dépit de moi.*

Lettre à l'auteur, 7 décembre 1978.

*Cet entretien a eu lieu à Pondichéry (Inde) le 21 juillet 1973. Satprem travaille actuellement à une traduction en français de* Savitri *de Shrī Aurobindo.*

Quand on l'interroge sur sa vie, Satprem avoue sa difficulté à remonter vers le passé pour parler d'une existence si ancienne qu'elle lui semble antérieure à celle-ci, ou même formée de plusieurs existences superposées. « J'ai vécu à toute allure, m'écrivait-il, toutes sortes de vies, ou plutôt, répété en quelques années plusieurs cycles anciens, plusieurs tendances ou plusieurs êtres que j'étais, afin d'arriver au point zéro de toutes ces existences, là où il faut culbuter dans autre chose, radicalement, ou laisser sa peau... »

Alors que, d'ordinaire, les êtres font un seul genre d'expériences dans leur vie, fût-ce sous divers aspects, Satprem a voulu les siennes aussi différentes que possible, et se mettre ainsi à bout de ressources.

En voici le rapide profil.

## *L'appel du grand large*

Il naît à Paris en 1923, vit en Bretagne, d'où ses parents sont originaires : sa mère, l'être le plus remarquable après Mère ; un roc breton, jailli de la lande comme un ajonc sauvage ; son père, ingénieur chimiste, une espèce de saint, prisonnier de son Église. Une famille de huit enfants.

Déjà en quête d'autre chose, il ne reste nulle part longtemps, se fait renvoyer des collèges, des pensions, y compris celle des jésuites. L'aventure, voilà ce qu'il a dans le sang, depuis qu'il gréait son petit canot de pêcheur avec une toile de tente pour traverser la baie... Il voulait aller de l'autre côté – l'autre côté de tout. Il ne se sent heureux qu'au large, où l'on s'immensifie, où l'on disparaît sans disparaître, où l'on est partout à la fois avec la risée, le vent et les mouettes. Revenir à terre, c'est rentrer en prison.

Il prépare l'École coloniale. S'aperçoit vite que Vasco de Gama et Champollion représentent quelque chose de périmé : il n'y a plus rien à découvrir. Si l'on ne sait plus à quoi s'en prendre, il ne reste plus qu'à s'en prendre à soi-même.

Arrêté à vingt ans par la Gestapo – en un temps où, à l'autre extrémité de la terre, Shrī Aurobindo déclarait : « La victoire du nazisme serait la destruction de mon travail » –, il est déporté un an et demi à Buchenwald. Une redoutable mise à nu. Il était entré dans la Résistance pour résister à un vieil ordre sans réalité, pour se rebeller contre un monde d'esclaves. « Libérer la France » correspondait pour lui à un acte d'une tout autre portée que politique ou militaire. C'était une première manifestation de cette aventure qu'il cherchait : le plaisir d'être hors la loi, de donner un premier coup de pied contre les murs de l'asphyxie.

Il voyage en Égypte, occupe à Pondichéry le poste de directeur du Service de l'information, dont il démissionne en 1949. Il passe une année dans la forêt vierge, en Guyane, manque de devenir millionnaire au Brésil, s'installe en Afrique, cherchant partout la « vraie aventure », jusqu'au jour où il découvre que celle-ci est à l'intérieur. Il retourne en Inde, devient *samnyāsin*, moine errant, pratique le tantrisme, se livre à toutes sortes d'expériences dont on trouve la transposition dans son livre *Par le corps de la terre*. Mais c'est toujours la même insatisfaction.

## *Toutes voiles vers le futur*

En 1953, Satprem a trente ans. Il devient le secrétaire et le disciple de Mère, dans l'*āshram* de Pondichéry. L'aventure à corps perdu... Tout à découvrir... Plus de cartes ni de compas ; plus de « libération ». Mais un formidable secret à extirper de la matière. Un autre continent à découvrir... La perception de quelque chose qui naît et ressemble à l'homme nouveau.

Pendant vingt ans, jusqu'à la disparition physique de Mère, Satprem ne cessera de travailler à ses côtés. Il note ses observations, ses expériences, ses confidences, enregistre ses conversations, accumule une énorme réserve de matériaux : quelque six mille pages de texte, qui seront publiées sous le titre *Agenda*, « le récit du grand voyage de Mère vers l'espèce nouvelle », relatant pas à pas son exploration dans la conscience du corps et sa découverte d'un « mental cellulaire » capable de réformer les lois de l'espèce. C'est désormais à la publication de ces « Carnets de laboratoire » que Satprem consacre tout son temps et tous ses efforts.

## *Cela s'appelle l'aurore*

La métaphysique-fiction n'existe qu'au niveau du seul mental argumentant et divisant, mais ne se dépassant pas lui-même, et d'où sont nées les cités idéales, vouées à l'échec, de Platon à Campanella, et des Icaries à l'eschatologie marxiste. Ce rêve que nous avons fait et nous obstinons à faire : connaître l'état de bonheur parfait, ce rêve que nous croyons capter au faîte de quelques réussites ou griseries passagères, Shrī Aurobindo est venu nous dire qu'il était réalisable sur cette terre même, mais n'avait rien à voir avec ce que nous imaginons ; il ne s'accomplirait qu'à l'aide du Supramental et par suite d'une totale révolution psychologique. Il pouvait déclarer, pour l'avoir expérimenté : « Je sais avec une certitude absolue que le Supramental est une vérité, et que son avènement est inévitable par la nature même des choses. »

Il n'est pas utile d'insister sur l'échec des remèdes mécaniques, politiques, sociaux, sur l'échec des régimes, des réformes, des révolutions, comme sur celui des philosophies et des religions. De ce côté-là, nuit plénière. « Les anciens maux réapparaissent sous une forme nouvelle... » Il faut donc changer la *nature humaine*. Et celle-ci peut l'être. Il y a, au fond de l'insoluble, la possibilité d'en sortir... Telle est bien la meilleure des « bonnes nouvelles ». Et c'est peut-être ici, à Pondichéry, que tout a commencé de commencer... N'est-il pas curieux de songer que l'āshram d'Aurobindo fut édifié à l'emplacement même où le sage-voyant Agastya avait installé le sien, voici sept mille ans, et où il fut pour la première fois question du « Soleil de Vérité sous l'infini de la montagne », de la Lumière cachée au fond de l'obscure Matière ?

C'est non loin de là, en sa maison de Nandanam, que Satprem m'est apparu, dans sa forme menue, ascétique, semblant fragile comme un souffle, mais un souffle qui serait rempli de toute l'énergie du monde ; avec son regard d'une bleuité océane, perçant de sa fixité l'apparence, et sa voix douce, égale, tranquille, pétrie des inflexions de Mère. Un de ces êtres qui se sont tout entiers sacrifiés à ce qui était pour eux plus qu'une cause ou un idéal : la force impérieuse du destin, une présence dévorante plus qu'humaine ; qui s'y sont laissés brûler, et en sont sortis pacifiés.

La lointaine rumeur de la campagne indienne nous envoie ses derniers tintements d'âmes. Rentrent aux villages les charmantes vachettes, « blanches, dit un texte, comme les fibres de la tige du nymphéa », les enfants « au teint de pousses de manguier », qui nous regardent à la dérobée, et les minces paysans tamouls, dont seuls le turban et le pagne blancs attestent la présence dans l'ombre. Tandis que nous parlons à bâtons rompus, le soir est descendu autour des huttes, la nuit est tombée des palmes, cette nuit qui, selon la parole de Mère, « se fait plus profonde à mesure que l'aurore approche ».

JEAN BIÈS : Votre course aux expériences, aux aventures, vous fait ressembler à un Rimbaud qui aurait réussi ce que l'autre n'avait qu'espéré. Mais pourquoi une telle course ?

SATPREM : Ma question lancinante, pendant des années, c'était : *Qu'est-ce qui reste quand il n'y a plus rien ?* Quand on a perdu tous ses trucs, tout son atavisme, toute son éducation, sa littérature et ses fanfares, qu'est-ce qui reste là-dessous ? Quand il n'y a plus d'amis, plus de famille, plus de pays, qu'est-ce qui reste là-dedans ? Quelle est la chose qui est vraiment *moi* sans tout ce qu'on a ajouté dessus d'arrière-grands-pères en pères et d'écoles en écoles – sans livres, sans « je sais », sans *recours*. Là où c'est nu, vide, pur. Est-ce qu'il y a quelque chose encore qui n'est plus l'addition de chromosomes et de *curriculum vitae* ? Ou rien du tout ? C'était ma question. Et je me suis mis à l'épreuve d'une façon forcenée, si j'ose dire. Quand je suis parti dans la forêt vierge (une merveilleuse expérience), et que j'ai commencé à m'apercevoir que je devenais un bourgeois de la forêt vierge, j'ai plié bagage en huit jours et suis parti pour le Brésil, laissant derrière moi un monde que j'aimais tant. Quand tout l'argent et les mines de mica me sont venus au Brésil, avec un grand voilier qu'on m'offrait, une île merveilleuse, bref, le piège de la grande « réussite », j'ai tout laissé tomber et j'ai pris un ticket d'entrepont pour l'Afrique, sans un sou. Jamais je n'ai voulu m'arrêter nulle part, à aucune expérience, aucune réussite, aucune « réalisation » ; je voulais trouver l'absolument absolu. Ce qui est plein, et pour toujours.

J.B. : Cet absolument absolu, était-ce Dieu ?

S. : Je me fichais de « Dieu » ou de quoi que ce soit, j'étais aussi antireligieux que possible, mais je voulais le « ça » de mon être, qui est comme la suprême possibilité et la suprême aventure de l'homme. Qu'est-ce qu'un homme ? Qu'est-ce que ça *peut* ? Vers quoi ça va ? Quel est le mystère là-dedans, et s'il n'y a pas de mystère, alors, fichons cette vie en l'air !... J'ai vécu comme en sursis de suicide. Une sorte de pari avec moi-même ou avec « quelque chose », dans moi-même, que je ne connaissais pas et qui était comme la clef de l'homme – sa clef *matérielle*, entendons bien ; parce que le « spirituel », je m'en moquais tout à fait. Si « spirituel » il y avait, je voulais le toucher dans mon corps, dans ma vie de chaque seconde.

J.B. : Mère vous a donné la clef ?

S. : Oui, c'est elle, quand, au bout de toutes ces galipettes, je me suis trouvé acculé à la dernière et suprême aventure : « L'homme n'est pas encore, c'est une espèce à venir. » Ah ! comme j'ai compris Mère : « Ce n'est pas adorer qu'il faut, c'est *devenir*. C'est la paresse de devenir qui fait qu'on adore !... » Je voulais tellement trouver la clef de cette espèce misérable, ridicule, futile, et pourtant, si poignante. Voilà. J'ai promené mon feu jusqu'à ce qu'il m'amène à la porte de l'Autre Chose : l'aventure de l'espèce nouvelle qui est vraiment l'aventure de l'homme-pas-encore. Je me suis battu contre cet āshram pendant des années, parce que je croyais encore que c'était une espèce d'Église exotique, jusqu'au jour où Mère m'a démoli la « spiritualité » avec la « matérialité », pour me faire toucher, découvrir ce que j'ai appelé le « matérialisme divin », lequel n'a rien à voir avec nos deux extrêmes enfantins du pur « Esprit » et de la pure « Matière ». Nous ne connaissons rien de l'un, ni de l'*autre* surtout. Nous connaîtrons et *vivrons* la matière vraiment lorsque nous aurons découvert ce qu'elle est vraiment, dans notre corps, c'est-à-dire quand nous serons vraiment sortis de la prison mentale du faux petit homme que nous sommes, pour émerger dans la matière directe, telle qu'elle est, sans revêtement mental et sans électronique de remplacement...

Je m'étonnais toujours, quand j'étais petit, que l'on ne puisse pas être immédiatement partout, être dans tous les corps et dans tous les lieux. J'étais perpétuellement en prison, et c'était cette prison que je voulais casser à tout prix par mes « expériences ». Alors, quand Mère m'a parlé « d'espèce nouvelle », et comment on y allait, et le mystère du chemin et de l'impossible cheminement, toutes les forêts vierges du monde et toutes les aventures du monde m'ont paru pâles et vaines devant cette aventure-là !... Mère, c'est la plus grande aventurière du monde. Je continue avec Elle. Voilà... C'est la seule aventure possible ; sinon, tirons l'échelle !

Notez bien que ça ne m'intéresse pas *pour moi* : ça m'intéresse pour tous mes frères, parce que cette histoire humaine a assez douloureusement duré. Ils ont trouvé des ondes longues, des ondes courtes, des

## Mère

*Fille d'une mère égyptienne et d'un père turc, Mirra Alfassa naît à Paris le 21 février 1878.*

*Elle fait des études de musique et de mathématiques supérieures, fréquente peintres et écrivains, rencontre Rodin. Très jeune, elle a de nombreuses expériences psychiques : sortie du corps, voyance. Dès 1890, elle a l'intuition d'une possible « révolution des atomes » ; et, en 1904, a sa première « vision » de Shrī Aurobindo. La même année, à Tlemcen, elle rend visite à un occultiste, Max Théon, qu'elle quittera, le découvrant prisonnier de ses pouvoirs.*

*Divorcée d'Henri Morisset, elle épouse Paul Richard en 1910 et s'embarque pour l'Inde peu après. Le 29 mars 1914, elle rencontre Aurobindo à Pondichéry, et note : « Celui que nous avons vu hier est sur terre. » Lors de la déclaration de guerre, elle regagne la France, mais part pour le Japon en 1916 ; elle y restera quatre ans. En 1920, elle se fixe définitivement auprès de Shrī Aurobindo, devient son infatigable assistante spirituelle et la « Mère » de son āshram.*

*Après le départ du maître, Mère, qui y a déjà créé une école, fonde le « Centre universitaire international », et, en 1968, Auroville, cité utopique, sans doute idéale, mais aussi, « laboratoire de l'évolution nouvelle ».*

*Elle donne des centaines d'entretiens destinés aux disciples en vue de l'éveil d'une autre conscience. Nombre d'entre eux seront publiés, suivis des enregistrements par Satprem de toutes ses paroles (1951-1973). Ce sera l'*Agenda *: treize volumes, six mille pages, « mon cadeau à ceux qui m'aiment ».*

*À quatre-vingt-quinze ans, le 30 novembre 1973, Mère quitte son corps.*

*Douée d'une exceptionnelle intuition – « J'ai des connaissances que je n'ai pas ! » – la grande idée de Mère est que les cellules sont susceptibles d'évoluer. Il est possible de changer la Matière en évitant l'usure des cellules provoquée par leur frottement. Mais il faut pour cela changer aussi la Conscience individuelle, puis la Conscience terrestre.*

*Le « Yoga des cellules » la conduit à la découverte d'un « mental cellulaire » capable de réformer la condition corporelle et de déboucher sur un nouveau mode de vie dans la Matière et sur une autre Humanité, seul moyen valable pour dépasser le règne de l'animalité, la souffrance, l'ignorance, et pour vaincre la mort même.*

microscopes, des télescopes... Si l'on trouvait l'homme vraiment ? Et le *pouvoir* de l'homme ferait qu'il pourrait être sans tout cet attirail artificiel, voler sans avion, communiquer sans téléphone, voir partout sans télescope ni télévision, être partout et avoir la joie de tout ce qui est. La vraie vie, enfin. La vraie raison du pourquoi l'on est dans cette peau ; pas la raison « spirituelle », la raison *matérielle*. Et, au bout du compte, on s'apercevra peut-être que l'esprit, c'est la matière même. Il faut expérimenter. Il faut voir. Il n'y a rien à croire, il y a tout à *voir*. Alors, toutes nos histoires spiritualistes et matérialistes s'évanouiront comme les balbutiements d'un âge qui appartenait seulement au singe supérieur... Mère m'a fait sauter du passé de la terre et de l'anthropoïde nostalgique à l'avenir de la terre et à l'homme enfin doué de tous ses sens et d'un certain nombre d'autres, inconnus, qui feront apparaître, un peu plus tard, nos petits hommes mentaux tels des têtards dans leur bocal. Sans Mère, je me serais suicidé, un jour, dans la forêt vierge ; ou bien, je me serais noyé sur quelque cotre breton, dans une de ces vieilles aventures qui n'inventent rien.

J.B. : Mère et Shrī Aurobindo se sont voulus les pionniers d'un nouveau monde. Qu'est-ce que ce nouveau monde ? Quel travail accomplir pour le réaliser ?

S. : Il faut partir du B-A, BA. Que faire – avec quoi ? Avec la matière que nous sommes. Mère et Shrī Aurobindo ne sont pas venus faire de la philosophie, n'est-ce pas, ils sont venus faire une œuvre *dans la matière* ; ils sont venus trouver le passage vers ce qui sera la prochaine espèce... On ne va pas rester éternellement des « petits hommes », ni même des « grands hommes »... Tous nos moyens mentaux font faillite, on le voit bien... Or, l'évolution ne se déroule pas dans le mental, elle se déroule dans la matière.

J.B. : Mais qu'est-ce que cette matière ?

S. : Les savants eux-mêmes ne le savent pas très bien. Nous sommes une matière revêtue de toutes sortes de couches minérales, végétales, animales, mentales surtout. La matière est quelque chose qui est caché là-dessous. Ce n'est pas ce que nous voyons ni ce que nos instruments peuvent voir, qui sont seulement le prolongement de notre propre intellect. La matière, c'est le grand mystère, c'est le premier et le dernier de tous les mystères... On peut dire, pour simplifier, que le travail de Mère et de Shrī Aurobindo consiste, plutôt que de faire un trou dans la coque qui nous enferme, et partir dans la conscience soi-disant cosmique, lumineuse, libérée (qui n'est libérée de rien du tout ; on nage là-haut, et puis, notre corps continue d'être ce qu'il était, il vieillit et il meurt, c'est toujours la même vieille bête qui est là), à chercher le chemin inverse : non plus monter mais descendre, descendre vers cette matière, c'est-à-dire, traverser toutes les couches de consciences et d'habitudes, qui revêtent ce quelque chose de primordial qui est la matière vraie. Ils ont trouvé toutes ces couches, et, tout au fond, une autre conscience, une *conscience cellulaire*.

J.B. : Soit, mais qu'est-ce que cette conscience cellulaire ?

S. : C'est une conscience libre comme on est libre dans les libertés d'en haut, matériellement sans loi, sans maladie, sans mort... Un fantastique mystère ! Toutes les libertés de là-haut, on les retrouve dans la matière, quand elle est dépouillée de tous ses revêtements : une matière continue, ayant une communication immédiate avec tout. La mort, la maladie ne sont que le produit de tous les revêtements empilés sur cette matière. Au-dessous des lois implacables, des lois de notre mental, de notre cage, on découvre tout au fond la liberté de la matière, une conscience infiniment souple, qui peut se recréer à chaque instant, se transformer, quand elle veut, comme elle veut. Cela signifie que si cette conscience était réellement dégagée dans un corps humain, elle pourrait transformer la matière de ce corps, la modeler, la doter de qualités et de pouvoirs insoupçonnés. C'est cela, la matière de l'espèce nouvelle... Le premier levier a toujours été dans la matière ; c'est elle qui doit opérer sa propre transformation, la matière *pure*, non recouverte de toutes les couches qui ont servi à l'enfermer, à la limiter, à l'individualiser, à la solidifier.

J.B. : Le travail consiste donc à retrouver la liberté de la matière dans un corps nouveau, qui serait élaboré par la conscience cellulaire ?

S. : Il s'agit de dégager cette conscience cellulaire ; c'est là qu'est le miracle possible... C'est toute l'histoire de Mère et de Shrī Aurobindo. Pas seulement un travail sur eux-mêmes, ce qui est encore une apparence ; car on s'imagine qu'on est séparé en individus bien distincts, alors que rien n'est séparé, que tout communique... Ils se sont efforcés d'atteindre *expérimentalement* l'assise première, la matière première du monde en traversant toute la conscience terrestre. Ils ont taillé le chemin dans la conscience terrestre, pour arriver à cette conscience fondamentale ; ils ont brisé les couches... C'était un yoga impensable.

J.B. : Y a-t-il un résultat actuellement visible de leur travail ?

S. : Le résultat est parfaitement visible, n'est-ce pas... Ils ont brisé toutes ces couches... Et ça commence à se briser partout. On le voit bien... Toutes les vieilles structures s'effondrent et, partout, quelque chose d'autre se met à fuser, à jaillir par tous les pores de la terre. Il se passe des choses qu'on n'explique pas ; ça prend des allures extravagantes selon les consciences, selon les pays ; mais il y a partout quelque chose qui est en train de traverser la vieille croûte terrestre. C'est ce que nous sommes en train de vivre : pas seulement la démolition de l'ancien, mais quelque chose de très nouveau qui est en train de naître, une conscience nouvelle traversant les débris des vieilles structures. Cela se traduit par toutes sortes d'aberrations, des drogues, des Églises, des sectes... Mais une perception nouvelle essaie de frayer son chemin. Tout le monde attend autre chose, sous une forme ou sous une autre.

J.B. : Mais quelles sont les méthodes que nous avons à notre disposition pour traverser les couches profondes de notre individu ?... Il doit exister un moyen pratique à utiliser quotidiennement ?

S. : La transparence...

J.B. : Comment atteindre cette transparence ?

S. : Il faut un feu de besoin, quelque part dans le cœur. Le *besoin* a toujours été la clé, partout et toujours. On ne devient que selon son besoin. Quand une espèce est en train de mourir, il faut un autre oxygène, quelque chose d'autre qui fera qu'elle survivra... Il s'agit d'un besoin d'être, besoin d'une réalité concrète au milieu de la ruée des choses, d'une permanence légère au milieu de leur épaisseur, d'une lumière douce au milieu de l'obscurité... Ce besoin est un feu qui nettoie, purifie... Plus c'est purifié, plus ça devient limpide... Quand on est limpide au-dedans, tout est limpide au-dehors ; le chemin se déroule tout seul.

J.B. : Vous savez bien que l'Amour n'est pas aimé.

S. : On peut l'appeler l'Amour, ou de plusieurs autres façons. C'est quelque chose qui brûle. Dès qu'on met des qualificatifs dessus, ça s'humanise, ça devient mental ou affectif, alors que c'est beaucoup plus essentiel que tout cela.

J.B. : C'est l'Amour au-delà du moi...

S. : Ou en plein dedans ; c'est le centre même ! C'est ce qui fait qu'on tient debout sur deux pattes !...

## *Shrī Aurobindo*

*Aurobindo Ghose naît à Calcutta le 15 août 1872.*

*Il reçoit en Angleterre une solide formation classique, achève ses études à Cambridge, repart pour l'Inde en 1893. En 1902, il entre dans l'action révolutionnaire pour l'indépendance de son pays, en s'opposant aux principes de non-violence. Cependant, au même moment, il écrit : « Je veux voir Dieu face à face. » En 1903, il connaît une première expérience mystique. Un moine itinérant, Lélé, l'initie peu après au tantrisme. Mais, toujours suspect aux autorités britanniques, Aurobindo se réfugie à Pondichéry. Il y fonde une revue,* L'Arya, *qui durera de 1914 à 1921.* L'Arya *contient une importante partie de son œuvre philosophique et correspond à une vingtaine de volumes. Il en rédigera jusqu'à six de front.*

*La « Mère » – Mirra Alfassa – vient le soutenir dans son travail à partir de 1920. En 1926 est officiellement fondé l'āshram. Shrī Aurobindo se retire la même année : il ne sortira plus de son appartement jusqu'à sa mort, se montrant seulement une fois l'an à ses disciples, lors du* darshan. *Il entretient avec eux une abondante correspondance de direction, tout en se livrant à différentes expériences relevant du « yoga intégral ». Il révise ses ouvrages, achève* Savitri, *épopée métaphysique de plus de vingt mille vers.*

*Shrī Aurobindo quitte son corps le 5 décembre 1950.*

*Au confluent des Écritures traditionnelles hindoues et des données les plus avancées de la science occidentale, alliant cyclologie et évolutionnisme, l'auteur de la* Vie divine *considère l'homme actuel comme un être de transition. L'étape à laquelle il est parvenu, qui a succédé aux règnes végétal et animal, n'est pas un sommet définitif. L'homme peut atteindre l' « âge subjectif », devenir un « être gnostique ». « L'objet de notre yoga est de faire descendre une Conscience, un Pouvoir, une Lumière, une Réalité » destinés à élever la conscience terrestre et à transformer toutes choses ici-bas. La crise contemporaine, si elle marque la fin d'un cycle – le* Kali-yuga –, *ouvre en même temps « une perspective immense de développement et de surpassement », prépare l'avènement d'un Âge spirituel – le* Satya-yuga –, *non point dans l'au-delà, mais sur cette terre.*

*« Toute vie est yoga », précise Shrī Aurobindo. Le yoga de l'Amour dévotionnel, celui de l'Action désintéressée, celui de la Connaissance trouvent leur synthèse dans le yoga de la « Perfection*

*de soi », et conduisent à l'autre Conscience. Là règne le « Supramental », qui « perçoit tout comme étant Dieu et en Dieu ». Le Supramental est l'apanage du Surhomme à venir – non dans un sens nietzschéen ou teilhardien, mais dans un sens strictement spirituel. Or, cet avènement est inévitable ; le moment n'en est pas encore prêt.*

*Après le constat d'échec des remèdes politiques, sociaux, philosophiques et religieux – le « fiasco des religions » –, préparer l'espèce nouvelle, infuser de la conscience dans la Matière, tel est le seul travail qui incombe à l'homme d'aujourd'hui. Si l'homme ne le fait pas, une autre espèce apparaîtra, capable d'accomplir le changement.*

*Assez curieusement, Shrī Aurobindo voyait dans la France le pays qui, après l'Inde, était le plus susceptible d'œuvrer en faveur de ses idées.*

---

J.B. : Vous considérez que les différentes religions sont destinées, à plus ou moins longue échéance, à disparaître de la surface de la terre... Cela entre aussi dans le processus d'évolution ?

S. : Tout ce qui est essentiel est éternel ; c'est ce qui est de l'essence de chaque être, de chaque groupe, de chaque nation, de chaque continent. Cela reste. Ce sont les formes qui meurent. Qu'elles soient chrétiennes, hindoues, marxistes, maoïstes, que sais-je ? Tout ce qui est vrai, essentiel, dans chacune de ces choses, reste. Les formes sont des moyens, des bâtons de route pour permettre aux hommes d'avancer. Ils se servent un temps d'un bâton, puis d'un autre. Ce sont des philosophies, des religions successives, pour avancer. Si l'on commence à faire un dieu du bâton de route, on se trompe. C'est un instrument provisoire pour arriver à ce qui est réel.

J.B. : Une question importante est celle du guru...

S. : Le guru est dans le cœur de l'homme.

J.B. : Il faut d'abord réussir à l'atteindre.

S. : Il faut le chercher, il faut en avoir besoin. C'est toujours la même chose : s'il n'y a pas de besoin, il n'y aura rien du tout.

J.B. : Vous pensez qu'on peut cheminer seul dans l'Occident actuel, tel qu'il est ?

S. : Bien entendu ! On peut cheminer seul... Et d'abord, on n'est pas seul !

J.B. : On vous dira que l'occasion est rare de rencontrer un maître.

S. : Il n'est pas nécessaire de rencontrer un maître, ni qui que ce soit. Il n'y a qu'à promener dans sa vie son besoin d'être, son feu d'être. Ce besoin, c'est le *guru* en personne, c'est le Divin au fond de soi, c'est la Lumière même au fond de soi-même. Qu'a-t-on besoin d'aller écouter la bonne parole de celui-ci ou de celui-là ? Si l'on a l'occasion de rencontrer des êtres ou des livres qui ont une puissance, une réalité pour nous, qui nous ouvrent une fenêtre un moment, c'est parfait. Mais pourquoi s'arrêter éternellement à une fenêtre particulière, à un homme particulier ? Ces êtres et ces livres sont simplement des prétextes pour déclencher en nous l'aspiration vers le réel. Mais si ce feu n'est pas allumé dedans, vous pouvez déverser des tonnes de bonne parole, ça ne servira à rien. Vous pouvez amener des kilomètres de Christ, ça ne vous changera pas un homme. Il faut que quelque chose, dedans, ait besoin. Si la fleur pousse et s'épanouit, c'est qu'elle cherche le soleil ; c'est aussi simple que ça. Si l'on cherche des billets de banque ou de la philosophie, on aura des billets de banque ou de la philosophie, et c'est tout. Mais si l'on a réellement besoin d'Être, au milieu de cette marée gluante de conscience obscurcie, alors, quelque chose s'allume dedans, et ça, c'est le Chemin.

J.B. : On comprend assez mal pourquoi Shrī Aurobindo a considéré qu'il était bon qu'il se « retire » pour accélérer ce qu'il nomme l' « évolution nouvelle ». On pense au Christ disant : « Il est bon que je m'en aille... »

S. : Ce n'est pas exactement cela. Shrī Aurobindo s'est retiré parce qu'il était physiquement tellement... envahi... Son travail véritable était constamment entravé par les mille et une choses de la vie quotidienne des disciples. Il a senti qu'il ferait davantage de travail en se retirant. Il ne s'agit pas de faire une nouvelle espèce tout seul dans sa chambre, n'est-ce pas... À quoi ça sert s'il n'y a personne pour suivre, c'est-à-dire pour accepter le processus de purification et de transformation ? Et il n'y a pas beaucoup de gens prêts à accepter.

J.B. : Peut-on dire de cette « évolution nouvelle » qu'elle correspond, dans un langage moderne, adapté aux hommes d'aujourd'hui, à ce que l'Inde ancienne disait du *Satya-Yuga*, de l'Âge de Vérité, devant succéder à l'actuel *Kali-Yuga*, l'Âge des Conflits ?

S. : D'une certaine façon, oui. L'humanité actuelle est manifestement au bout d'un cycle, et le bout signifie le début d'autre chose. Mais dans la tradition hindoue, le *Kali-Yuga* s'achève sur une catastrophe cosmique, et tout repart de zéro.

J.B. : Ne croyez-vous pas que le *pralaya* peut figurer sous la forme d'une guerre thermonucléaire, par exemple ?

S. : Je ne suis pas prophète, mais je ne le crois pas. La puissance de destruction est toujours là, partout autour de nous ; mais il existe également une formidable puissance de construction. Mère et Shrī Aurobindo ne croient pas à la destruction, mais à la transformation. La destruction, c'est simplement la démolition des vieilles structures pour que quelque chose d'autre puisse apparaître. Tout va dans le sens de l'évolution, rien n'est contre. Mais nous nous tromperions si nous pensions que le but de tout cela est un super-collectivisme meilleur, une super-religion meilleure, un super-humanisme meilleur.

J.B. : C'est ce que pensait Teilhard de Chardin.

S. : L'évolution, c'est l'évolution de la matière et de la conscience dans la matière. Erreur de croire que l'homme est le suprême échelon de l'évolution...

J.B. : Pourtant, l'idée d'évolution est controversée par un certain nombre de savants.

S. : Les controverses du têtard n'ont pas empêché la grenouille d'apparaître... Nous pouvons pousser tous les cris d'homme que nous voulons, cela n'empêchera pas la Nature de nous faire devenir autre chose, de donner la réponse. Elle est d'ailleurs en train de la donner d'une façon retentissante... Si un anthropoïde avait pu avoir une discussion avec un pionnier de l'espèce humaine lui disant qu'il pouvait y avoir autre chose que sa façon de faire des galipettes dans les arbres, l'anthropoïde lui aurait ri au nez. Tant pis pour lui ! Si les gens ne veulent pas comprendre, tant pis pour eux ! ça n'empêche pas les choses de se faire. On en a fini avec les philosophies. On a besoin de quelque chose de plus simplement réel, de quelque chose qui tienne. Il y a autre chose que l'homme que nous voyons, autre chose qui n'est pas pour dans des millénaires, qui est en train de se fabriquer, que nous le voulions ou non. Ce serait mieux si nous le comprenions.

J.B. : Shrī Aurobindo parle du danger pour notre humanité d'être supplantée par une autre race, si l'homme actuel ne faisait pas le travail qui lui est demandé.

S. : Il le fera. Malgré tout... Tout ce qui ne va pas dans le sens évolutif se détruit lui-même toujours. Ceux qui n'ont d'autre but que la consommation et la matérialité descendante s'étranglent eux-mêmes, c'est tout ; ils se détruisent. Il n'y a pas besoin de rétribution collective ; la loi est automatique.

J.B. : Peut-on établir un parallélisme entre ce que Shrī Aurobindo appelle le Supramental et ce que la tradition chrétienne appelle le Saint Esprit ?

S. : Mais d'abord, qu'est-ce que ce Saint Esprit ? Tout ça se situe dans des nuages dorés, qui peuvent momentanément aider les hommes à progresser. Le Supramental, c'est la conscience qui est au cœur de la matière.

J.B. : On ne peut s'empêcher ici de penser à l'*Évangile* de Jean : « La Lumière était dans les ténèbres », et de rapprocher ce verset du « puits de miel sous le roc », dont parle le *Rig-Veda.*

S. : On peut certainement dire cela.

J.B. : Et la Jérusalem céleste survenant à la fin du cycle ? L'Apocalypse parle à ce propos de « cieux nouveaux », et aussi d'une « *terre* nouvelle »... On ne peut s'empêcher de mettre en regard ce verset, qui, en l'occurrence, n'a rien d'hétérodoxe, de l'*Évangile de Thomas* : « Le Royaume est en vous, et il est hors de vous. » De même, le *Bhāgavata-Purāna* déclare : « Le *Purusha,* tel l'éther, réside à l'intérieur et à l'extérieur des êtres. »

S. : De tout temps et partout, des visionnaires ont pressenti et vu là-bas, au loin, des réalités de ce genre. Les *rishi* védiques aussi... C'est ce qui est en train de se préparer, une « terre nouvelle ». Mais pour qu'une terre nouvelle se fasse, il faut évidemment que la vieille terre change de peau. Nous assistons à cette mue.

J.B. : Dans quelle mesure peut-on aider les autres à cette transformation, s'ils le veulent ?

S. : Dans la mesure où l'on *est* soi-même. La seule façon d'aider les autres, c'est d'être soi-même quelque chose.

J.B. : Je suis assez surpris des hommages qu'on rend en Inde à la France. Ce pays semble tellement à l'opposé de la mentalité métaphysique ! Shrī Aurobindo disait, peut-être en plaisantant, qu'il avait été français dans une existence antérieure.

S. : La France a toujours eu un esprit ouvert. Je ne dis pas ce qu'elle est maintenant, je dis ce qu'elle est dans son essence... La France est un pays généreux, un pays qui a semé beaucoup de grandes idées, qui est capable de révolutions essentielles ; très apte, en tout cas mentalement, à saisir le futur. Si la France comprenait ce sens de l'espèce nouvelle, elle pourrait faire beaucoup, au lieu de se perdre et de s'épuiser en de vaines controverses entre droite et gauche, philosophie de ceci et religion de cela ; si elle pouvait attraper le problème dans sa pure simplicité évolutive, voir qu'une prochaine espèce arrive, et commençait à se demander quel est le moyen, l'instrument de transition, qu'est-ce qu'on pourrait développer en l'homme, qui l'aide à faire cette transition.

J.B. : Aujourd'hui, les hommes politiques sont à peu près les seuls à détenir le pouvoir ; tout passe par eux. Or, ils semblent bien peu intéressés, c'est le moins qu'on puisse dire, par cette question.

S. : Apparemment, ça a l'air d'être ainsi... Mais « politique », c'est encore un adjectif... Enlevez-leur la politique, ils restent des hommes comme partout – ou des absences d'hommes.

J.B. : Est-ce que, selon vous, la « pensée » d'Aurobindo se répand ailleurs qu'en Europe occidentale, par exemple, dans les pays de l'Est ?

S. : Ce n'est pas une pensée, mais un phénomène. Oui, bien sûr, on a des preuves qu'il se répand dans les pays de l'Est et qu'il a des possibilités d'y voir le jour..., un jour ! Tout est en train de se démolir !... Vous pouvez aussi bien prendre l'expérience capitaliste que l'expérience marxiste ou post-marxiste, ou n'importe quelle autre, tout ça est en plein chaos et en pleine gestation.

J.B. : C'est même un extraordinaire spectacle, pour peu qu'on soit assez lucide. Mais en tant qu'acteurs, que faire personnellement, selon vous, pour atteindre le centre même ?

S. : Ça se cultive à chaque instant, n'est-ce pas... Quand on s'asphyxie, on cherche de l'air. Si la vie que vous menez, telle que vous la menez, vous semble respirable, plus ou moins agréable, il n'y a rien de spécial à faire. Mais si vous la trouvez asphyxiante, alors, vous commencez à chercher le moyen de respirer. Shrī Aurobindo a passé quarante ans de sa vie à nous dire ce que nous devons faire, et comment procéder. Il a écrit des milliers de lettres sur la question !

J.B. : Il est certain qu'un peu partout, on cherche à voir clair dans une obscurité croissante.

S. : Dans un bocal bourbeux, on ne peut rien voir. Il faut clarifier le milieu. Comprendre le sens, telle est la première opération. Tant qu'on est embrouillé dans ses idées, dans ses sentiments, dans ses conceptions, dans ses idéaux, dans tout l'embrouillement collectif, on ne peut pas voir clair.

J.B. : Le rôle de la psychologie, celle de Jung en particulier, qui s'est intéressé simultanément à l'alchimie et au taoïsme, se développe en Occident. Jung aussi parle de cette descente dans la matière.

S. : Ce sont des approches... Je ne les connais pas. Généralement, la psychanalyse est assez obscure. Plus on descend dans les abîmes, plus il faut une puissante lumière... Le feu du besoin est la seule force, le seul phare qui transperce les ténèbres. Ce qui est là à chaque minute, en dessous de ces philosophies, de ces politiques, de ces psychologies, ce qui vit en vous, quand vous montez un escalier, quand vous écrivez un poème, quand vous parlez ou ne parlez pas... C'est ça, le Chemin, c'est d'ÊTRE. Pas seulement être en méditation, les jambes croisées dans sa chambre, mais ÊTRE à chaque minute : une intensité de besoin, quelque chose qui ne se formule pas, mais qui est comme une base, un roc secret sur lequel on repose.

J.B. : Disons une pierre philosophale... Vous pensez qu'il ne fait aucun doute que Mère sera toujours vivante ?

S. : Certainement... Que savons-nous de la matière ? Presque rien. Nos organes des sens sont faux, nous vivons dans une formidable illusion... Que voyons-nous ? À peine si une petite gamme de visibilité nous est ouverte, une petite gamme de sons accessible. Nous sommes des sortes de chenilles en train de devenir papillons. La vision de la chenille n'est pas une vision totale et définitive. Dans telle autre vision, il est possible de voir mieux et autrement.

J.B. : Que faut-il entendre par cette usure de l'énergie, de la *shakti* intercellulaire, cause finale des maladies et de la mort ?

S. : Parce que nous sommes encroûtés, le courant ne passe pas. Tout notre corps est enfermé dans une espèce de prison faite de lois, d'habitudes implacables qui se sont emparées de nous dès notre naissance. Le courant circule un peu dans les premières années de notre jeunesse ; puis, très vite, toutes sortes de lois médicales, physiques, philosophiques, mentales, produisent l'encroûtement : on se sclérose de plus en plus et l'on meurt. Si l'on nous laissait immortellement dans notre peau tels que nous sommes, nous continuerions à faire davantage de bébés, à avoir davantage de voitures, davantage de maisons secondaires, à développer encore notre consommation, et c'est tout. La Mère Nature est suffisamment sage pour casser cette petite forme ridicule, afin de nous diriger vers une autre forme, plus souple. Quand le courant circule librement, il n'y a plus de mort. Mais, pour cela, il faut parvenir à cette conscience cellulaire dégagée de toutes ces croûtes... En fait, il n'y a pas de mort, il y a un formidable courant qui circule partout, à travers tout. Quand il ne peut plus circuler à travers une forme, il se détourne, la forme meurt.

J.B. : Le fait que Mère et Shrī Aurobindo se soient « retirés » ne prouve pas qu'ils soient morts. Prouve-t-il qu'eux-mêmes ne sont pas arrivés à la solution du problème ?...

S. : L'évolution n'est pas une chose individuelle, c'est une chose totale. Ce qu'ils voulaient, ce qu'ils veulent, c'est que toute l'espèce découvre sa vraie nature, qui est immortelle. Pas de miracle, qui nous esbroufe une heure ou deux, pas les feux d'artifice du surnaturel !... Le Réel doit se produire par la totalité de l'espèce, et non par quelques individus éblouissants qui laissent les autres tels qu'ils sont.

J.B. : Que l'expérience ait été interrompue – *not ready* – ne prouve pas que ce soit un échec ?

S. : Où est l'échec ? Il n'y a jamais eu d'échec. L'évolution avance toujours, par le bien, par le mal, par le oui, par le non, de toutes les façons possibles. L'échec, il est dans notre esprit.

J.B. : Je sais qu'en 1944 Shrī Aurobindo souhaitait avoir deux cent cinquante lecteurs français pour sa revue, *L'Arya* ; aujourd'hui, il en a beaucoup plus ; mais cela ne veut pas dire que ces lecteurs soient des « êtres gnostiques » !...

S. : L'être gnostique, nous le fabriquerons doucement, douloureusement, à travers l'aberration de notre conscience mentale. Mais tant qu'on n'est pas arrivé au bout des vieux moyens, le nouveau moyen ne peut pas sortir, il est bloqué. Jusqu'à ce que nous ayons cessé de croire en nos équations, en nos machines, en nos brillantes intelligences ; ou jusqu'à ce que la Nature en ait assez, et donne un petit coup pour arrêter cette prétentieuse mécanique. Eh bien ! on peut collaborer, agir avec compréhension. On est en train d'étouffer les hommes justement pour les décider à ouvrir une lucarne dans la forteresse.

J.B. : Mère et Shrī Aurobindo prévoyaient au moins trois siècles avant l'avènement de la nouvelle conscience ?

S. : L'espèce nouvelle n'apparaîtra pas tout d'un coup... Il s'agit d'une perception nouvelle, d'une conscience qui transformera sa matière. Il faut faire le premier pas... On ne va pas faire un autre homme avec la conscience d'un métaphysicien mental de notre vieille espèce.

J.B. : Ne croyez-vous pas que les premiers êtres gnostiques risqueraient fort d'être purement et simplement supprimés par la masse des individus, par les puissances en place qui craindraient d'être dépassées ?

S. : Il y a toujours cet antagonisme entre une certaine lumière et une certaine obscurité. Mais c'est toute l'espèce qui deviendra la nouvelle espèce. Ceux qui ne veulent pas suivre le courant se détruisent eux-mêmes. Tout ce qui aspire, tout ce qui tend vers, tout ce qui est en mouvement va vers cela... « Toutes les difficultés sont des grâces », disait Mère. Il faut prendre les obstacles d'une façon positive. Si on les prend d'une façon négative en disant : « Oh ! comme c'est difficile !... Oh ! comme ils sont méchants », etc., on pousse beaucoup de « oh ! » et l'on n'arrive à rien. Mais si l'on dit : « Tiens ! ça, c'est un défi pour que j'aie la force suffisante de faire un pas de plus », alors, l'obstacle se défonce. En ce moment, nous avons l'obstacle d'une civilisation folle qui nous étrangle. On peut passer son temps à le déplorer, mais on peut dire aussi : « Il faut puiser dans cette aberration même le pouvoir d'aller plus loin... » Tous les obstacles sont des leviers.

J.B. : N'en arrive-t-on pas à dire : « Bienheureuse souffrance » ?

S. : La souffrance est un état de mensonge. Quand on *est* vraiment, il n'y a pas de souffrance. La souffrance est un moyen pour nous obliger à devenir autre chose. Sinon, nous resterions irrémédiablement encroûtés dans notre petit bonheur d'hominien.

J.B. : Et la réduction de l'ego, en attendant sa suppression ?

S. : Je ne comprends jamais les problèmes d'une façon négative. Ce n'est pas en luttant contre l'ego, en luttant contre ceci ou cela, qu'on résout les problèmes ; c'est en développant le côté positif en soi-même. Cela dissout l'ego, dissout les obstacles ; ça fait le travail tout seul. Avec quoi voulez-vous empoigner l'ego, sinon avec l'ego ?...

J.B. : La réduction de l'ego n'est donc qu'une conséquence ?

S. : Plus vous développez ce qui est vraiment vous-même, plus la lumière se fera et le chemin s'ouvrira... Tout est bien simple, au fond. Il faut toujours aller à la simplicité des choses. La vérité est simple.

J.B. : Et Auroville [1], dans tout cela ? On n'en voit guère le développement ?

S. : Auroville est un essai, un laboratoire où l'on tente consciemment de trouver le passage pour une nouvelle espèce. Il y a là un noyau d'êtres qui, autant que je sache, essaient sincèrement de comprendre et de vivre le chemin de Mère et de Shrī Aurobindo. Ils ont beaucoup de difficultés, bien sûr, de ces difficultés qui les aident à croître. Il ne s'agit pas de bâtir une ville, il s'agit de bâtir des hommes, ce quelque chose qui fera de nous des êtres réellement pleins.

J.B. : Une dernière question. Vous êtes arrivé à Pondichéry en 1946. Quelle impression vous a fait alors Shrī Aurobindo ?

S. : Il y a des regards qui vous changent pour toujours... Il y a des regards qui ouvrent les portes...

---

1. Cité en construction au nord de Pondichéry, et ayant pour vocation d'être le prototype du monde de l'avenir.

ARNAUD DESJARDINS

# Le yoga vers le Soi

*Si, pour certains, je joue le rôle du maître spirituel animant un « ashram » en Ardèche, je me ressens avant tout comme un disciple de Swāmi Prajnānpad, un disciple et un serviteur, ainsi que de tous les sages dont la rencontre et la bénédiction ont jalonné ma route. Je ne me suis formellement converti à aucune autre religion que le christianisme, même si le détour par l'Orient m'a donné de celui-ci une compréhension nouvelle.*

Lettre à l'auteur, 15 juillet 1995.

*Cet entretien a eu lieu au Bost les 14 et 16 juillet 1975. Arnaud Desjardins travaille actuellement à un livre d'entretiens avec Gilles Farcet.*

« Et si c'était vrai ? Qui de nous ne s'est, au moins une fois, posé cette question, en entendant parler de ces grands sages de l'Inde dont seul un regard peut changer toute une vie, et dont la présence presque surnaturelle serait le témoin vivant d'un autre monde que celui dans lequel nous vivons toute la journée ? Et s'il était vrai qu'un monde existe, où tout ce qui fait nos intérêts et nos ambitions profanes n'a pas de place, un monde sans concurrence, sans publicité, sans asservissement à la mode et à l'opinion, un monde qui repose sur des fondements opposés à ceux de notre civilisation et qui s'est soumis à de tout autres lois, un monde dont nous avons rêvé sans y croire, plus vivant et plus heureux ? »

Telles sont les premières lignes qu'ait écrites Arnaud Desjardins, parti à la recherche des *wisemen* et à la conquête de cet autre monde. Nous pourrions à notre tour nous demander : « Et s'il était vrai qu'existent parmi nous un sage digne de ces sages, un monde digne de ce monde ? » Je n'en doute plus personnellement, depuis mes séjours auprès de lui. Mais ni l'homme ni la chose ne se sont faits tout seuls.

## *À la recherche de Soi*

D'ascendance protestante et méridionale, Arnaud Desjardins naît le 18 juin 1925, à Paris. Diplômé de droit et de sciences politiques, il se pose les premières « questions », conclut à l'impossibilité d'adhérer à la société de consommation et au rationalisme imposé. Il songe un moment au théâtre, suit le cours de René Simon, un personnage remarquable, qui ouvre au jeune Arnaud de larges horizons intellectuels. Mais ses parents refusent que leur fils devienne acteur.

La tuberculose, qui avait alors mauvaise réputation, et qu'il contracte à vingt-quatre ans, sera pour lui, en même temps, une épreuve et une bénédiction. Il doit renoncer à son mariage. Il séjourne un an au sanatorium des étudiants de Saint-Hilaire-du-Touvet. Il découvre dans la bibliothèque les premiers ouvrages de Jean Herbert, auquel il vouera une gratitude croissante, ainsi que les traductions de Rāmakrishna et de Vivekānanda. Il lit en outre René Guénon, Alexandra David-Neel, Roger Godel, Ouspensky ; rejoint les groupes Gurdjieff, peu après la mort de celui-ci. Il y restera quatorze ans et en sera fortement marqué. Il y rencontrera Denise, décoratrice et artiste peintre, qu'il épouse en 1956, et qui, suivant le même itinéraire, l'aidera plus tard dans son travail. Sous la direction de Mahesh, il découvre dans le même temps les *âsana* [1] yogiques. Les exercices auxquels il se livre alors effacent toute trace de lésion pulmonaire.

Assistant de Marcel Bluwal à la Télévision française, Arnaud Desjardins devient réalisateur de films, et c'est à ce titre qu'il se rend en Asie. Il sera même membre de la Société des explorateurs et grands voyageurs français. L'attrait de l'Orient datait de longtemps. Enfant, il était déjà fasciné par les récits de son grand-père, qui avait visité l'Inde et l'Himālaya ; et comme à beaucoup d'autres, le *Pèlerinage aux sources* lui avait révélé l'Inde mystique.

Son premier périple en Inde remonte à 1959. Il y rencontrera cette femme, vénérée comme Avatāra par des millions d'hindous, Mā Ananda Moyī. Cette rencontre constitue le fait décisif de sa vie. Il la suivra à travers ses perpétuels déplacements. Il séjourne à Rishikesh auprès de Swāmi Shivānanda Sarasvati, puis à Kanhangad, auprès de Swāmi Rāmdās, enfin, à Tirouvannamalaï, où vécut Ramana Maharshi. Il se met à l'étude du Vedānta et des *Upanishad.*

Chaque année, jusqu'en 1971, Arnaud Desjardins retourne à la *terre des origines.* Il vit également en Afghanistan dans des communautés soufies, et au Japon ; dans des familles brahmanes, dans des *āshram* célèbres ou discrets, dans des villes saintes ; partage la *sādhanā* des yogis et des moines. Il saisit l'occasion de ces voyages pour étudier avec des médecins les similitudes et les différences entre les psychothérapies occidentales et les techniques d'ascèse orientales. Mais, surtout, il se montre soucieux de recueillir les ultimes messages des mondes traditionnels en péril, tel le bouddhisme tibétain, qu'il découvre et révèle en 1964. Il nous ramène d'exceptionnels documents cinématographiques : *Ashrams*, *Quand bat le cœur de l'Inde*, *Le Message des Tibétains, Himalaya, terre de sérénité, Zen.* L'Occident découvre les Bonnets rouges *Nyingmapa* et *Kargyndpa*, l'ordre monastique le plus ancien, filmés à Darjeeling et à Kalimpong. Dès le début, l'enthousiasme de la critique confirme Arnaud Desjardins dans sa car-

1. Les postures pratiquées dans le *hatha-yoga.*

rière et dans sa mission. Il accompagne ces projections de conférences très suivies à la salle Pleyel.

## *À la découverte du Soi*

Non loin de Burdwan – un village d'aborigènes bengalis, les Santals –, au milieu des rizières, d'arbres coruscants d'oiseaux, existait un petit *āshram*, « Channa », isolé et inconnu, formé de quatre huttes, sans voitures, sans eau ni électricité. Y vivait, comme les sages d'il y a mille et mille ans, un octogénaire, Shrī Swāmi Prājñanpād, qui avait été disciple de Niralamba Swāmi, lui-même disciple de Soham Swāmi. C'est là qu'un jour de 1965, Arnaud Desjardins arrive ; là qu'il s'en va renaître. Il ne trouve pas seulement en « Swāmiji » un éminent sanskritiste, un brahmane représentant de la tradition orthodoxe hindoue, mais aussi un *guru*, dans le sens le plus exact du terme. Il allait avoir avec lui près de quatre cents heures d'entretiens en tête à tête, échelonnés sur neuf années, découvrir et vivre son enseignement, l'*Adyātma-yoga*, le « yoga vers le Soi ».

« Swāmiji, dit Arnaud, entrait dans les moindres détails de ma vie professionnelle, sociale, familiale, amoureuse... Il m'a aidé à me transformer au point que toutes mes ambitions personnelles sont tombées, comme aussi le besoin de voyager, celui de rencontrer des maîtres, de poser des questions : j'avais enfin trouvé ce que j'avais tant cherché, un guide susceptible de m'ouvrir au Soi. Et c'est pour cette raison que la seule chose, maintenant, qui me paraît juste, est de faire pour d'autres ce que Swāmiji a fait pour moi. »

Swāmi Prājñanpād quitte son corps en 1974.

« C'est à la disparition du maître qu'on baigne dans la plénitude de son enseignement. Sa mort est l'ultime touche donnée à l'enseignement par le maître. »

La même année, Arnaud Desjardins abandonne ses activités professionnelles pour se consacrer uniquement au travail intérieur. Le jour où, à Ranchi, meurt Swāmi Prājñanpād, est celui où lui-même s'établit au Bost.

## *Le fil de la tradition continue*

Le Bost, par Biollet (Puy-de-Dôme). L'emplacement même de la longue bâtisse de pierre granitique, au centre de notre pays – plus encore que n'est Bourges, dont Nerval faisait la capitale de la France –

apparaît lourd de symbolisme, si l'on songe qu'on y pratique la recherche de son propre centre, qu'on s'y trouve à l'écart de toutes les barbaries périphériques, et retranché sur des hauteurs, comme le sont toujours, aux heures des grandes marées d'enténèbrement, les foyers de tradition.

Ce n'est point hasard si le premier voyage que j'y fis, en 1974, fut marqué d'un caractère tout initiatique par les difficultés de la route – comme autant de mises à l'épreuve –, à travers un Massif central précocement hivernal : erreurs d'itinéraires, congères, ennuis de voiture, qui me firent plusieurs fois songer à renoncer. Ces hautes forêts arvernes, mêlées d'or, de rouille et de neige, ces frondaisons monumentales flambant encore de toutes leurs feuilles et ployant leur incendie sous la glace, dressaient devant moi leurs murs de menaces et d'étonnantes conciliations de contraires. En même temps, par les sentes d'un ciel froid, les triangles de grues qui passaient silencieusement, avec une sûreté de vol remarquable, me rappelaient ces « cygnes royaux », ces *paramahamsa* que sont les âmes des sages volant vers les paradis.

Une dizaine de personnes – jamais plus – demeuraient ensemble au Bost, pour des durées variables, engagées dans l'étroite et exigeante relation de « disciple » à « maître ». Arnaud Desjardins y insiste : il ne s'agit point là d'une initiative personnelle, d'un aboutissement de sa volonté propre ; tout, au contraire, repose sur « la mort d'Arnaud », se veut réponse à une demande toujours plus urgente. En 1972, Swāmiji avait laissé entrevoir à son disciple qu'il pourrait prendre la responsabilité – à laquelle il s'était toujours refusé – d'en guider d'autres sur le chemin. Arnaud Desjardins dut répondre affirmativement à la pression des circonstances et au désir d'un certain nombre de personnes qui s'étaient groupées pour concrétiser cette possibilité. Le classique processus de dévoration avait déjà commencé, à raison de huit heures d'entretiens individuels et quotidiens, auxquels ajouter les causeries du soir, les lettres à faire chaque matin, les livres à écrire. Le travail auquel il se vouerait tout entier n'aurait point d'autre nom que celui de consécration.

Régime végétarien. Silence. Séances de méditation. Confrontation à soi-même. Dénudation. La lente et douloureuse découverte de sa vraie nature. Une méthode qui ressemblerait à celle de l'antipsychiatrie de Laing ou de Janov (l'auteur du *Cri primal*), s'il ne s'y ajoutait une dimension hautement spirituelle, et dont la base même réside en ce que Swāmiji nommait en anglais les *lyings*, correspondant à la position yogique dite « du cadavre allongé » – *lyings* destinés à faire remonter à la surface du conscient les impressions latentes et les imprégnations les plus anciennes, y compris les traumatismes de la naissance et les souvenirs provenant de vies antérieures. C'est que la complète mise au jour de l'inconscient est le seul moyen de s'en délivrer, et de s'affranchir définitivement des désirs et des peurs, pour atteindre l'état du sage. (S'il m'est permis d'évoquer un fait personnel, je puis dire que ma première expérience impressionnante de *lying* fut la remontée en moi d'une intense douleur située dans les tempes et les yeux. Or, ce souvenir m'est aussitôt apparu comme relié aux conditions de ma naissance au forceps.)

En 1984, le Centre de recherche spirituelle du Bost sera transféré à Font d'Isière, dans le Gard.

Les horaires en sont assouplis ; l'atmosphère y est plus spontanée, plus chaleureuse. La pratique du silence y est maintenue, durant les repas surtout. L'*āshram* a des allures de monastère, et les ashramites sont « frères dans le guru », – *gurubaï* –, réunis autour de lui non plus par simple exotisme ou curiosité, mais par une aspiration commune. Le jardin aux arbres centenaires, la chapelle tibétaine sont des lieux où trouver apaisement dans les moments de crise ou de trop forte émotion.

Dans une vitrine de la grande salle, outre un *kyosaku* [1], sont visibles le petit tapis sur lequel s'asseyait Mā Ananda Moyī, et le tapis de prière d'un maître soufi afghan ; un coffret renfermant des linges de Swāmi Rāmdās ; la veste de Kangyur Rinpoché, qu'il portait quand il quitta le Tibet pour l'Inde ; une écharpe de soie donnée par le Dalaï-lama ; et de Swāmi Prajnānpad, un *dhoti* [2]. (On sait que l'on considère en Orient que les vêtements transmettent la *présence* de ceux qui les ont portés et qu'ils sont supports d'influences spirituelles.) Le fait que ces « reliques » viennent de représentants de religions différentes auxquelles Arnaud Desjardins n'était pas rattaché sont autant de *signes* de transmission de la sagesse faite à quelqu'un qui en était digne.

L'*āshram* de Font d'Isière ne demande aucune adhésion formelle à une religion définie. La connaissance de soi et les prises de conscience qu'elle entraîne, la purification du cœur, la diminution de l'égoïsme sont des valeurs transreligieuses. Beaucoup, qui avaient rejeté le christianisme, l'y ont redécouvert ; des prêtres viennent ici faire des séjours, ainsi que des bouddhistes et des musulmans. Là est le vrai œcuménisme. Il ne se situe pas au niveau d'interminables et filandreuses discussions intellectuelles où chacun tente de comprendre l'autre tout en restant intimement sur ses positions ; il se situe au niveau des pratiques,

1. Bâton dont on frappe l'épaule du méditant durant le *zazen*.
2. Pièce d'étoffe que les hindous nouent autour des reins.

partout semblables, et qui, à travers beaucoup de souffrances et de larmes, exigent la décrispation des idées toutes faites, l'attention à l'instant présent, la disponibilité et la vigilance, la maîtrise de soi, le sacrifice de l'ego.

En 1995, nouvelle migration. Arnaud Desjardins se fixe à Saint-Laurent-du-Pape, en Ardèche, dans la vallée de l'Eysieux. Une vaste demeure cévenole, *Hauteville*, au pied d'une forêt de pins, d'oliviers, de chênes-verts, peuplée de chevreuils et de sangliers.

Le réfectoire, la bibliothèque, les longs couloirs, la salle de méditation, la chapelle tibétaine et ses lampes à huile piquées dans la pénombre, réitèrent les deux premiers *āshrams*. S'y ajoutent sur les murs des photographies de visiteurs, parmi lesquels Douglas Harding, Yvan Amar, Faouzi Skali, le pasteur Keller, l'archimandrite Placide Deseille, beaucoup d'autres ; et les éternels compagnons de route : Mā Ananda Moyī, Ramana Maharshi, Swāmi Prajñānpad, Khentse Rinpotché, Kempo Kalou Rinpotché, Dudjom Rinpotché ; tous ceux qui, d'une ou d'autre manière, contribuent à l'entretien des veilleuses et à l'embrasement des consciences.

Silence. Sourire. Sérénité. Ni journaux, ni téléphone, ni télévision. Visages ouverts par-delà les inévitables réactions de rejet, de révolte ou d'étonnement devant le port des châles beiges qui fondent les formes du corps – et du moi –, les prosternations rituelles, la relation maître-disciple... On voudrait dénoncer une secte, et l'on trouve un monastère. Pas un monastère chrétien peut-être, ni hindou, ni bouddhiste ; mais l'image de ce qui pourrait être le monastère de demain, tolérant sans syncrétisme à l'égard des religions, soucieux de la tripartition de l'être humain, pratiquant l'ouverture du cœur où le « moi » et l'« autre » se transcendent dans l'*être ensemble*. On voudrait surprendre un « gourou » dans le sens lamentable qu'il a pris en Occident, et l'on trouve un *guru*, authentique transmetteur d'un enseignement spirituel.

Quelques modifications sont apparues depuis la fondation première. Certaines méditations sont guidées à la façon des *kusen* japonais. Le soir se clôt sur un moment de recueillement. Certaines réunions sont l'occasion de poser à Arnaud Desjardins diverses questions sur l'enseignement et sa mise en pratique ; d'autres portent sur des sujets plus familiers, à la façon des rencontres informelles de Swāmi Rāmdās avec ses disciples. Un temps est consacré chaque jour aux œuvres matérielles de l'*āshram* : occasion de découvrir la richesse du travail manuel en commun, effectué silencieusement.

Des semi-barbares que l'on est, on tâche de devenir civilisé ; et l'homme civilisé en soi s'efforce de devenir être humain.

Gravité, calme, puissance, telles sont les marques lisibles en Arnaud Desjardins, résultats de ce « changement radical et irréversible » dont me parlait l'une de ses premières lettres. Mais également, constant souci de rigueur doctrinale : le guide qu'il est devenu n'a jamais oublié, dans son approche de l'Orient, la *mise au point* précise du cinéaste qu'il a été. En lui se respire le parfum de cette véracité sans laquelle n'est possible aucune sérieuse tentative de restauration spirituelle. Ces différentes qualités se retrouvent pleinement, on va le voir, dans ses propos, tels que j'en ai recueillis quelques-uns durant mes stages d'« apprenti-disciple » auprès de lui.

JEAN BIÈS : À la lecture de vos ouvrages, il apparaît que la différence majeure entre l'Orient traditionnel et l'Occident moderne réside dans une distinction de priorités : celle de l'*être* et celle de l'*avoir*.

ARNAUD DESJARDINS : La racine de tous nos maux vient de l'étouffement de l'être par l'avoir. La masse des Occidentaux est aujourd'hui plongée dans la servitude de l'avoir ; chacun agit pour avoir toujours plus de savoir, d'argent, et même plus de connaissances ésotériques : autant de compensations à nos manques inconscients. Pour l'Occident moderne, il n'est de réalité que dans l'avoir, alors que, pour l'Orient traditionnel, l'existence véritable se situe au-delà du plan sensible et coïncide avec la « Réalité suprême ». La voie de la connaissance est une voie de l'être ; et l'on est ce que l'on connaît.

J.B. : Mais qu'est-ce que « être » ?

A.D. : C'est être libre de l'avoir sous toutes ses formes, se suffire à soi-même, se montrer détaché, disponible, exempt de peurs et de désirs, sans ego. Toute vie d'être est une vie de relation avec les autres et l'univers : en dernier ressort, on peut dire qu'aujourd'hui, il n'y a pas de relation parce qu'il n'y a pas d'autre... Une vie d'où se trouvent exclues toutes les possessions matérielles ou intellectuelles inutiles, toutes les émotions, pensées ou sensations qui renforcent le moi. Un ordre juste repose sur la satisfaction consciente des besoins réels, c'est-à-dire sur leur diminution ; une société fausse est fondée sur l'accroissement inconsidéré des besoins suscités grâce à d'incessantes suggestions. Il peut être bon de rappeler que, dans une société traditionnelle, l'homme le plus haut placé n'est pas le riche ou le puissant, mais le *samnyāsin*, celui qui *est* le plus.

J.B. : En d'autres termes, plus l'homme possède, et moins il est... La véritable raison de la crise du monde moderne est bien d'ordre psychologique et spirituel.

A.D. : Les problèmes politiques, économiques, sociaux, ne font que masquer la vraie question, laquelle est bien de l'ordre que vous indiquez. Tant que la vision même de l'homme ne changera pas, et celle du sens de sa vie, tout problème résolu engendrera de nouveaux problèmes ; le déséquilibre ne fera qu'augmenter. Le seul remède est dans la redécouverte de la véritable nature de l'homme.

J.B. : Quelle est cette véritable nature ?

A.D. : Tous les enseignements initiatiques la considèrent comme infinie et illimitée, et considèrent l'homme capable de réaliser ici-bas l'Absolu. La nature de l'homme s'appelle l'*ātman* ; sa condition présente, limitée et mortelle, identifiée au « nom » et à la « forme », appartient au monde des apparences, *māyā*.

J.B. : Pour redécouvrir et redevenir ce que nous sommes, il existe des clés. Mais celles-ci sont oubliées ou perdues en Occident. Les Églises chrétiennes (à l'exclusion de l'orthodoxie) se sont même mises allégrement, et sans le savoir, en tête de la subversion.

A.D. : Oui, d'une manière générale, le protestantisme et le catholicisme se sont beaucoup solidarisés avec le monde profane antitraditionnel, même s'il y a des exceptions – et je ne peux nier que j'ai fait des rencontres individuelles de prêtres et de pasteurs qui ont été précieuses pour moi. Une spiritualité tout à fait convaincante est conservée dans des monastères bénédictins et cisterciens. Tout l'Évangile est un manuel de vie intérieure, une mise en garde contre l'avoir, un enseignement de l'être. L'Occident dit chrétien moissonne ce qu'il a semé : athéisme, matérialisme, jouissance, esprit de conquête. Au lieu de donner la lumière au monde, l'Église en est venue à la lui demander ; en faisant pour un oui ou un non appel à des « spécialistes » profanes, à des « conseillers » de toutes sortes. Après s'être longtemps compromise dans des affaires temporelles qui n'ont jamais été de son domaine, elle applaudit à certains succès techniques. Les théologiens et les prêtres, même lorsqu'ils parlent encore d'Amour, de Joie, de Dieu, le font trop souvent sans avoir *réalisé* ce dont ils parlent, et l'enseignement qu'ils propagent n'a pas été confirmé par leur propre expérience.

Du point de vue de la tradition orientale, leur foi, leurs opinions ne sont encore qu'un produit du mental. Je parle là d'une manière générale puisque j'ai rencontré personnellement, dans l'Église, des hommes et également des femmes (je pense notamment à la maîtresse des novices d'un monastère de cisterciennes) qui font heureusement exception à ce constat.

J.B. : Voilà pourquoi une part croissante de la jeunesse se tourne vers des maîtres orientaux, lesquels sont douteux ou insuffisants, à l'exception de quelques grands sommets... Mais ces jeunes ne sont-ils pas animés eux-mêmes du désir d'*avoir* des expériences, et ne peut-on pas dire que même une certaine recherche de l'être peut être conditionnée et détériorée par une certaine mentalité de l'avoir ?

A.D. : Il est très vrai que nombreux en Occident sont ceux qui n'envisagent la Voie que comme un effort pour *avoir l'être*, tout en sauvegardant leur ego. Le Soi, l'*ātman* ne se conquiert pas, il se révèle comme leur nature ultime à ceux qui se donnent à lui. Mais combien sont ceux pour qui le *yoga*, « science sacrée », est la fin de tous les désirs et de toutes les ambitions, le grand sacrifice, l'œuvre de toute une vie, et qui, au lieu de vouloir *avoir* un maître, veulent *être* des disciples ? Combien sont ceux qui, au lieu de lire des livres de spiritualité, aspirent à vivre réellement, à mettre en pratique ce qu'ils lisent, et se sentent intimement concernés par l'« ignorance » et l'« illusion » dont leur parlent ces livres ?

J.B. : Beaucoup néanmoins soupçonnent qu'il y a *autre chose* et sont finalement en quête d'un but, même s'ils ne savent pas consciemment que ce but n'est autre que la libération... Mais quelles sont les étapes du chemin à suivre, et qu'est-ce que cette libération ?

A.D. : Si le but est effectivement de perdre complètement la conscience d'être autre que le Divin, et de vivre le *tat tvam asi* védantique – « tu es cela » –, si tel est bien le sens de toute l'existence humaine, la première étape est, avant de vouloir monter vers le Suprême en se prenant pour un grand yogi, d'avoir le courage de *descendre*, d'entreprendre d'abord « le récurage de la mare », comme dit Mā Ananda Moyī, d'affronter ses démons intérieurs, de se regarder en face, d'échapper à sa subjectivité.

J.B. : En somme, ne pas prendre la corde pour le serpent ?

A.D. : Se délivrer de toutes les dualités, de tous les attachements, de ses peurs et de ses désirs – autant d'illusions suscitées par le mental... J'ai écrit que le « chemin de la liberté commence par l'étude de la prison ». Avant de s'évader de la prison, il faut en étudier le plan dans les moindres détails : étudier son « sommeil » et son aveuglement ; remettre en question ses opinions, ses valeurs tranquillisantes, ses imaginations ; perdre ses illusions sur soi-même. On peut dire qu'en un certain sens, et durant cette première période, le renforcement de l'ego peut être provisoirement nécessaire. L'Occident – la morale bourgeoise, la sclérose cléricale, le rationalisme scientiste – a refoulé, refusé l'énergie qui est en nous. Mais si, de la chenille, naît le papillon, ce n'est pas en écrasant l'une que naîtra l'autre. Le moi a été brimé et méconnu ; ce n'est pas pour autant qu'il est transformé en *ātman*. L'ampleur de l'appel d'en haut est en relation avec l'unification, l'intégration de tous nos éléments.

Quant à la libération... Il y a deux libérations. La libération de l'art, de la sexualité, de la femme, de la politique : c'est une libération horizontale, qui ne libère de rien. Elle peut changer les conditions extérieures, mais nullement l'être de l'homme. Et il y a la libération verticale, indépendante des contingences, et qui touche au changement de l'être. C'est ainsi qu'un homme peut être libéré, tout en étant en prison. À l'inverse, on peut jouir de toutes les libertés garanties par la loi et être intérieurement esclave. Le sage est l'être libéré : il est libre de son ego ; cet état est définitif.

J.B. : Est-ce à dire que la *sādhana*, la purification spirituelle, est la version hindoue de la psychanalyse ou de la psychologie ?

A.D. : Nullement. La *sādhana*, comme la psychologie, comporte une étude extrêmement poussée du « mental » (*manas*) en tant qu'ensemble des émotions et des pensées, des peurs et des désirs acceptables ou refoulés, des « latences psychiques », les *vāsana* et les *samskāra* ; ce que nous appelons l'inconscient. Nous pouvons être reconnaissants aux psychologues occidentaux d'avoir redécouvert une partie de ces domaines. Mais les voies orientales prétendent conduire beaucoup plus loin qu'à une simple « guérison ». L'inconscient connu des enseignements ésotériques est infiniment plus vaste que celui des psychologues modernes. Ces enseignements envisagent les plans de l'inconscient, mais aussi du supraconscient, tels que les ont révélés le yoga et la méditation à ceux qui les pratiquent depuis des millénaires. Aucun psychologue ou psychanalyste n'envisage la « libération » de son patient sous la forme de la dissolution du mental et de l'ego ; et pour cause !... D'autre part, il y a un abîme entre un « maître » et un « psychothérapeute » : le guru est *un* avec le disciple ; il ne peut être ici question de « contre-transfert »...

J.B. : Vous ne pratiquez non plus aucun rite ?

A.D. : S'il y a des bruits dans une pièce – bruits de frigidaire, de télévision, courants d'air –, ce n'est pas en mettant un beau disque de silence tibétain que les bruits cesseront. Mais si je m'informe des bruits, débranche le frigidaire, éteins le poste, ferme la fenêtre, alors je n'aurai plus besoin du disque : le silence s'établira de lui-même dans la pièce. Ces bruits sont les désirs, les peurs, les émotions ; le disque, c'est le rite – prière, geste, image ; le rite est inutile tant qu'il est récupéré par le mental, par la routine, pratiqué sans le nettoyage préalable des profondeurs.

J.B. : Mais *après*, les rites sont-ils encore nécessaires ?

A.D. : Il se trouve qu'on n'en a plus besoin. Ce qui paraît donc le plus normal, c'est, de tous ses gestes, de toutes ses paroles, faire des rites, leur donner à tous une valeur sacrée.

J.B. : Vous avez plusieurs fois déjà fait allusion au « mental »...

A.D. : Comme son étymologie latine l'indique, le mental, dans le sens où je l'utilise pour traduire le sanskrit *manas*, nous *ment* ; il est celui qui crée la division et la contradiction entre les hommes et en chacun d'eux. Il a la propriété de faire de chaque chose autre chose que ce qu'elle est ; il crée des craintes inutiles, accuse les autres de ses propres torts, nous fait devenir autre que ce que nous sommes. C'est encore lui qui donne aux faits une coloration subjective de bien ou de mal, de beau ou de laid. L'homme qui commence à s'éveiller constate au contraire que tout bonheur comporte une part négative, qu'une souffrance apparente comporte une part d'enseignement. Dès qu'on ajoute à ce qui est la pensée : « Ce ne devrait pas être », ou « Ce devrait être autrement », on fait intervenir le mental, c'est-à-dire le mensonge. « Satan », le « Mal », le « Malin », sont des synonymes du « mental », que toutes les traditions dénoncent comme le principal obstacle au progrès spirituel... Aujourd'hui, l'hypertrophie de l'intellect européen fait que nous savons tout ce qui se passe dans le monde entier et que nous ne savons plus rien de ce qui se passe au fond de nous-mêmes, ni dans le cœur de notre prochain. Cette hypertrophie du mental n'est plus qu'une compensation inconsciente à l'atrophie de l'être.

J.B. : Il n'y a pas que le mental qui est cause de nos malheurs et de nos échecs ; il y a aussi le *karma* individuel et collectif.

A.D. : Ce que nous sommes aujourd'hui est le résultat de tout ce que nous avons été, avons éprouvé, pensé et fait depuis l'origine, de tout ce dont nous nous sommes nourris : aliments, images, idées, vibrations, impressions, événements... Tous ces apports constituent notre être présent et déterminent en même temps ce que nous serons demain. En fonction de ce que nous sommes, nous attirons ce qui nous arrive : par nos désirs conscients ou cachés, par nos craintes. Nous sommes les auteurs de notre destin. Ce monde n'est que la somme des circonstances attirées ou projetées par notre être même. Tout ce qui vient, agréable ou pénible, me correspond. La place que j'ai en ce moment est exactement celle à laquelle j'ai droit en ce moment. Tout ce qui nous arrive est la résultante des forces divergentes ou contraires, des vibrations qui nous animent. Et ce qui ne s'est pas produit avait des raisons de ne pas se produire. Refuser de voir la justesse d'une situation est le fait d'un esprit infantile.

J.B. : Vous croyez à l'existence des vies antérieures...

A.D. : Ce n'est pas que j'y croie comme à quelque chose d'invérifiable. Mais quelle que soit la façon dont on explique le fait, depuis cinq mille ans au moins, un certain nombre de techniques ont montré qu'il était possible de ramener à la surface non seulement des souvenirs oubliés de cette vie-ci, mais aussi, les *samskāra*, des impressions ou empreintes de *karma* antérieur, qui ne peuvent s'expliquer par des événements vécus dans cette existence. Cela est irréfutable.

J.B. : Les Grecs le disaient aussi... Autre chose : si le but est de s'affranchir de nos émotions pour nous affranchir de tout *karma*, comment procéder ?

A.D. : Nous sommes victimes de nos émotions, aussi longtemps que nous ne les connaissons pas. On nous a forcés à fuir, à réprimer nos émotions. Or, je ne puis avoir la connaissance de la tristesse que si je vais au fond de la tristesse ; et de même pour toutes les autres émotions. Il ne faut surtout pas refuser l'émotion. Si je n'y suis pas identifié, une dualité se crée. Alors qu'il faut vivre consciemment, de minute en minute, ses émotions – et les contrôler.

J.B. : Est-il donc possible d'être vraiment ému tout en contrôlant l'émotion ?

A.D. : Absolument. Seule cette connaissance conduit à la liberté. Je suis libre de ce que je connais réellement, et prisonnier de ce que j'ignore.

J.B. : Mais on peut croire connaître, sans connaître réellement ?

A.D. : C'est pourquoi, avant de connaître la Réalité absolue, il faut s'appliquer à connaître la réalité relative, et voir dans la corde non un serpent, mais une corde ! Ce que l'on croit réel, c'est ce que le mental fabrique à longueur de temps : un monde qui lui convient. Ce qui est réel, c'est la réalité qui apparaît dès l'instant où l'on cesse de la refuser. « De l'irréel, conduis-nous au réel », disent les *Upanishad*, « de ce qui n'est pas, conduis-nous à ce qui est ». Si nous ne voyons pas la Réalité suprême, c'est parce que nous créons nous-mêmes cette irréalité dont nous voulons nous libérer, c'est que nous la sécrétons avec notre refus de tout ce qui ne nous convient pas, c'est que nous sécrétons à longueur de temps la dualité. C'est nous, uniquement nous, qui créons les conflits, les oppositions, les polarités, les contradictions. La Réalité, elle, est parfaite ; elle est une sans un second. C'est nous qui créons le second, l'illusion... Si nous ne créons pas de second, même notre tristesse ou notre colère sont *brahman*, ici et maintenant ; même nos émotions peuvent nous servir à nous libérer de toute émotion. Si l'on parvient à ne plus fabriquer un second, à contrôler le mental, à être vigilant, on parvient du même coup à la libération.

J.B. : C'est dans ce sens que l'on peut dire que le relatif est l'absolu, que le *samsāra* est le *nirvāna*, que la forme est le vide.

A.D. : Être un avec ce qui est, c'est tout.

J.B. : Il est un conseil pratique que Swāmiji aimait citer : « Savoir que l'autre est différent... »

A.D. : Et l'accepter tel qu'il est, non tel qu'on voudrait ou qu'on a besoin qu'il soit. Lui accorder la permission, le droit d'être lui-même, autre que ma projection : avec ses grandeurs et ses faiblesses, ses manies, ses besoins, ses opinions à lui ; et ne pas le juger. Nous ne voyons généralement les autres qu'à travers nos fixations inconscientes et nos préjugés. Or, seul celui qui est libre du désir et de l'attente a la disponibilité et le temps nécessaires pour s'intéresser aux autres et les voir comme ils sont. C'est une attitude infantile que de ne pas le reconnaître comme la manifestation particulière, originale, unique, d'une unique Énergie cosmique, individualisée en des milliards de créatures. *Lui* aussi peut vouloir, avoir, pouvoir ; *lui* aussi a le droit d'exister, même si cela doit me contrarier ; *lui* aussi a le droit de me trouver laid ou stupide. La seule chose à faire est d'essayer de comprendre pourquoi il agit ainsi, de se mettre à sa place. Juger toujours les autres est une façon commode d'éviter de se juger soi-même.

J.B. : Mieux vaut s'habituer à son vrai visage ?

A.D. : S'y habituer en détruisant cette répression qui ne laisse passer dans le champ du conscient que ce qui nous flatte ou nous plaît, et empêche des aspects fondamentaux de notre inconscient de passer, de se manifester dans leur vérité : répression fondée sur des préjugés, des attachements, des refoulements remontant à la petite enfance. Il faut apprendre à observer sans complaisance la raison cachée de nos gestes et de nos comportements, à surprendre notre désir de paraître, notre secrète envie d'écraser l'autre (surtout s'il est notre bienfaiteur), notre identification à telle ou telle image de soi, notre souci de l'opinion des autres sur nous. C'est là une attitude intrépide, objective, et quasi scientifique, sans laquelle on passera son temps à se leurrer soi-même.

J.B. : Un autre comportement infantile : faire retomber la faute sur les autres.

A.D. : C'est évidemment en soi qu'il convient de chercher la cause. Le mental résiste, dresse des écrans, mais c'est parce qu'il y a cela ou ceci au fond de nous que telle émotion s'est levée, que tel événement s'est produit. Mes pires bêtises, mes erreurs, mes initiatives malheureuses correspondent à ce que je suis en ce point de mon évolution. Je n'ai à en accuser personne, mais à chercher plutôt l'ensemble des causes et conditions préalables dont je suis l'actuel aboutissant. Les responsables ne sont pas mes parents, mon épouse, mes professeurs ou mes amis, la société, le temps qu'il fait ou le genre humain ; le chemin qui remonte de l'effet vers la cause me conduit au fond de ma nature réelle.

J.B. : Qu'entendez-vous par « être présent à soi-même » ?

A.D. : C'est être attentif et conscient, veiller, se rassembler et se recueillir ; prévoir les conséquences de ses actes... La « vigilance » est ce qui nous permet de sortir du sommeil. Cela suppose que nous soyons tout entiers dans nos moindres actes : manger, marcher, respirer, ouvrir, fermer une porte consciemment, vivre consciemment ses émotions.

J.B. : Et vivre ici et maintenant...

A.D. : Se libérer du passé, c'est aussi se libérer du futur, être donc libre du temps, libre de la cause et de l'effet, libre de la multiplicité. Si l'on est entièrement dans ce que l'on fait, tout entier présent à soi-même et à l'acte accompli, alors, dans un infini détail, l'infini se révèle, la porte de l'éternité s'ouvre au cœur de l'instant. En cet instant réside un état d'être absolument libre, une parfaite conscience de soi au-delà de tout, une conscience impersonnelle, qui est *la* conscience. On l'a parfois comparée à un écran de cinéma qui reste inaffecté, quel que soit le film qu'on puisse y projeter ; celui d'un incendie, par exemple.

J.B. : Un de vos thèmes favoris est le OUI à tout ce qui se présente.

A.D. : Dire pleinement OUI à l'émotion, à l'événement, c'est devenir cette émotion, cet événement ; c'est du même coup les faire disparaître, c'est supprimer le conflit, la dualité. Faire l'amour avec la souffrance, c'est être un avec elle, c'est supprimer la dualité, c'est supprimer par là même la souffrance. Nous ne devons jamais oublier cette vérité profonde : tout ce qui nous arrive nous ressemble. « Tout ce qui vient à vous, disait Swāmiji, vous vient parce que vous l'avez attiré. Cela vous correspond ; vous n'avez aucune possibilité de le refuser : c'est là. » Il disait aussi : « Tout ce qui vient à vous vous vient comme un défi et une opportunité. »

J.B. : C'est-à-dire ?

A.D. : Vais-je pratiquer l'enseignement, ou lui tourner le dos ? Tout ce qui m'arrive m'arrive comme une occasion et une chance de prendre ma juste mesure... On est libre de ce à quoi l'on dit OUI, et l'on est prisonnier de ce à quoi l'on dit NON... OUI est le vrai sens du OM, forme sanskrite de l'AMEN.

J.B. : N'est-ce pas se résigner devant le sort, s'avouer perpétuellement vaincu ?

A.D. : Accepter n'est pas se résigner. Il faut tout faire pour éviter d'être malade ou malheureux ; mais quand le fait inévitable est là, évident, indéniable, il n'y a plus qu'à dire : *It is*, et adhérer à ce qui est, avec un tranquille détachement. Ce n'est pas de l'indifférence, laquelle est toujours une émotion négative, une tension du moi... Aucun détail de notre comportement n'est insignifiant : toute action, toute pensée, si minime soit-elle, a une répercussion aux plans subtils et spirituels. On ne peut prétendre être un sage avant d'être passé par ce travail de préparation et de purification intérieures, qui dure normalement des années, voire toute une vie.

J.B. : J'entends ici la protestation : « C'est de l'égoïsme ! »

A.D. : Alors que c'en est le contraire... On ne s'occupe ici de son ego que pour supprimer l'égoïsme, dépasser les désirs personnels et mesquins, réduire les écrans pour mieux comprendre les autres, s'affranchir de ses peurs et acquérir ainsi une personnalité ouverte, compréhensive, aimante. D'ordinaire, on veut aider les autres avant de s'être aidé soi-même ; c'est tellement plus agréable et facile de voir ce qui ne va pas chez le voisin !... C'est rester enchaîné à son action, prisonnier de son altruisme. Celui qui a échappé aux dualités, qui n'oppose plus ce qu'il aime et ce qu'il n'aime pas, qui répond à tout événement par le OM ou l'AMEN de complet assentiment, libre de tout avoir, libéré de toutes peurs et de tous désirs, celui-là a réalisé l'Absolu, est redevenu ce qu'il n'avait jamais cessé d'être, et c'est alors seulement qu'il peut prétendre aider les autres. Le sage est un homme qui a résolu tous ses problèmes personnels, a cessé de se heurter à lui-même et aux autres. Il est un avec tout et avec tous. Parce que son ego n'est plus, il peut aimer l'autre pour l'autre, non pour lui-même. Il comprend le langage de tous et parle le langage de chacun. Mais aussi, il ne s'appartient plus.

J.B. : Et pourtant, on reproche aux sages de ne rien faire.

A.D. : Mā Anandâ Moyī menait une vie active, de trois heures du matin à minuit, dans le tintamarre des trains et des villes, prodiguant ses conseils à une multitude de gens. Il n'était pas un président-directeur général, un président de conseil d'administration ou un chef d'État qui pût travailler comme elle.

J.B. : Votre programme de vie intérieure paraît si difficile à l'homme ordinaire qu'il lui semblera désespérant, s'il pense au verset de la *Bhagavad-Gītā* : « Sur mille, un seul Me cherche, et sur mille qui Me cherchent, un seul Me trouve. »

A.D. : Ce qui serait désespérant, c'est si l'homme, ayant réalisé le Soi, se trouvait toujours dans le même monde de conflits et de souffrances. Alors, quelle solution lui resterait ?... Au contraire, les moyens lui sont donnés de s'en tirer, qui consistent à étudier son ignorance ; une carte de sa prison et des voies possibles d'évasion lui sont offertes. La refusera-t-il ? Pourquoi croire toujours la libération réservée aux autres ? Selon le verset que vous venez de citer, sur six cents millions d'Indiens, six cents individus pourraient légitimement prétendre aujourd'hui à la libération.

J.B. : Ce serait une aubaine que de pouvoir compter en France, selon le même calcul, soixante *jīvan-mukta* !..

A.D. : Tous ceux qui sont engagés dans une voie – si celle-ci est bonne – avancent, vite ou lentement, quels que soient les reculs temporaires ou nécessaires. Même s'ils n'atteignent pas le But ultime (sauf peut-être au moment de leur mort), ils n'auront pas perdu leur existence : ils auront évolué sur l'échelle des niveaux d'être et se seront rapprochés du centre. Mais toute vie qui n'est pas cheminement sur la voie est une vie gâchée, et c'est autant de perdu pour les existences ultérieures. C'est déjà un commencement inappréciable que d'apprendre à nous voir tels que nous sommes dans nos limites et nos petitesses, d'affronter nos peurs, de comprendre nos mécanismes, de savoir faire silence et rester quelques instants, chaque jour, immobile. Déjà, chaque geste posé, mesuré, chaque son de voix neutre, paisible, exprime une première unification. La simple découverte de l'existence des chemins, le besoin d'une extrême rigueur, la rencontre d'un vrai maître constituent déjà des signes que la réalisation nous appelle.

J.B. : Il est devenu facile de découvrir l'existence des spiritualités ; et – signe ultime du *Kali-yuga* – nous assistons à un véritable « dévoilement » de l'ésotérisme. Mais les vrais maîtres sont extrêmement rares, même en Orient ; ils sont pourtant indispensables.

A.D. : Celui pour qui l'enseignement d'un *sheikh*, d'un *rinpoché*, d'un *guru*, d'un *roshi*, est aussi vital que l'oxygène de l'air trouvera toujours son maître, au moment opportun. Si l'on cherche une vie spirituelle par compensation, vengeance, orgueil, besoin de se singulariser ou de trouver un refuge, on est encore victime de l'illusion. Le spirituel lui-même peut me servir à masquer mes lâchetés, à excuser mes démissions, à favoriser ma mauvaise foi. Voyez tous ceux qui se disent « grands initiés », appartiennent à toutes sortes d'associations, de sectes, et qui, au bout de trente ans, ne se sont pas encore mis en route. Le spirituel mal compris peut m'enfermer dans des partis pris, des raidissements, des opinions toutes faites ; il accentue alors les névroses au lieu de les guérir... En guise de chemin, l'impasse ; en guise de libération, l'esclavage ; en guise de mort à soi, le plus grand égoïsme. Avant donc de se mettre en quête d'un guru, il est bon de se demander en toute franchise pourquoi l'on se tourne vers le spirituel.

J.B. : Vous êtes l'homme d'une certitude. Comment la définiriez-vous ?

A.D. : Ma certitude est qu'il existe une possibilité de vivre absolument heureux, dans la sérénité et la joie, quelles que soient les conditions, les circonstances et ce qu'on aurait appelé autrefois les épreuves et les tragédies. Le nombre de choses dont j'ai à m'occuper est considérable ; pourtant, je peux dire qu'il n'y a pas un matin où je ne me réveille totalement heureux. C'est une *paix* à travers les difficultés et les vicissitudes de l'existence, une disponibilité intérieure merveilleuse. Mais, d'abord, il m'a fallu passer par toutes les expériences, ou presque, des désillusions, l'attraction et la répulsion. J'ai eu beaucoup de déceptions, mais j'ai continué à chercher ; et, un jour, à l'écart des chemins, j'ai trouvé Swāmiji ; un homme qui a répondu à toutes mes questions, à toutes mes attentes, et qui, d'une façon subtile, malgré toutes mes indignités, m'a conduit patiemment sur le chemin. À cet homme-là je voue une gratitude indéfectible et absolue.

CHRISTIANE SINGER

# La passion de l'Absolu

*... Tenez, le silence qu'il y a eu, un instant, quand j'ai tenu ma plume levée, et que, dehors, un oiseau a chanté, a* peut-être *frôlé l'amour.*

Lettre à l'auteur, 10 mai 1996.

*Cet entretien a eu lieu à Paris, le 23 avril 1996. Christiane Singer achève actuellement la rédaction d'un livre :* Rastenberg, *évocation d'une vieille demeure et de ses habitants.*

S'il ne s'était agi que d'un écrivain parmi d'autres, talentueux, pertinent, expert aux nuances de la psychologie romanesque et aux raffinements stylistiques, je serais passé outre et n'aurais retenu de Christiane Singer que d'agréables moments de lecture à ranger sur les rayonnages du divertissement littéraire. Mais dès ses premières pages, il y avait cet attisement d'une foi qui arrache aux atmosphères conventionnelles où tant de belles promesses ont péri. Il y avait un faisceau de vibrantes énergies, une fougue – contrôlée –, une ardeur – sereine –, la chaleur de l'accueil, tout un carquois déployé de stimulations pressantes dont faire un viatique au seuil de *l'absence de sens* à laquelle sont astreints tant de nos contemporains.

Ce ferment caché, cet effervescent appel aux armes de la guerre intérieure portent un nom que beaucoup n'osent plus prononcer aujourd'hui de peur d'une mise en quarantaine définitive : le *spirituel.* C'est pourtant lui qui préside à la démarche de Christiane Singer, indifférente aux coteries, aux modes, aux snobismes, et qui lui confère par là même le droit de figurer dans ce livre. Encore convient-il d'ajouter que Christiane Singer est d'abord une *présence*, et que, d'une présence, aucun texte écrit ni témoignage oral n'est en mesure de rendre compte.

« Rien ne renseigne moins sur un être que sa vie », écrit-elle. C'est nous inviter à nous en tenir à quelques points de repère seulement. Elle naît à Marseille de mère autrichienne catholique, elle-même née de parents tchèques et ukrainiens, et de père israélite. Se trouver à ce confluent lui fait, de la première, recevoir la référence christique qui lui permet de citer l'Évangile sans réticence, et du second, le sens symbolique des choses et la tradition orale. Plus mystérieusement se profile, en arrière-fond, du côté paternel, une lignée austro-hongroise où rôde une tante kalmouke née dans ces tribus mongoles de la Russie méridionale, et dont la contribution génétique eut sûrement aussi son mot à dire dans les très riches heures de la formation de l'enfant.

Christiane Singer sera lectrice à l'université de Bâle, chargée de cours à celle de Fribourg, avant de se livrer tout entière à son œuvre de création, et, infatigable amazone de Dieu, *pasionaria* du sacré, aux tourbillons des séminaires, des congrès, des conférences à l'Institut transdisciplinaire de recherche sur l'être et la conscience, des ateliers au *Regard fertile* ou au centre Durckheim, des forums de *Terre du Ciel*, partout où l'Esprit lui fait signe.

Elle se ressource périodiquement dans sa « forteresse » de Rastenberg, au cœur des forêts d'Autriche – *burg* campé sur sa roche, lourd de toits et de hourds, fort en murailles et hautes portes –, son donjon, ses voûtes, ses courtines, son promenoir où toute l'humanité défile – « avec la conviction, écrit la châtelaine, mi-sérieuse, mi-riante, d'être au centre du monde et de l'actualité » –, auprès d'un mari architecte, qui, moderne géomancien et précurseur peut-être d'une architectonique spirituelle, relie ses créations de pierre et de verre aux grilles d'énergie qui sillonnent le sol, utilise les croisements de force, les polarités telluriques et aquatiques, harmonise les éléments architecturaux et les vibrations du lieu pour le bien-être et le développement psychique de l'être humain ; cependant que deux fils, venus combler le couple, continuent avec succès de faire son éducation.

## *Crier sa dissidence*

À la suite de beaucoup d'autres, réfractaires à l'asservissement de l'intelligence – Valéry, Simone Weil, Saint-Exupéry, Bernanos –, Christiane Singer pointe sur l'époque une lucide accusation. Politique et publicité se sont emparées des termes les plus précieux du langage pour les usages les plus vils. La parole est souillée, alourdie de mots abstraits, d'automatismes.

Notre société favorise l'avoir, la précipitation, la satisfaction immédiate du désir, et, par là, rejette l'autre « dimension » : la souffrance, la maladie, la vieillesse, la mort. Aucune autre n'a jamais eu les moyens techniques d'abjection dont s'est dotée celle-ci « pour dégrader l'amour, et, par là même, tout ce qui est spiritualité ». Dans un tel monde, « tout a une explication, mais rien un sens ». (Entendons par là que le scientisme peut tout expliquer en le démontrant par une expérimentation à des fins pratiques, mais que nulle orientation ni direction ascendante n'est plus donnée, ni justifiée.) « Tout est mis en œuvre pour détourner notre attention de tout ce qui est important » ; et l'auteur du *Bon Usage des crises* va jusqu'à parler d'une « immense conspiration, la plus gigantesque conspiration d'une civilisation contre l'âme et l'esprit ». Nous pressentons bien en effet comme les relents d'un « complot » assuré par quelques agents conscients et beaucoup d'autres, manipulés, reliés à ces milieux dont René Guénon souleva jadis le voile en dénonçant la « contre-initiation ».

« Nous ignorons souvent à quel point nous sommes morts dans ce que nous appelons aujourd'hui nos vies. » L'homme contemporain, à demi enseveli dans son asphyxie, y gagne de moins souffrir ; et il est vrai que plus de lucidité sur soi-même et les autres entraîne plus de souffrance pour rançon. Mais l'oubli de toutes méthodes d'éveil, comme l'Afrique ou l'Asie les pratiquent encore, condamne l'homme à sa perte.

## *Recréer le verbe*

Ce que Christiane Singer déteste par-dessus tout, c'est l'endormissement du langage, l'impuissance créatrice, la stérilité langagière. Ce qui la retient, au contraire, c'est la fête de la parole qui traduit, transmet l'ardeur, la vie, l'enthousiasme. « Ma patrie est la France, m'avoue-t-elle, mais surtout, surtout sa langue. On me raconte qu'enfant, j'étais toujours en train de marmonner des mots, de faire tout bas d'inaudibles incantations... Je parle quand je suis seule et mâche les mots avec délice. Les mots sont ma nourriture depuis toujours. » Parole qui n'est pas le contraire du silence, mais en est plutôt la « partie audible ». Les mots ne sont point là pour le troubler mais pour le rendre sensible, le mettre en relief, comme les feuilles chassées par le vent font voir le vent.

C'est dire assez la qualité de cette parole ; héritée de Rimbaud, Rilke, Novalis, celle qui met en communication avec les profondeurs-altitudes ; celle qui, par-delà le « sens » – descriptions, dialectiques, informations –, « baigne dans la présence » ; c'est-à-dire suggère le poétique, ouvre sur le transcendant, fait du verbe le char du Verbe. C'est ce langage que véhiculent le poème, la prière de louange, la célébration et le mythe, lequel est « la seule forme de pensée qui permette d'appréhender le monde dans sa totalité ». Et, de fait, tout s'y trouve simultanément vrai : il se nourrit de la coexistence des significations, lesquelles ne s'y excluent pas comme dans l'unilatéralité du sens littéral, mais se complètent, s'enrichissent dans la polysémie des symboles.

Christiane Singer oublie de mentionner la fresque littéraire, où pourtant elle excelle. Si, à l'instar d'Héloïse, elle peut dire qu'elle « a chuchoté dans un siècle qui fait tant de bruits », elle se plaît aussi aux orchestrations picturales à la Hugo, à la Flaubert. En relèvent ses évocations des traîneaux crissant sur la neige illuminée de torches, des quartiers miséreux de Vienne, des ravages de la peste, rivalisant avec ceux de Thucydide et de Camus, des émerveillements de la nature dans l'antique Bohême - qui ne songerait à l'*Éveil* wagnérien de la forêt ? Autant de pages d'anthologie qui sont là pour réinsuffler au langage une ardeur perdue, comme leur auteur réinsuffle aux âmes le langage. Autant de promesses de films dont on s'étonne de n'avoir pas encore vu la réalisation.

## *Oser la ferveur*

Telle est la devise que Christiane Singer pourrait broder sur son oriflamme : la ferveur qui bouscule préjugés et résistances, retourne comme par enchantement les situations désespérées, celle qui n'a pas à convaincre parce qu'elle est conviction ; tout aux fébrilités de sa certitude. C'est elle qui permet d'œuvrer à une transformation personnelle et de se communiquer aux autres en une contagion salvatrice qui court comme l'incendie propagé de cime en cime.

« Le péché, pour Christiane Singer, est la séparation de l'être de sa profondeur. » Voilà une définition acceptable enfin parce qu'elle dépasse l'horizontalité moraliste pour atteindre au métaphysique. Entrer dans l'autre dimension, c'est rejoindre cette profondeur ignorée, reniée, bafouée, tel le Christ aux outrages.

L'itinéraire ne sera ni rapide ni facile, mais sinueux, voire périlleux. Dans la formulation paradoxale qu'elle affectionne, Christiane Singer remarque que, tout au long de la quête intérieure, le plus court chemin qui relie deux points est une arabesque : c'est dire que l'exploration est lente, compliquée, mais qu'elle se double aussi de grâce (au double sens du terme) et de beauté. Et c'est aussi pourquoi, de la forteresse de Rastenberg aux « châteaux de l'âme », l'itinéraire consistera à descendre vers les plaines, arpenter les villes, multiplier croisades et tournois de paroles. Aider les autres, c'est aussi s'aider soi-même.

Devenir ce que l'on est relève d'une conquête, d'une aventure chevaleresque. Non pas subir ce que l'on est, mais vouloir l'être pleinement. « Entre toutes les incarnations, choisir la nôtre. » On pourrait ajouter le choix des vocations, des charismes, des sacrifices. Ce qui présuppose la connaissance de soi, la nécessité de se rendre *conscient.* Chaque geste auquel l'âme et les sens adhèrent ensemble « irradie jusqu'au bout du monde », en ordonne le chaos. C'est faire du geste un geste *éveillé* ; et tout geste éveillé devient rite. Or rien n'est plus cruel que l'absence de rite, précise encore Christiane Singer, qui garde la nostalgie des initiations traditionnelles dont notre société s'est défaite pour les remplacer par ces « crises » qui en sont les caricatures.

Mais l'inébranlable optimisme de notre auteur lui fait considérer les crises mêmes comme ce que nous avons trouvé de mieux, à défaut de maîtres, pour entrer dans les perspectives de l'accueil, de la vérité, de la contemplation. « J'ai gagné la certitude que les catastrophes sont là pour nous éviter le pire... Et le pire, c'est bel et bien d'avoir traversé la vie sans naufrages, d'être resté à la surface des choses..., de n'avoir jamais été précipité dans une autre dimension. » Malheureux celui qui n'a pas été malheureux ! Pour Christiane Singer, en somme, la crise est une *felix culpa*. Tandis que Frou imagine une maison qui s'augmenterait d'une pièce à l'arrivée de chaque nouveau convive, on imaginerait de même que chaque nouvelle crise doit nous aider à mûrir, grandir un peu plus, fructifier en esprit.

Une fois son être accompli, cette ferveur singulière permet d'agir sur le monde, d'y ouvrir ces « chantiers du divin » que sont la création d'enclaves du silence, l'assouplissement du corps, la maîtrise des pensées, le renforcement de l'énergie pour traverser la ville folle et lui infuser de sa sagesse. Aux méditants du désert, Christiane Singer ne dit pas qu'ils s'y préparent à mieux supporter le bruit du monde, mais à « inoculer ce silence au tumulte qui nous entoure ».

Qu'importe du plus grand nombre qu'il reste irresponsable ? « La responsabilité active de quelques-uns en assume encore, en secret, au monde, son quotidien lever de soleil. » Christiane Singer ne dit pas – mais elle le sait – que nous sommes en réalité beaucoup plus nombreux que nous ne croyons à être frères de ce jeune homme qui, tandis que Hitler vociférait au Heldenplatz, et que toute la ville déferlait vers ce lieu, montait seul la rue en sens inverse en se disant qu'il ne pouvait avoir raison contre tous. Au reste, le sel de la terre n'a pas à peser aussi lourd que la miche ; et peu suffisent, entrés dans la dimension de ferveur, pour déplacer les montagnes.

C'est à l'être humain, à lui seul, qu'il échoit de sauver Dieu du massacre. « C'est dans le cœur de l'homme que couve la braise du Dieu vivant », – cette braise capable, si nous y soufflons notre espoir, d'embraser l'univers.

JEAN BIÈS : Vous avez pris conscience, un jour, que ce n'était pas vous qui écriviez, mais que quelque chose passait à travers vous. Seriez-vous de ces écrivains médiums qui se considèrent comme les simples canaux d'une vérité plus haute ? On sent cependant un grand effort conscient dans votre style. N'y a-t-il pas là contradiction ? Travaillez-vous sur vous en travaillant à un livre, comme le faisait René Daumal, à force de ratures et de sacrifices dont chacun est un pas de plus vers une fuyante perfection ?

CHRISTIANE SINGER : Non, je ne suis pas médium ! Et pourtant, ce qui s'écrit parfois sous ma plume m'émerveille. Cela peut paraître prétentieux, et c'est pourtant l'expression même de la vraie modestie. Laissez-moi m'expliquer : il faut avoir avec obstination travaillé toute sa vie le même instrument pour, un jour, découvrir que... la musique en joue. Il y a comme un subtil coup de théâtre, et le « joueur » lui-même est détrôné. « Ça » joue. Mais vous comprenez bien que « la » musique ne s'empare pas de l'archet d'un débutant ! L'illusion naïve qui consiste à croire et laisser croire que n'importe qui peut être artiste ou réaliser sur terre tout ce qu'il veut engendre tôt ou tard de l'amertume. C'est nier l'effort, le chemin, la constance, la fidélité, « cette patience au bout de laquelle il y a le ciel ».

J.B. : Je partage totalement cette façon de voir. L'idée, aujourd'hui accréditée, que tout homme est artiste, non seulement conduit à des catastrophes, mais va complètement à l'encontre de la diversité des charismes et, comme dirait l'Inde, du *svadharma*.

C.S. : À partir du moment où tout est en place – ou, mieux encore, où tout est vidé de ma présence encombrante (non, ce n'est toujours pas cela ! plutôt : où tout est empli de ma transparence, de ma porosité) – quelque chose peut passer, qui est mieux que moi, mieux que ce que je sais de moi.

Oui, le fait est que je suis devenue avec le temps un instrument passable... J'aime ce double sens, qui, à la fois, laisse passer et me place dans cette modestie d'écolière que je veux continuer d'être jusqu'à la fin ! Vous comprenez, j'écris depuis bientôt cinquante ans. (Mon premier poème est daté de 1947 ; j'avais quatre ans.) Ça commence, Dieu merci, à devenir un joli temps d'apprentissage !

J'admire René Daumal, mais la représentation d'avancer « à force de ratures et de sacrifices vers une fuyante perfection » est trop masculine à mon goût – trop idéaliste, trop messianique. Ma vérité est à la fois plus passionnelle et plus respectueuse des rythmes naturels : je me jette en avant, je trébuche, je me couronne cent fois les genoux, et cent fois je me relève ; et puis, je m'assois, et j'attends indéfiniment au point d'oublier ce que j'attends !

J.B. : À l'époque que nous vivons, et où tout le monde parle à tort et à travers, le danger d'une régression orale n'est-il pas en train de nous guetter ? Tout le monde n'excelle pas comme vous aux brillantes improvisations, ni n'atteint, faute de le vivre, à l'enseignement traditionnel, oral lui aussi, mais inspiré, qui, de maître à disciple, forme la chaîne initiatique.

C.S. : Pire que le danger d'une régression orale m'apparaît celui du « discours général » tel qu'il est pratiqué dans notre société, un discours de confection, précuit, prédécoupé, prémâché, qui véhicule des segments de phrases, des conglomérats de mots, du sens collé et agglutiné. Plus rien de vivant ! Plus rien qui ne surgisse sur l'instant – comme l'étincelle du frottement de deux silex – de la rencontre de deux ou plusieurs êtres. C'est ça qui m'apparaît le plus redoutable.

Lorsqu'on a la passion du dialogue, on s'étonne toujours de toutes les « étincelles » que le partage fait surgir. J'ai eu ainsi, à toutes les étapes de ma vie, au moins un, deux, trois interlocuteurs de choix à qui je dois d'avoir parfois, en leur présence seulement, été intelligente, très intelligente, c'est-à-dire apte à nouer de multiples alliances entre des mots et des pensées jusqu'alors séparés. Sans ces silex auxquels j'ai frotté le mien, jamais je n'aurais réussi à faire du feu ! Tout est là : dans la passion de l'échange et du dialogue ! Il faut le ranimer partout où nous allons, au lieu de nous plaindre de sa disparition.

Dès qu'on quitte les autoroutes du discours général pour partir dans les sentiers du partage vrai, tout le monde ou presque se réveille de sa torpeur et tend l'oreille. C'est l'expérience que je fais partout où je vais. Quand je parle de ce qui me passionne moi-même et me concerne au plus profond de mon être, je vois l'expression des visages qui m'entourent s'animer, et la torpeur se dissoudre. La « chaîne initiatique » se crée alors spontanément, sinon de maître à disciple, du moins de vivant à vivant.

J.B. : Il est rare de réussir également dans les domaines de l'écriture et de la parole. L'une l'emporte presque toujours sur l'autre. Or, vous êtes pourvue des deux en même temps. Disciple de Flaubert, vous avez une parfaite maîtrise formelle ; héritière des *hassidim*, vous êtes une conteuse née. Expliquez-vous ce double charisme ? Avez-vous une secrète préférence pour l'un ou l'autre mode d'expression ?

C.S. : Dans ma mémoire de femme – c'est-à-dire dans mes entrailles –, il n'y a pas de différence. La transmission du récit seul importe. Mieux encore : la seule transmission de la ferveur importe. Par tous les moyens ; et surtout, les plus immédiats. Voir briller les yeux de celui, de celle à qui je parle est le signe secret. Pour toute grand-mère, pour toute amante, comme pour tout maître !

De toute ma vie, je n'ai eu qu'une obsession : attirer l'attention de ceux qui m'entourent sur le miracle qu'il y a à être en vie ! J'avais la sensation que rares étaient les êtres autour de moi qui en avaient conscience. Ils me semblaient tous vaquer tristement à leurs occupations, aller et venir sans paraître remarquer ce qui me crevait les yeux : le miracle de la vie ! J'avais envie de secouer quiconque me tombait entre les mains et de crier très fort : nous sommes EN VIE ! nous sommes EN VIE ! À toutes les occasions possibles, je me plaçais en évidence et récitais *La Mort du loup*, *Oceano Nox*, que sais-je encore, dans le but, par ces paroles puissantes et solennelles, de réveiller les cœurs. Bien sûr, un temps est venu où on a commencé à se moquer de mon pathos et où j'ai fini par me taire. Alors, j'ai écrit, écrit, écrit ; même pendant les longues périodes où je n'ai plus été aussi sûre que la vie soit vraiment une merveille, les longues périodes où la vie a eu goût de cendre. Et cette fidélité de toute une vie à l'écriture m'a ramenée dans ces dernières années à la parole immédiate qui surgit dans la rencontre et qui touche au cœur. Et la même ferveur est là, aussi ardente que dans l'enfance.

J.B. : Et pourtant sans trop d'illusions ?

C.S. : Je n'ignore pas la folie destructrice des hommes, mais je n'en impute plus la responsabilité à Dieu. Cette terre est le fief qui nous a été confié. Nous en portons ensemble l'entière responsabilité, c'est à la fois terrifiant et sublime ! Vous imaginez la CONFIANCE qu'IL continue d'avoir en nous – malgré tout –, puisque nous sommes encore EN VIE ?

Je disais récemment, en riant dans une assemblée où l'on échangeait des *near death experiences*, que moi, j'avais été métamorphosée par des *near life experiences*. Mais je pense, bien sûr, que c'est la même chose.

J.B. : Dans vos livres, la nature n'est pas décrite pour elle-même ; elle est porteuse d'enseignements. Elle est indissociable du salut des humains, et c'est elle que défendent vos cavalières de Bohême, dans *La Guerre des filles*. Si elles ont déclaré la guerre aux hommes, c'est que ceux-ci ont voulu attenter à la vierge intégrité de la forêt pour lui imposer leur « ordre ». On vous sent la sœur de Vlasta, Dagmar, Milena ; sœur des fées et des nixes, des rochers et des lacs, sœur des pluies et des flammes.

C.S. : Vous touchez avec cette question une grande souffrance en moi : la séparation de l'homme et de la nature, telle qu'elle s'est jouée dans ces derniers siècles. Si l'éviction du Paradis était un exil, alors nous sommes entrés avec ces derniers siècles dans l'exil de l'exil. C'est pour moi comme si l'homme avait dégrafé sa propre peau pour la jeter, sanglante, derrière lui. Cet écorchement qui naît de cette séparation m'est insoutenable ! J'ai le souffle coupé quand j'entends parler de la nature avec condescendance (« Protection de la nature ! »), ou en termes d' « environnement ». Mais la nature n'est pas dehors !... J'en suis ! J'y suis ! Je suis une partie d'elle ! Je vous défie de regarder trente secondes une branche de cerisier en fleur sans qu'elle ne se mette à pousser à l'intérieur de vous ; ou d'observer longuement un oiseau sans sentir sa vie battre dans votre veine jugulaire ! C'est de la « poésie », diront certains ? Qu'ils essaient et ils verront ! Cette séparation est meurtrière. Elle déracine l'existence de tant d'enfants, de tant d'adolescents, de tant d'adultes. Car le mépris qu'a notre société pour la nature (et qui va jusqu'à la torturer afin d'en tirer prétendument un avantage pour les humains) s'étend, bien sûr, à ses fils et filles. Le siècle des camps de concentration et des goulags est celui de l' « élevage intensif » et de l'exploitation industrielle de tout ce qui vit sous le soleil. *La Guerre des filles* avait été, voilà quinze ans déjà, un cri jeté. Le livre a été plutôt reçu comme un texte brûlant et lyrique que perçu comme un plaidoyer. Aujourd'hui, il serait mieux compris, je crois ; il retrouve des lecteurs. Mais vous savez, j'ai été moi-même un tel produit de l' « humanisme » et de l'Université française que j'ai dû atteindre l'âge de trente-cinq ans pour aller me promener dans la forêt sans un livre... Jusqu'alors, je craignais apparemment de m'y ennuyer... Je sais donc par expérience à quel point nous autres, humains, pouvons être séparés de nous-mêmes sans crier au secours et sans même nous apercevoir que ce que nous prenons pour la vie elle-même n'est que son ombre portée, ou la trace ancienne de ses doigts sur une vitre...

J.B. : De la nature, la femme est indissociable, qui est certainement aussi la part la plus importante de votre œuvre. On y rencontre d'abord les femmes négatives, les « femmes-traîtrises », comme les nomme Azkia, le marchand d'épées scandinaves. Vous n'hésitez pas à peindre dans cette « femmeraie » toutes celles qui trichent avec la vie ; et surtout, dans *Chronique tendre des jours amers*, cette Adélaïde Montecardi, qui méprise l'humanité et injurie la mort. Toutes celles-là sont possédées par l' « animus négatif », dirait Jung. Cependant, dans *La Guerre des filles* – j'y reviens –, on vous voit pencher nettement en faveur d'un féminisme militant. Quel est-il exactement ?

C.S. : La femme est pour moi cette part de mon être qui sait depuis toujours que la spiritualité est enracinée dans la vie et dans la chair. Quand on a aimé, quand on a livré passage à la vie – cette loi est innée –, c'est l'évidence même, le fondement. L'amour m'a mise de plain-pied, de plein corps, avec le secret de la création : la communion de tout ce qui respire en ce monde. Plus tard, dans de forts et lumineux dialogues que j'ai menés de longs mois avec un ami allemand, physicien de l'atome, et que j'espère un jour publier, il m'est apparu que dans la description du réel qu'il me donnait – tel un champ de corrélations où tout est relié à tout –, je retrouvais l'exacte révélation que je devais à l'Éros. Cette expérience physique de l'unicité de l'entière création a métamorphosé à jamais ma vie. Et ma confiance dans ce qui s'ancre dans les entrailles, ma confiance dans le féminin de l'homme !

Est-ce bien ce que vous appelez mon « féminisme militant » ? Je crains qu'il ne soit décidément très hétérodoxe, et ne m'attire pas que des sympathies !

J.B. : Pouvez-vous mieux vous expliquer ?

C.S. : Un mot dur de Flaubert dans une lettre à Maxime Ducamp me revient en mémoire : « Le rêve de la démocratie est d'élever l'ouvrier au niveau d'imbécillité du bourgeois. » Si je paraphrase, voilà ce que cela donne : le rêve de l'émancipation féminine a été d'élever la femme au niveau d'imbécillité du citoyen mâle... Chaque fois que, seuls, les aspects de revendications, d'exigences, de compétition sont pris en considération et que l'armée des petits soldats reçoit le renforcement inespéré de bataillons de conscrites, je suis consternée. Les injustices sociales et salariales sont, bien sûr, à débattre. Mais l'acidité du corps social due à la surenchère de la loi mâle appelle de toute urgence un contre-poison.

J.B. : Il y a naturellement aussi, pour notre plus grand contentement, des femmes dignes d'admiration. Ainsi Ann H. Gay, d'abord solitaire, silencieuse, effacée au point de n'être pas sûre d'exister, et qui découvre sa vraie famille au hasard des espoirs et des souffrances partagés, ouvre aux infortunés sa maison, c'est vous ?

C.S. : Tous les personnages de tous mes livres sont, bien sûr, des aspects de mon être...

J.B. : Même les femmes traîtresses ?

C.S. : Aussi bien les femmes traîtresses, celles qui détournent l'Amour à leur profit, les femmes rebelles qui montrent le poing à Dieu, que les femmes de compassion et de courage. Nous sommes nombreux à habiter dans une peau ! Une belle vie serait pour moi celle où on part multiple – dans l'infinie et menaçante richesse de ces possibles qui nous habitent – et où on arrive en fin de parcours un(e) – uni (e), unifié(e) ; ou, comme on le dit d'un beau cheval habité de la crinière à la croupe : rassemblé !

L'autre jour, lors d'une conférence, je me suis entendue dire : la femme est terre d'accueil. Oui, je suis aussi Ann H. Gay, dont l'identité est constituée de toutes les rencontres. J'ai longtemps eu la sensation physique d'être une auberge ouverte à la croisée des chemins et des vents. J'ai gobé toutes les rencontres de ma vie, je les ai ingérées, j'en ai fait ma substance, à la manière d'une abeille qui, de toutes les fleurs qu'elle a visitées, a fait son miel. Certes, les fleurs ne s'y reconnaissent plus, mais elles sont là, présentes – suaves –, transmuées. Ma métamorphose, à y regarder de près, n'est acceptable que si je précise que je suis fleur aussi pour nombre d'abeilles, et avec quel bonheur ! et que, bien sûr, nous sommes appelés en permanence à être à la fois fleur et abeille ; donc, à la fois, *enracinés* et *ailés*.

J.B. : Je suppose qu'à vos yeux la femme idéale est celle qui, plutôt que sténotypiste ou ministre, garde son identité d'*archétype* : mère, amante, épouse, prêtresse ; celle qui sait encore les mots donateurs de vie... Ce que vous aimez dans les guerrières de Diewin, c'est qu'elles parlent au vent et au feu, aux rivières et aux nuages, usent de sortilèges, ont des rêves prémonitoires ; elles détiennent une connaissance instinctive-intuitive, et, par là, sont condamnées par le rationnel masculin.

C.S. : Je n'ai pas de représentation de la femme idéale. Chaque idéal est menacé tôt ou tard de sclérose. La femme se recrée à chaque instant en chacune de nous. C'est la raison pour laquelle le féminisme peut devenir une bigoterie comme une autre. Je me refuse à perpétuer des revendications, à agiter des drapeaux, à transporter des reliques et des oripeaux ternis, ou encore, à me faire gardienne de représentations diverses, abouties ou non. Ce serait faire mauvais usage de la liberté de parler et d'agir que nos sœurs aînées ont conquise pour nous en ce siècle. Nous n'avons pas quitté l'entrepôt des articles de piété et bondieuseries pour nous faire les championnes d'une autre dévotion tout aussi étroite. Les femmes qui ont ouvert des brèches dans les vieux barrages ne l'ont pas fait pour qu'on appose des plaques commémoratives au milieu des ruines, mais pour que la vie puisse à nouveau circuler, bouillonner, remplir les vallées d'une fertilité neuve. Et c'est ce que je fais en parlant, par exemple, de l'amour entre l'homme et la femme comme d'une possibilité de mûrir et de grandir. Ah ! l'amour, m'en disent certains, c'est exactement le piège dans lequel on a tenu les femmes depuis des millénaires !

J.B. : Vous ne parlez sans doute pas du même amour.

C.S. : Le « mien » est le contraire de la loi et de l'institution. Le « mien » rend les femmes et les hommes intrépides et courageux ; à jamais délivrés de la tiédeur, de la facilité, de la lâcheté, de la vénalité ! Ah ! non, vraiment, nous ne parlons pas de la même chose ! Et cette ferveur n'est pas le contraire du « rationnel masculin » que vous évoquez. Le « rationnel » est un excellent outil de travail pour réaliser tel ou tel projet, mesurer la portée de telle ou telle chaîne causale, mais la ferveur, elle, est le souffle même de la création, l'*âtman* ! Comparer le rationnel et la ferveur est aussi insensé que de comparer une centrale électrique avec le soleil, ou une usine hydraulique avec l'océan ! Non que le rationnel, la centrale électrique et l'usine hydraulique ne soient pas importants, et même d'une utilité indiscutable pour notre survie. Mais la ferveur, elle, n'est ni importante ni pas importante, ni utile, ni inutile. Elle EST, voilà tout. ELLE EST ce qui fait que nous parlons ensemble, que le soir tombe et que le monde existe.

J.B. : Vous dites ne pas vous référer à une tradition particulière, mais à la plus ancienne de toutes, celle de la « mémoire des femmes », du « savoir des entrailles », qui fait que le monde reste debout, l' « immémoriale et secrète alliance des femmes ». Si ce n'est pas trahir un secret, pourriez-vous être plus explicite à ce sujet ?

C.S. : C'est bien un secret ! C'est-à-dire la chose la mieux partagée entre les humains ! Chacun le porte en soi, mais bien peu s'en soupçonnent les dépositaires. C'est bien le même en chacun de nous, mais à chacun il faut une autre clé pour en ouvrir le tabernacle. Et c'est bien ce qui nous trompe : ce sont les tabernacles qui sont multiples. Le contenu sacré, lui, est le même.

J.B. : « On dit souvent de l'amour qu'il est aveugle, il est visionnaire. » Il ne voit point l'autre, expliquez-vous, mais la divinité qui se cache en l'autre ; il traverse les carapaces, les apparences. Rencontrez-vous vraiment Dieu en chacun de ceux que vous rencontrez ?

C.S. : S'il est un défi dans l'existence, c'est celui-là ! Le père Maillard nous l'a rappelé avec force. « Ce n'est pas difficile, dit-il, de vous aimer tous ici dès le premier regard ! Mais lorsque j'étais aumônier des prisons, il m'arrivait, devant un assassin d'enfant, d'avoir d'abord envie de le clouer au mur ; je me disais : Seigneur, Tu ne peux pas demander de moi que je l'aime ! Mais c'est exactement ce qu'Il voulait de moi !... L'impossible !... Je n'avais pas le choix ! » J'avais une grand-mère qui avait ce don de voir en chaque être – au-delà de toutes les déformations que la vie lui avait fait subir – la beauté qui l'habitait. Après la première guerre, dans les années de la plus âpre misère à Vienne, elle distribuait à tous les repas une soupe chaude par la fenêtre de sa cuisine ; et là où les enfants ne voyaient le plus souvent qu'apparences hirsutes et patibulaires, elle louait la beauté d'un regard, la noblesse d'un geste, la délicatesse d'une expression, et son cœur débordait d'amour pour chacun. Je l'ai vue la dernière fois quand j'avais six ans, et je me souviens d'un vaste regard bleu où l'on se noyait. Autant je peux être véhémente et polémique dans une discussion, autant, dans la rencontre d'un regard, je suis livrée corps et âme ; c'est comme une noyade. Tout jugement est englouti. Ne reste que cette attraction mystérieuse : j'entrevois le passager clandestin qui voyage incognito dans chaque vivant. Je voudrais avoir, quand je serai vieille, le regard de ma grand-mère où le monde entier avait place.

J.B. : Vous déplorez la banalisation et la profanation de l'amour, la « liberté sexuelle » qui en détruit le mystère. Vous lui opposez la « purification du désir » chez les troubadours, ces tantriques de l'Occident, travaillant à la transmutation des énergies de l'éros. Vous précisez encore que l'amour n'attend ni récompense ni châtiment ; il est don absolu. Est-ce à dire que l'amour est à vos yeux le sommet par excellence où tend le plus précieux de l'être humain ?

C.S. : Ce que l'amour de l'homme et de la femme a d'exaltant pour moi, c'est son impossibilité intrinsèque. Comment voulez-vous marier l'eau et le feu, la nuit et le jour, la coupe et le glaive ? C'est impossible, donc il faut à tout prix le tenter.

Nous voulons toujours nous saisir de tout, nous emparer des choses et des êtres, les faire nôtres ! L'amour est volatile – insaisissable ; il veut être recommencé chaque jour, réinventé chaque jour, avec une humilité d'adepte, une innocence de débutant, une patience de maître. C'est l'école spirituelle la plus exigeante qui soit. Ce n'est pas un sentiment, c'est une discipline. Ce n'est pas non plus une conquête ; c'est donné de surcroît, quand on a accepté de tout perdre. Et surtout, ce n'est rien de tout ce que j'ai dit. Car les mots sont toujours trop lourds, ils coulent à pic dans les eaux de l'amour.

J.B. : Même le silence de Dieu, confortant les athées dans leur athéisme, pour vous ne fait pas problème. Dieu se retire de la Création pour permettre à celle-ci d'exister – c'est le *Zimzoum* de la tradition hébraïque : Dieu s'incline devant le monde phénoménal, dans une attitude toute sacrificielle. L'homme se croit abandonné ; en réalité, il est libre ; responsable de ce qu'il fait. Il lui revient d'incarner le divin en ce monde. Mais Dieu, aussi, a pu tolérer Auschwitz et le goulag...

C.S. : La réalité du *Zimzoum* – Dieu se retire pour me confier le monde – ne tolère pas d'« arguments » ni d'« objections ». Vous ne pouvez pas dire : « Bien, d'accord ! Qu'Il nous laisse seuls pour nos fêtes, nos joies, nos inventions, mais surtout, qu'Il intervienne lorsque les choses tournent mal ! » Quelle logique est-ce là ? Nous n'avons pas affaire à un maître de dressage qui lâche la longe quand tout se passe bien, et s'en ressaisit quand l'affaire s'emballe ! *La terrifiante réalité est que nous sommes désormais responsables de tout !* Dans le plus monstrueux des marasmes, à Auschwitz, monte la voix de Hetti Hillesum, *Un cœur brisé*, qui met les choses au point, si j'ose dire. « Enfin, j'ai compris, Seigneur, que Tu ne peux pas nous aider, mais que c'est nous qui pouvons T'aider et faire que Tu sois présent à travers notre foi dans ce lieu d'épouvante. » Mon cœur bat la chamade en retrouvant ces mots dans ma mémoire !

J.B. : Vous constatez d'autre part que déplorer certaines réalités, c'est les consolider, les encourager à persister. D'où votre refus du ton pamphlétaire, qui « tisse des liens innombrables avec ce qu'il croit invectiver », écrivez-vous dans *Les Âges de la vie*. Mais se taire au lieu de dénoncer l'inadmissible, ce peut être aussi s'en rendre complice et le cautionner.

C.S. : Oui, il existe une façon d'entrer dans le discours général de la déploration, de la lamentation, de l'indignation obligée qui nous place bien en dehors de toute souffrance et ne fait de nous que des « êtres du commentaire ». Mais cela ne signifie pas qu'il faille fermer les yeux ! Oh ! là, quel terrible malentendu ce serait !... Il ne s'agit certes pas de se taire devant l'inadmissible, mais d'aller en profondeur chercher la force de lutter contre l'inadmissible. Si nous baignons en permanence dans la négativité ambiante, nous allons être vidés de notre lumineuse rébellion. Celui qui regarde sans relâche le monstre dans les yeux finit par devenir lui-même ce monstre. Nous connaissons tous ces combattants qui, partis de convictions fortes et généreuses, se sont transformés en gardiens de prison, revêches et vides. Il y a là un mystérieux et terrifiant danger de contagion auquel nous n'échapperons qu'en délaissant régulièrement les ornières – en retrouvant en nous la source. Les pièges sont partout autour de nous pour nous déshumaniser. Je vous donne l'exemple le plus banal, le plus quotidien. Me voilà confrontée chaque jour à des rencontres douloureuses qui me font suffoquer : voilà un enfant affamé, blessé, des gens déchiquetés par un obus ; et jamais je ne peux m'avancer, tendre la main, me précipiter vers eux pour les aider, vivre mon humanité ! L'écran nous sépare. Tout ce qui fait que je suis humain – un demi-million d'années d'expérience ! – est aboli. Jusqu'alors, si je vois quelqu'un pleurer, crier à l'aide, je me précipite... L'instinct d'un demi-million d'années vient se heurter le museau à l'écran ! Je rôde, impuissante, je grogne, puis je deviens amorphe, indifférente, je cesse de croire que je suis concernée. Je cesse de participer. Je deviens cette bouche à vide-ordures où se déverse en permanence la noirceur de l'actualité.

J.B. : Que faut-il faire selon vous ?

C.S. : Il faut d'abord faire cesser ce traumatisme d'impuissance qui se transforme en cynisme, en lâcheté. Il faut commencer tout bonnement par faire silence, par tourner les boutons. (Inutile pour cela de payer quelques millions de dollars une minute de silence à la BBC comme le fit un milliardaire texan !) Tout chemin commence par ce « halte-là ! ». Je sors de la mêlée, de la paranoïa collective, du fracas incessant pour reprendre pied dans mon humanité – pour reprendre contact avec le caractère sacré de ma vie, de la Vie. Et ensuite, *de ce lieu-là*, les actions que je vais poser dans le monde, les activités que je crois être en mesure d'engager vont être d'une tout autre qualité et porteuses de bénédiction. J'en suis émerveillée chaque jour. Je pourrais vous donner mille exemples de ces initiatives qui voient le jour autour de moi. En ce moment, ce sont, dans mon existence, les femmes de mon âge qui me touchent profondément. Elles ont élevé leurs enfants et entrent alors dans un univers agrandi où leur engagement fait merveille. Nous sommes ainsi un groupe à échanger nos expériences et à attiser le feu ; et je puis vous assurer que ce n'est pas morose entre nous.

J.B. : Avez-vous un secret pour ne pas entrer dans le découragement ?

C.S. : Le secret, me semble-t-il, c'est de ne pas se croire responsable pour le monde entier, *mais pour ce qui vous rencontre, ce qui croise votre chemin.* Toute personne a cette opportunité. Pour l'une, c'est une famille russe qui lui est présentée ; et voilà qu'à partir de cette rencontre, toute une chaîne de solidarité est mise en place. Pour l'autre, c'est un médecin ami qui demande son aide pour un hôpital d'enfants en Irak. Pour la troisième, ce sont les enfants d'immigrés dans son quartier, qui viennent chez elle dessiner et peindre. Pour l'autre, une vieille voisine solitaire ; puis toutes les vieilles voisines, etc., et soudain, cette richesse qui vous rencontre ! Indescriptible !... « *The milk of human kindness* » du vieux Shakespeare. Oui, c'est bien ça : le lait de la tendresse humaine coule ! Vous entrerez dans un pays où couleront le miel et le lait. Le voilà ! Et pour y entrer, il n'y a qu'à rencontrer ce qui vient !

J.B. : Indépendamment de Durkheim, avez-vous fait ce qu'il est convenu d'appeler des « expériences » ?

C.S. : Enfant, je m'identifiais à Jésus de Nazareth ; j'en connaissais le regard d'absolue compassion, j'étais son agonie. Jusqu'au jour où l'on a mis Jésus devant moi, crucifié, méconnaissable ; et désormais, il ne serait plus que partout où je me sentirais mal à l'aise, partout où je souffrirais. Alors, j'ai commencé à l'éviter, à me disperser, à me dissiper ; à mourir à Sa présence. Celui qui avait été dedans se retrouvait dehors. Et pour qu'on ne puisse même plus le voir dehors, qu'on ne puisse plus le toucher, on le mit hors de ma portée, au-dessus de l'armoire, cloué là-haut. Nous voilà séparés, et je ne fais rien pour l'arracher à son supplice.

Les années passent. Je ne crois plus en rien. Jusqu'au jour où survient l'homme aimé ; lentement, un vieux souvenir émerge. Un dimanche des Rameaux, dans l'église de notre village, je vois ! Quoi donc ?... Aussi clairement que ma main, je vois une route pierreuse, des miséreux ; j'en fais partie. Et voilà qu'*ils* arrivent !... Qui donc ?... Jésus et ses disciples, nimbés et rayonnants. Je me jette à ses pieds. Quand j'ose lever la tête vers lui, son rire radieux m'arrache du sol, me met debout... Me revoilà seule sur un banc d'église. Mais la messe ne fait que commencer. Tout est joie ; la joie du Christ. Elle est mienne. Je n'ai plus à chercher au dehors Celui qui vit en moi !...

J.B. : Une ultime question, Christiane Singer. Vous étant un jour demandé pourquoi vous écrivez, vous vous êtes répondu : « Pour entendre le bruit de ma plume. » Trente ans plus tard, est-ce encore pour cette seule raison ?

C.S. : C'est une réponse un peu « dandy » que j'ai faite à dix-huit ans. Je lui préfère celle que j'ai retrouvée dans des cahiers datés de 1950 (j'avais sept ans) : « Quand j'écris, je repasse la vie à l'encre. » Elle me correspond aujourd'hui encore. Il y a quelque chose, quand j'écris, comme une nostalgie de regarder encore une fois la vie dans les yeux, de m'incliner et de dire merci pour tout : le bien comme le mal, ce qui me plaît comme ce qui me plaît moins. Oui, c'est ma manière d'exprimer à ma vie, à la vie, ma gratitude, et de m'y attacher comme à un rendez-vous qu'on ne veut pas voir finir.

BASARAB NICOLESCU

# Un étonnant veilleur dans la vallée de l'étonnement

*« Ce qui me fait vivre : ce qui se trouve entre les images, entre les mots, entre les pensées. Dans le vide de la pensée, dans le vide du sentiment, dans le vide du corps se lève la plénitude de la vie. »*

*Théorèmes poétiques*, 100.

*Cet entretien a eu lieu le 19 mai 1995. Basarab Nicolescu prépare actuellement un livre,* Le Temps, *dans la collection « Symboles », chez Philippe Lebaud.*

Il est étrange de voir combien d'importantes personnalités roumaines ont, en un demi-siècle, vécu en étroite concordance avec la France : Georges Enesco, Mircea Eliade, Eugène Ionesco, Émile Cioran, Virgil Gheorghiu, Stéphane Lupasco, Vintila Moria, enfin Basarab Nicolescu. Musique, histoire des religions, théâtre, philosophie, roman, logique, physique..., sans parler, chez chacun d'eux, d'un savoureux mélange d'Orient et d'Occident, d'un parfum de spiritualité venu du fond de cette Dacie hyperboréenne, patrie de Zalmoxis.

Basarab Nicolescu est physicien-théoricien des particules élémentaires à l'Institut de physique nucléaire d'Orsay et à l'université Pierre-et-Marie-Curie de Paris. Mais une exploration plus poussée du personnage nous révèle aussi, par-delà le savant explorateur de la « roue de l'angoisse » qu'est le monde matériel, un inattendu poète, et, par-delà encore, un mystique habité de l'essentiel. Voilà qui suffit pour faire de ce physicien-métaphysicien, de ce savant-poète, de ce scientifique ontologisant la science, un annonciateur du XXI^e^ siècle.

## *Le physicien quantique*

Créée par Planck en 1900, la théorie des quanta, ces grains de valeur h ν où h est une constante universelle de valeur $6{,}624 \times 10^{-34}$ J. s, et ν, la fréquence du rayonnement, étudie le monde de l'infiniment petit et la structure discontinue de l'énergie rayonnante. Monde étrange, déconcertant aux yeux de la simple raison habituée ; monde où coexistent continuité et discontinuité, séparabilité et non-séparabilité, symétrie et brisure de symétrie. Monde où chaque particule possède sa propre subjectivité, sa propre intelligence dans les relations complexes de perpétuel « combat » avec toutes les autres.

C'est ici que les choses nous requièrent singulièrement.

Alors que science et Tradition (au sens de spiritualité) apparaissent généralement comme suivant des marches parallèles ou antagonistes, la physique quantique permet de les rapprocher. La science connaît des « degrés de raison », comme la Tradition connaît des « degrés d'être ». Ce que la science découvre dans la corporéité des systèmes naturels, la Tradition le découvre dans la richesse de la vie intérieure. L'homme de science et l'homme de Tradition sont également curieux de l'invariance des processus cosmiques et de la coexistence paradoxale de l'unité et de la diversité. L'un et l'autre considèrent que tout ce qui existe est régi par un nombre restreint de lois générales par lesquelles tout mouvement se trouve structuré, organisé. Le symbole lui-même, cette « épiphanie d'un mystère », selon l'heureuse formule de Gilbert Durand, dont se prévaut la Tradition, et qui entraîne, écrit Nicolescu, une « néguentropie progressive du langage », se retrouve dans la physique quantique. Ainsi du *bootstrap*, – l'interaction d'une particule avec toutes les autres : « Une particule est ce qu'elle est parce que les autres particules existent à la fois. » À l'instar du symbole, le *bootstrap* semble en mesure d'unifier des aspects contradictoires de la Réalité et de démontrer cette constante de la pensée traditionnelle que « tout est dans tout ». (Pour ne citer que cet exemple, saint Paul ne dit rien d'autre quand il évoque les humains « membres les uns des autres » et formant un seul corps, chacun restant unique et incomparable.)

À l'opposé de la pensée binaire, héritée des catégories aristotéliciennes et du dualisme cartésien, pour laquelle A ne peut être en même temps non-A, et qui oppose nettement les dualités, accentuant ainsi les fragmentations d'où naissent les conflits, le suicide, le matérialisme dialectique, la prolifération des armes nucléaires, le règne du quantitatif et l'obscurcissement du sens, la pensée ternaire, fondée sur le « tiers inclus », relie les opposés et les dépasse. Telle est la *conciliatio oppositorum* de la pensée traditionnelle, telle qu'on la trouve chez bien des mystiques : Maître Eckhart, Nicolas de Cuse, Jacob Boehme, ou, chez les Orientaux, Attār, dont le *Mantiq at-Tayr* évoque cette « vallée de l'étonnement » où il fait à la fois jour et nuit, où l'on existe et n'existe pas, où les choses sont vides et pleines. À son tour, la « cosmodernité » de Basarab Nicolescu reposera sur l'unification du sujet et de l'objet, de la finalité et de la non-finalité, de la liberté et de la contrainte. Le mystérieux « tiers inclus » est l'insaisissable élément qui relie un niveau de Réalité à un autre.

Irons-nous jusqu'à dire que, comme dans les « homéoméries » d'Anaxagore, où chaque « semence » contient une portion de toutes les autres, chaque domaine de la pensée contient une part de toutes les autres également; au point que non seulement leur séparation et leur spécialisation sont artificielles, mais leur interpénétration permet de légitimer la détection des *isomorphismes* qui les relient et constituent des similitudes entre deux ou plusieurs domaines, tout en laissant aux différences leur droit à l'existence ? Niels Bohr n'avait-il pas déjà discerné certaines relations latentes entre la sociologie et la politique, la photothérapie et la biologie, l'anthropologie et l'ethnographie ? On connaît la passionnante confrontation entre Jung et Pauli, établissant des comparaisons fécondes entre le psychique et le quantique à partir de la synchronicité. Pour sa part, Nicolescu ne manque pas de surprendre des liens de parenté entre les « trois mondes » de Boehme, les « trois univers » de Pierce, et les « trois matières » de Lupasco. Il établit un isomorphisme entre la triade de Boehme : trois « principes » inséparables et indépendants qui sont la source des *Ténèbres*, la puissance de la *Lumière* et la naissance du *Monde* extériorisé ; la triade de Pierce : la *priméité* (le mode d'être de ce qui est tel qu'il est), la *secondéité* (le mode d'être de ce qui est par rapport à quelque chose), la *tiercéité* (le mode d'être de ce qui est en mettant en réciprocité un premier et un second) ; enfin, la triade de Lupasco : l'*actualisation* (qui rend réel un état donné), la *potentialisation* (qui rend potentiel l'état contraire), et l'*état T* (dynamisme indépendant qui assure le passage de l'un à l'autre, énergie conciliatrice tendant à un équilibre parfait).

Ces rapprochements, multipliés, sont en train de donner lieu à une culture et à une mentalité nouvelles. La démarche peut s'exprimer dans le langage de la quotidienneté, mais elle a simplement à exclure une pensée figée dans le formalisme abstrait, et qui se refuse à l'étonnement, à l'écoute d'autrui, à la remise en question. Cette démarche n'est autre que la *transdisciplinarité*. Hors de toute utopie, idéologie et système clos, la transdisciplinarité désigne à la fois ce qui est au-delà de toutes les disciplines et les traverse toutes, dans un souci de recomposition des différents fragments de la Connaissance ; elle se propose de restaurer un équilibre vertical entre le savoir et l'être, où retrouvent leur juste place l'univers et l'homme. Elle peut être à la racine d'une nouvelle Tradition [1].

1. C'est pour mieux faire connaître la transdisciplinarité que, sous l'égide de Basarab Nicolescu, ont été rédigées la Déclaration de Venise de 1986 et la Charte du Portugal de 1994, fondé le Centre international de recherches et études transdisciplinaires. Ajoutons que Basarab Nicolescu est cofondateur, avec René Berger, du Groupe de réflexion sur la transdisciplinarité auprès de l'UNESCO, et qu'est mise en projet, parallèlement à l'organisation de colloques, la fondation d'une Université transdisciplinaire.

Il faut bien reconnaître qu'après son obscuration par un rationalisme tout-puissant durant quatre siècles, l'Imaginaire connaît un certain regain d'actualité. À la « poétique de la rêverie » de Bachelard sont venus s'ajouter la « remythification » de Gilbert Durand, la « mythanalyse » de Pierre Solié, l' « imaginal » d'Henry Corbin, les « images, mythes et mystères » de Mircea Eliade, les « rêves » et les « événements synchronistiques » de Jung. S'émancipant des influences mêlées d'Aristote, d'Averroès, de Guillaume d'Ockham, de Descartes, de Spinoza et des Lumières, de Comte et d'Alain, de Camus et de Sartre, s'opposant à l'historicisme et au positivisme, au légalisme, à la géométrie analytique, au conceptualisme, à la scolastique, au freudisme, au marxisme, au prométhéisme, à l'existentialisme, voilà que sont redécouverts Denys l'Aréopagite, Scot Erigène, Avicenne, Paracelse, les *Naturphilosophen*, le cosmique et les « signatures », l'onirique, la symbolique, la réminiscence, l'angélologie et l'icône ; et voilà finalement jugé en infraction l'usage d'une science qui, dès lors, signifie moins le progrès de l'humanité que sa possible destruction. Recouvré, rendu à sa dignité première, l'Imaginaire oriente le choix des recherches, rend ses droits à l' « imagination créatrice ». La théologie, si elle ne s'égare pas dans les bas-côtés d'un christianisme opportuniste ou déliquescent, le cède à la « théosophie », dans le meilleur sens du terme.

Toutes disciplines révélant la fécondité du symbole et du mythe aux niveaux cosmologique, anthropologique, eschatologique, cependant que le systémisme fondé par Bertalanffy, gagne du terrain, en même temps que la « systémologie » d'un Lupasco et que l' « épistémologie de la complexité » d'un Edgar Morin.

Mais le plus inquiétant aux yeux des rationalistes est que le mal a gagné les scientifiques eux-mêmes. Ce qui est moins nouveau qu'on serait porté à le croire. Basarab Nicolescu nous rappelle les exemples de Cardan, dont les « nombres imaginaires » illumineront toute la mathématique, de Kepler, se livrant à de vastes rêveries cosmologiques qui lui révéleront le corps vivant de la Terre et la musique des sphères, de Poincaré ou Hadamard se laissant investir par l'inconscient qui les poussera à des solutions, voire à des découvertes.

Or, ajoute notre auteur, « la confrontation entre deux niveaux différents de Réalité par l'action de l'Imaginaire contient en elle-même un immense potentiel de poétisation de l'univers, de réenchantement du monde ». Loin de proclamer comme Renan dans *L'Avenir de la science* que la poésie scientifique est supérieure à l'autre, Nicolescu ne voit dans la mécanique quantique que la « description » de la mécanique de l'univers, alors que la poésie en révèle la « dynamique secrète ». Rien d'étonnant, dès lors, à ce que nous le surprenions écrivant dans une revue littéraire, *Phréatique*, et le retrouvions en la compagnie des poètes : Farīd ud-Dīn Attār, déjà nommé, l'énigmatique Shams de Tabrīz, qui fut le maître de Djellal ud-Dīn Rumī, Omar Khayyam – « mon premier amour, mon grand amour, mon inoubliable amour » – (peut-être parce que l'auteur des *Roubā-iyāt* fut à la fois astronome et poète, et qualifia l'algèbre d' « art scientifique » ?), O. V. de Lubicz-Milosz, et surtout René Daumal qui, dans une « Expérience fondamentale », relate sa découverte, fût-elle artificiellement provoquée, de l' « identité de l'existence et de la non-existence du fini dans l'infini ».

C'est que les poètes sont les « physiciens du sens » ; ils prennent les mots pour instruments d'investigation de l'au-delà des mots. Pour resacraliser ceux-ci, Nicolescu n'hésite pas à préconiser le seul remède efficace : en jeûner. Il souhaite que soit créé en chaque pays un ministère des Affaires cosmiques dirigé par des poètes ; va jusqu'à affirmer que la « connaissance poétique est plus rigoureuse que la connaissance scientifique », et que « la poésie est la suprême approche quantique du monde » !... Ses *Théorèmes poétiques*, dont le style aphoristique n'est pas sans rappeler telles *Pensées* de Pascal, sont essentiellement le credo d'un poète. Écrit en huit semaines à la suite d'une rencontre avec Michel Camus et Roberto Juarroz, l'ouvrage a été, selon l'auteur, reçu plus que rédigé. Basarab Nicolescu s'y révèle poète, et non pas seulement *amateur* de poésie.

## *Le guetteur de l'Évidence absolue*

Il en est, et il en sera toujours, pour qui les interactions significatives, les recouvrements prometteurs entre science et Tradition sont voués à l'échec. Si, du côté scientifique, le néo-scientisme s'oppose et s'organise, convaincu de la pertinence absolue de la science comme seule capable de rendre compte de la Totalité, la Tradition, déviée ou dévoyée, est loin de pouvoir mériter tous les suffrages : l'« irrationalisme hermétique » répand partout un ésotérisme à bon marché (que les vrais ésotéristes réprouvent avec la dernière force) et alimente la subversion que constitue le *New Age*, dont l'absence de rigueur entretient le confusionnisme, contribuant ainsi, sous couvert de spiritualité, à la détruire.

Basarab Nicolescu tient à dénoncer aussi bien l'un que l'autre.

Dans ce recouvrement de la dimension spirituelle, le sentiment n'est certes pas exclu. La « transmatière » est « affectivité ». Le tiers inclus qui, chez Platon, se nomme « Amour » (*Eros*), est détenteur de fraternité.

Basarab Nicolescu se souvient ici de Gurdjieff : entre le « centre intellectuel » (qui représente l'hétérogénéisation et aboutit à la mort par différenciation extrême) et le « centre moteur » (qui représente l'homogénéisation et aboutit à la mort par identification absolue), le « centre émotionnel » (qui correspond à l'état T) apparaît comme la « sauvegarde de la vie ».

Les femmes, estime Basarab Nicolescu, comprennent mieux que les hommes le langage du tiers inclus. Prenant le contre-pied de la domination patriarcale, il n'hésite pas à déclarer que « sans la femme, l'homme n'est rien », et regrette qu'à l'expression des « pères fondateurs » ne réponde aucune « mère fondatrice ». (C'est peut-être oublier celles des ordres religieux.) Platon – encore lui – avait comparé le « réceptacle » situé entre le sensible et l'intelligible à une « mère » recevant l'empreinte des choses sans en être affectée. Sommes-nous tellement loin de la *Shekinah* hébraïque, de la *Theotokos* byzantine ou de la *Madona Intelligenzia* des troubadours ?

Au fil des pages, la démarche de Basarab Nicolescu se colore de plus en plus précisément des tonalités mystiques. Ce qu'il voit dans la Tradition, c'est la transmission d'un ensemble de connaissances d'origine proprement métaphysique ; fondée sur la révélation, la contemplation, la perception directe de la Réalité ; au-delà du mental et de la psyché. Dans le hasard Basarab Nicolescu voit le « nom d'un Dieu sans visage, inventé par la pensée binaire pour être assassiné », se choisissant lui-même du côté de l'aléatoire, lequel est constructif, pourvu d'une direction : l'auto-organisation des systèmes naturels. Il s'émerveille avec la naïveté de l'enfant, doublée de la maturité de l'âge, du simple fait de notre existence. Elle est le « miracle des miracles ». Mais nous sommes tellement habitués, ajoute-t-il, à nier les miracles que nous en sommes arrivés à nier notre propre existence ! Surtout, il s'interroge sur l'évidence de cette lumière qui « se trouve au centre du mystère ». On ne peut s'empêcher d'évoquer ici la fréquence de ce thème dans l'œuvre d'un Dumitru Stăniloae, où la lumière apparaît comme le lieu géométrique de la rencontre de l'humain et du divin, comme la transfiguration du cosmos, photosynthèse spirituelle, source de toute joie ; transparence qui permet à l'homme de voir Dieu dans la Création. Pour Basarab Nicolescu, l'homme a pour rôle de veiller,

« afin que cette lumière de l'Évidence absolue ne s'éteigne jamais ». Évidence absolue qui n'est pas l'« évidence de l'Absolu », mais « l'absolu de l'Évidence » ; autrement dit, le « sans-fond » de la Transcendance. Mais notre guetteur d'Évidence, loin de s'enivrer de l'air des altitudes, se souvient de l'humaine condition et ne néglige pas de s'abîmer dans l'humilité salvatrice : « Comment prouver ce qui est par ce qui n'est pas ? »

JEAN BIÈS : On peut discerner dans votre œuvre trois principales lignes de force. D'abord, un certain nombre d'affirmations scandaleuses aux yeux de la raison classique ; ensuite, une série d'ébauches, de formulations inachevées qui excitent l'envie d'en savoir plus ; et enfin, une gerbe d'idées qui semblent au profane obscures, contradictoires ou paradoxales. J'aimerais que ces directions servent de structures à notre entretien.

BASARAB NICOLESCU : Les affirmations scandaleuses, ce n'est pas moi ou quelques-uns d'entre nous qui les faisons, c'est la nature elle-même. S'il y a affirmations scandaleuses, c'est parce que nous avons exploré plus à fond la nature, qui nous dit qu'une certaine vision du monde est dépassée. Quant aux formulations inachevées, j'espère qu'elles resteront toujours inachevées. Je vois dans l'achèvement quelque chose de mort, quelque chose qui arrête, qui ferme ; et ce qui me passionne, je le ressens toujours comme un *ouvert*. Les obscurités, je n'y peux rien : ce qui est complexe et profond échappe à la pensée journalistique, où la simplicité est jouée et feinte. Une certaine obscurité (apparente) est nécessaire dans les domaines complexes.

J.B. : Lucian Blaga considérait comme une caractéristique roumaine l'invasion de la métaphysique par le pittoresque. On pourrait soutenir, me semble-t-il, de la même façon, que vous introduisez du pittoresque dans la physique. Vous êtes aux yeux de certains un dérangeur. Le nierez-vous ?

B.N. : Il est bien évident que toute pensée novatrice dérange ; et c'est normal. Je crois que c'est plutôt le contraire qui serait inquiétant. Une pensée qui ne dérange pas est une pensée pour les archives... Pittoresque... Je ne comprends pas très bien le sens que vous donnez à ce mot. S'il s'agit du sens étymologique, de la peinture, oui, il y a un pittoresque concernant certains grands récits, quelque chose d'inattendu dans la science moderne ; surtout avec la naissance de la mécanique quantique et celle de la relativité, qui introduit de grands mythes se plaçant dans une sorte de dialogue avec les mythes d'autrefois. Par exemple, le Big-Bang. Dans ce sens-là, ce n'est pas une spécialité roumaine, ni française, ou autre... Un des grands événements de la science moderne est l'introduction de la notion d'histoire de l'univers, d'histoire de la logique, où le temps est pris comme composante fondamentale ; construction de ce qui se passe actuellement ; non pas comme quelque chose d'éternel, de statique, donné une fois pour toutes, comme on considérait autrefois l'univers. À cela s'ajoute, bien entendu, l'exploration d'échelles très différentes de la nôtre, qui donnent une base nouvelle à ces grands récits.

J.B. : Vous avez de dures paroles à l'égard du scientisme, qui n'est pour vous qu'une idéologie née d'un fantasme, celui du pouvoir total de l'homme sur la Nature. Le rêve scientiste, écrivez-vous, est de « réaliser l'enfer à l'échelle de la Terre ». Vous dénoncez cette « bêtise absolue » qu'est « l'idolâtrie de la mécanicité », le « mensonge rusé », qui tue la poésie de ce monde. Son fondement est le « néant ». Le dieu du déterminisme mécaniste, du positivisme et du nihilisme – notions scientifiquement dépassées –, est « un dieu sans imagination ». Vous identifiez la technologie à la « barbarie », à la « magie noire »...

B.N. : Les abstractions idéologiques ne sont pas du tout innocentes, vous le savez bien. Les deux grands fléaux de ce siècle, le communisme et le nazisme, sont en dernière analyse fondés sur la science du XIXe siècle. Avec un prolongement des notions scientifiques comme le déterminisme, ou la causalité locale, dans les domaines de l'histoire comme dans le domaine social. Ainsi, de l'état de sujet, l'état humain est passé à l'état d'objet, et ainsi, il y a eu des millions de morts dans les camps nazis ou communistes, au nom d'une *absolutisation* qui est justement celle de la science. Ce qui s'est fait dans les pays de l'Est s'est fait au nom du socialisme dit « scientifique ». Mais ce n'était pas la science, c'était une idéologie. Le scientisme est une absolutisation de la *seule science*... De la même manière, on peut avoir des dérives d'absolutisation quand on dit : la religion seule, la philosophie seule. Cette absolutisation peut mener aux pires horreurs. Dans ce sens, mes paroles ne sont pas assez dures ; j'aurais aimé qu'elles le soient davantage.

Quant à la technologie, je ne l'identifie pas elle-même à la barbarie, mais je parle plutôt d'une technologie sans vision, sans dimension verticale à laquelle on peut donner le nom que l'on veut ; par exemple, le *sacré* (sans connotation religieuse). Une technoscience qui peut changer totalement la vie sans une dimension verticale peut mener à la barbarie et à toutes sortes de désastres. Tout est question de vision, et sans cette vision, il y a, au bout, l'autodestruction.

J.B. : On peut admettre, voire souhaiter la conciliation des contraires. Mais il peut exister des cas où le rationalisme doit garder ses droits, où le « contradictionnel » de Lupasco l'emporte sur le « contradictoriel ». Vous-même avez écrit que la pensée binaire était un chemin possible vers la réalité.

B.N. : Tout est question de domaine de validité. Si vous conduisez une voiture sur une autoroute, et si vous ne respectez pas la logique binaire : sens permis – sens interdit, si vous adoptez alors celle du tiers inclus, ce sera pure folie ! La logique binaire a son propre domaine de validité, qui est celui de la simplicité. Dès que le complexe apparaît, et nous savons que nous sommes dans un monde envahi par la complexité, cette logique devient barbare quand elle veut s'appliquer à tous les domaines, par exemple, les domaines culturels, affectifs, spirituels. Tout est question de complexité, et la complexité demande des logiques nouvelles, de plus en plus complexes.

J.B. : Il me souvient fort bien que, durant ma scolarité, on nous disait doctement que l'humanité primitive, incapable d'expliquer les phénomènes naturels, les avait divinisés. On nous parlait en s'en moquant de la nature magique, pour lui substituer la nature machine. Vous bousculez l'une et l'autre pour parler de la « nature complexe ». Quel est plus précisément ce nouveau visage de la nature ?

B.N. : La nature telle qu'elle apparaît à la lumière de la science d'aujourd'hui offre plusieurs caractéristiques. D'abord, une manifestation de l'ancien principe de l'interdépendance universelle. Ensuite, l'interaction entre l'homme et la nature, en ce sens que la nature n'est pas simplement un lieu d'accueil pour l'homme, mais un lieu en devenir. Ce n'est pas un livre, mais quelque chose qui est en train d'être écrit, où l'homme participe de cette écriture. En stricte relation avec cela, une troisième caractéristique est, à mes yeux, la résurrection du sujet, où le regard transdisciplinaire devient une nécessité. Enfin, l'aspect gödelien de la nature, dans ce sens que l'on ne peut jamais arriver à une théorie complète, quelle qu'elle soit, d'ordre scientifique, qui pourrait épuiser le domaine de la vérité.

J.B. : Le théorème de Gödel : une expression que l'on rencontre souvent, sans savoir précisément ce qui se cache derrière.

B.N. : Il est un des résultats scientifiques les plus importants de ce siècle. En deux mots : on se demandait en mathématique si l'on ne pouvait pas faire dériver, à partir de quelques axiomes, absolument tout ce qui peut être vrai sans aucun résultat contradictoire ; autrement dit, une pensée axiomatique globale. Ce que Gödel a trouvé – un résultat très étonnant, et qui a mis du temps à être compris –, c'est que, pour les cas les plus simples, en arithmétique, dans la théorie des nombres, on arrive, à partir des axiomes, quels qu'ils soient, ou bien à des résultats contradictoires, ou bien à des résultats indécidables. C'est un résultat majeur, qui s'applique, je le répète, à toute mathématique, qui inclut l'arithmétique, par exemple, dans le formalisme que nous appliquons actuellement en physique. Ce fait que toute pensée axiomatique conduit à des résultats contradictoires, indécidables, n'est pas finalement un échec de la pensée, mais un des aspects les plus merveilleux de l'émergence perpétuelle de l'inconnu dans notre connaissance.

J.B. : On nous vantait également les mérites de la spécialisation : chacun séquestré dans son domaine, dans sa « branche ». Comme l'oiseau de la discontinuité qui se pose sur telle ou telle branche sans laisser trace de son passage de l'une à l'autre ! Vous contestez cette spécialisation, et, tout en reconnaissant « l'irréductibilité de l'inconnu », vous insistez sur les isomorphismes et la transdisciplinarité.

B.N. : Je ne conteste pas la spécialisation, mais son absolutisation. Dans cette tendance tout à fait actuelle, on arrive à connaître tout sur rien, à une sorte d'incompétence totale ! Pensez à ce que cela donne dans les domaines de la décision !.. Au nom d'une spécialisation de plus en plus poussée, en méconnaissant même ce qui se passe à côté de sa propre « branche », peut-on penser que quelqu'un de raisonnable puisse prendre une décision ? D'autre part, aucune spécialité ne peut plus prétendre à une suprématie, à épuiser le domaine de la vérité. Cette idée même d'épuiser ce domaine est extrêmement nocive et dangereuse. Le seul espoir qui nous apparaît, c'est d'explorer ce qui est *entre, à travers* et *au-delà* des différents domaines de la connaissance. Autrement dit, je défends une sorte de relativité généralisée du regard porté sur le monde et sur nous-mêmes, c'est-à-dire le fait qu'il n'y a pas un lieu privilégié d'où juger les autres spécialités. J'irai jusqu'à dire que c'est là un des caractères profondément nouveau de notre époque, et c'est une chance qu'il ne faut pas laisser passer.

J.B. : À partir de quels éléments peut-on dire, par exemple, que la particule quantique reflète le monde spirituel, qu'elle lui est analogue ?

B.N. : On ne peut pas vraiment dire que la particule quantique reflète le monde spirituel. En revanche, on peut parler de niveaux de réalité, où il y a une cohérence entre les différents niveaux, cohérence qui, justement, introduit une simplification de la complexité. En ce sens, il y a une corrélation entre les différentes échelles ; par exemple, entre le monde de la physique et celui qui nous est propre, celui de l'esprit.

J.B. : On nous avait donné une vision unilatérale et horizontale des faits ; et vous voilà nous parlant de niveaux de réalité qui déploient le champ infini des possibles. Que sont plus concrètement ces niveaux de réalité ? En quoi la démarche d'un Hegel (thèse, antithèse, synthèse) n'en fait pas partie ?

B.N. : Pour moi, la réalité est reliée à ce qui ne résiste pas seulement à nos expériences, mais aussi à nos images, à nos formalismes mathématiques. Donc l'abstraction elle-même devient une partie de la réalité : ce qui résiste... Les niveaux de réalité, je les prends dans le sens de rupture de loi. J'appelle *niveau de réalité* un ensemble de systèmes naturels qui se soumet à un type de loi en rupture avec les lois d'une autre échelle.

J.B. : Par exemple ?

B.N. : L'échelle microphysique et l'échelle macrophysique se soumettent à des lois en complète rupture avec des notions aussi centrales que la causalité ; et cela n'est pas, je tiens à le souligner, une spéculation philosophique. Par la théorie et par l'expérience scientifique, nous sommes arrivés à cette idée qu'il y a des niveaux de matérialité, de réalité. Il faut les distinguer des niveaux d'organisation qui apparaissent dans la pensée systémique, qui peuvent se référer à un seul et même niveau de réalité.

Quant à Hegel, son ternaire est faux ternaire en ce qu'il s'applique à un seul et même niveau de réalité. Thèse, antithèse, synthèse... Dans l'interprétation marxiste, société primitive, société capitaliste, société communiste qui rejoint le début du cycle. Cela traduit une succession dans le temps et peut donc se décomposer en binaires. La pensée que nous abordons dans cet entretien concerne une pensée ternaire où les trois termes apparaissent au même moment du temps.

J.B. : Il en est de même pour ce qui est de l'enfant, qui, pour la même raison, ne sera pas la synthèse du père et de la mère.

B.N. : Tout à fait. Le ternaire père-mère-enfant est un faux ternaire aussi ; il peut se décomposer en couples binaires : l'enfant, à son tour, deviendra père (ou mère) dans un nouveau couple... Cet exemple que vous évoquez est très intéressant et, à la limite, très pédagogique. Pour parler sérieusement d'un vrai ternaire, d'un tiers inclus, il faut qu'au moins deux niveaux de réalité soient impliqués.

J.B. : Que voulez-vous dire quand vous dites de l'homme qu'il est le chaînon manquant des différents niveaux de réalité ?

B.N. : Il y a deux manières de répondre à cette question. D'abord, nous ne savons pas réellement à quoi sert l'être humain. Nous savons à quoi servent l'infiniment petit et l'infiniment grand ; nous savons même la corrélation, l'interrelation qui existe entre eux. Mais ce qui est entre eux, là où il y a l'être humain, paradoxalement, c'est comme une sorte de non-nécessité par rapport à l'économie cosmique, du point de vue physique. Une seconde manière de répondre, c'est de faire l'hypothèse que l'être humain sert à quelque chose ; mais à un autre niveau qu'au niveau de l'univers physique. C'est lui qui assure une *cohérence* entre plusieurs niveaux de réalité, sinon entre tous.

Cette allusion au chaînon manquant porte sur l'idée d'une négligence de l'univers intérieur qui me semble pourtant aussi riche, aussi puissant que l'univers extérieur ; mais un univers que nous avons oublié.

J.B. : Parmi ces affirmations qui remplissent d'effroi les réductionnistes, totalement impréparés à accepter que l'objet soit remplacé par la relation ou l'interaction, il en est encore une, qui porte sur le rôle créatif de la subjectivité de l'observateur. Celle-ci ne risque-t-elle pas de fausser une approche limpide de la vérité ? N'y aurait-il pas à la limite autant de résultats que d'observateurs ? *Quot homines, tot sententiae.*

B.N. : L'objectivité dite forte a déjà été fortement remise en doute. Voir les écrits remarquables de Bernard d'Espagnat. Ce ne sont pas les lois qui sont remises en cause, c'est l'objectivité totale qu'on associait autrefois à ces lois. Dans le domaine de la science, cette objectivité n'est pas vraiment remise en cause au niveau de la prédiction expérimentale, elle se situe ailleurs, dans le domaine de la compréhension. Il doit s'établir une interaction entre le savoir et l'être. Dans ce domaine de la compréhension, il n'y a plus, selon les données actuelles sur lesquelles on peut s'appuyer, une objectivité totale ; et cela est lié à la faillite du scientisme.

J.B. : Sur quoi cette compréhension peut-elle être fondée ?

B.N. : Sur des retrouvailles, après une rupture assez brutale mais nécessaire, sur une rencontre nouvelle entre le sujet et l'objet. Pour décrire ce qui se passe actuellement, il faudrait de nouvelles expressions ; parler, par exemple, d'une objectivité subjective, ou d'une subjectivité objective. Ce qui se passe, c'est que nous, les êtres humains, traversons ces différents niveaux de réalité, leur donnons un sens ; et en réfléchissant cette autre facette, celle de la *résurrection* du sujet, on peut parler d'une sorte de nouvelle objectivité, beaucoup plus fine ; ce qui n'implique pas qu'il y ait autant de résultats que d'observateurs. Il y a une invariance qui est maintenue, mais qui est déplacée, si l'on peut dire, du domaine purement physique (fondée sur ce fantasme que les lois physiques vont tout donner, même l'amour, même l'esprit), déplacée vers une nouvelle union, une nouvelle alliance entre le sujet et l'objet.

J.B. : En métaphysique pure, un Schuon a pu parler, de même, d'une absoluité relative à propos de l'Être par rapport au Sur-Être.

B.N. : Nous, les différents chercheurs, ressentons tous le besoin d'expressions nouvelles qui éclaircissent les différentes facettes de ce que nous cherchons. Mais mon sentiment est qu'aucune de ces expressions n'arrive à épuiser ce dont on parle.

J.B. : Le scandale des scandales est peut-être votre intérêt pour Jacob Boehme, que vous considérez comme un « géant de la pensée occidentale », alors que, comme Paracelse et d'autres gnostiques et théosophes, son œuvre abonde d'obscurités, s'alourdit d'éléments alchimiques et astrologiques moins utiles qu'encombrants. Berdiaev lui-même, qui, pourtant, l'admirait, lui en fait reproche. Pourriez-vous nous dire ce qui vous a retenu dans Boehme ?

B.N. : Ce qui m'a d'abord retenu, c'est à propos d'une question que je me suis posée depuis longtemps : pourquoi la science moderne est-elle née en Occident ? Toutes les spéculations à la mode, surtout stimulées par le livre de Frithjof Capra, *Le Tao de la physique*, essayaient, par un jeu d'analogies à mes yeux très superficiel, de faire une relation entre la philosophie de l'Extrême-Orient et la naissance fabuleuse, étonnante, de la science moderne avec Galilée et les autres pères fondateurs de cette science. Cette naissance en Occident constituait-elle un accident, ou correspondait-elle à un imaginaire, à une culture, à une approche, à un état d'être, celui de l'être occidental de l'époque ?

Ce qui m'a intéressé a été de prendre le cas exemplaire de quelqu'un qui m'a fasciné sur de nombreux plans, Jacob Boehme, contemporain de Galilée, qui reste ancré dans le domaine de la pensée chrétienne, et qui a une réflexion très poussée sur la nature. Le cas de Jacob Boehme illustre une hypothèse : l'origine chrétienne de la science moderne. Sa modernité est inouïe justement parce qu'il montre cette continuité, cette relation, cet isomorphisme entre les dogmes chrétiens de l'Incarnation et de la Trinité, et les trois postulats de la science moderne formulés par Galilée : 1) l'existence de lois universelles, de caractère mathématique ; 2) la découverte de ces lois par l'expérience scientifique ; 3) la reproductibilité parfaite des données expérimentales.

J.B. : En d'autres termes, le Dieu unique est à la fois le ciel et l'enfer, la lumière et les ténèbres, le bien et le mal. Nous ne sommes pas très loin de Jung dans sa *Réponse à Job*. Mais quelle est, selon vous, la valeur positive du mal ?

B.N. : Je vois le mal comme une résistance à l'évolution individuelle et collective. S'il n'y a pas de résistance, il ne peut pas y avoir de mouvement, d'évolution. Tout est question de place. Il y a danger d'absolutisation qui a été faite, soit du mal, soit du bien. Il faut distinguer entre Lucifer et Satan, comme Jacob Boehme le fait : si l'on garde sa place, le mal a un sens, la souffrance même, peut-être ; toutes ces difficultés, toutes ces contradictions que nous traversons dans la vie ont un sens. Si l'on accepte l'idée que chaque chose a sa place, le mal a sa propre place dans l'évolution.

J.B. : Il me revient à l'esprit que, dans les épopées nordiques et le *Mahābhārata*, l'on ne parle pas du bien et du mal, mais de l'ordre et du désordre, ce qui a l'avantage de dépassionnaliser et de décléricaliser le débat... Si vous êtes sévère à l'égard d'une certaine science, si vous dites votre sympathie à l'égard de la Tradition, cela ne vous empêche pas non plus d'adopter, la concernant, une attitude toute personnelle, que certains considéreraient comme hérétique. Vous proposez non sans audace de réécrire les grands textes religieux de l'humanité en remplaçant les mots par leurs contraires !...

B.N. : Hérétique... par rapport à quoi ? Pour moi, la Tradition est vivante, enracinée en nous-mêmes, ici et maintenant. Elle échappe donc aux catégories du temps et de l'espace. Lier strictement la Tradition au passé est, selon moi, un contresens absolu. Là est peut-être l'hérésie. Je crois aussi que toutes formes figées, dogmatiques, qui remplacent l'expérience par les mots, sont le contraire du mystère qu'elles affirment. Toute théologie est une science humaine ; elle doit être traitée en tant que telle. La Révélation, c'est autre chose. Aucune religion, à mon avis, aucune tradition bien déterminée ne peut épuiser ce mystère dont je parle. Je pourrais mettre à ce sujet le mot de transreligion, ce qui est *entre*, *au travers* et *au-delà* des différentes attitudes religieuses. Dans ce sens, la Tradition peut dialoguer avec la science. Sinon, je ne vois pas comment une tradition figée, fixée, comprise comme une sorte de sagesse qui, autrefois, existait, devrait être retrouvée. Pour moi, une tradition est en évolution permanente, tout en étant capable de se nourrir de l'histoire et de dialoguer avec elle. Là aussi, il faut penser ensemble le singulier *et* le pluriel, *les* traditions et *la* Tradition.

J.B. : Je voudrais préciser que la théologie est le propre des religions abrahamiques ; l'Orient, lui, ne systématise pas. Autre nuance : la théologie, dans le sens où l'entend le christianisme oriental, désigne moins l'édification d'un système intellectuel qu'elle ne constitue la part essentielle de la vie intérieure : « Est théologien celui qui prie. »

B.N. : Exactement.

J.B. : Il y a dans vos écrits une autre série de passages qui sont des choses dites en passant, esquissées avec désinvolture et pourtant de haute importance ; seulement suggérées, comme pour exciter notre désir d'en savoir davantage. Vous savez l'art de nous mettre en appétit, mais semblez souhaiter nous voir compléter la suite. Ainsi, vous voyez dans le tiers inclus « l'impossibilité de la manipulation » et l'émergence de la transpolitique, dans laquelle il n'y aura ni centre, ni droite, ni gauche. Comment envisager sans verser dans l'utopie l'actualisation de l'état T, équilibrant la socialisation et l'individualisation ?

B.N. : Tout simplement dans la reconnaissance de la dimension du sacré, partout présente, mais partout oubliée, bafouée, ignorée. J'entends par sacré quelque chose qui échappe à la pensée rationnelle, qui n'est pas opposé à la raison, mais est une partie de la raison échappant à la rationalisation. Il y a une distinction très importante à faire entre la raison – l'ordre des choses – et la rationalisation – tout ce que nous mettons dans nos phrases et dans nos systèmes. Le sacré est cette dimension qui est *irréductible* à la rationalisation ; c'est déjà actualiser l'état de tiers inclus.

J.B. : Encore convient-il que la notion de sacré soit entendue par les politiciens...

B.N. : Dans l'état actuel des choses, ce serait un suicide pour un politicien que de parler de ces notions de transpolitique, transreligieux, de sacré, de transcendance ! Évidemment, pour se faire élire, ce sont des notions difficiles à défendre ; mais, à mon avis, c'est une question de temps. Sans ce discours, qui fait appel à ce qu'il y a de plus simple, de plus caché dans l'être humain, de plus protégé en lui, on ne pourra pas résoudre les problèmes de ce monde avec les approches habituelles. Un jour ou l'autre – Dieu sait quand ! –, les politiciens, dans le vrai sens du terme, arriveront à la conclusion de la *nécessité* d'aborder semblables idées ; nécessité pour la survie.

J.B. : Même question au niveau religieux. Comment imaginer un œcuménisme respectueux en même temps des particularismes confessionnels et des identités doctrinales ?

B.N. : L'attitude transreligieuse ne ramène pas à l'œcuménisme. J'ai assisté moi-même à différentes tentatives d'œcuménisme, mais je constate toujours une sorte de dialogue de sourds, qui s'engage au nom d'une défense d'un territoire. Ceux qui défendent ces tentatives d'œcuménisme, par exemple au Parlement mondial des religions, défendent leur propre territoire. L'attitude transreligieuse est tout autre chose : elle laisse la liberté pour chacun de choisir sa voie, sa religion, son identité. Il s'agit de reconnaître qu'il y a un point de convergence à jamais intangible par les mots, mais un point de convergence quand même, et tangible par une expérience intérieure. Cela, pour toutes ces religions, l'attitude agnostique incluse, qui se situent après tout par rapport à la même question. Ce que nous touchons ici, à vrai dire, implicitement, c'est le problème de l'éducation.

J.B. : Pourriez-vous développer ce point ?

B.N. : Pour vraiment dialoguer avec l'autre, il faut d'abord le connaître ; en particulier dans le domaine religieux. Comment peut-on parler sérieusement de faire disparaître le fanatisme, et tous ses excès, si l'on ne connaît pas véritablement l'autre ? Et comment le connaître vraiment, si ce n'est par l'éducation ? L'école doit rester laïque, mais cela n'implique pas que l'on ne doive pas connaître les religions, les attitudes religieuses des autres. Il devrait même y avoir des lieux d'accueil dans les établissements secondaires et universitaires pour ces points de convergence dont j'ai parlé en vue de la connaissance de l'autre, par un dialogue direct. On ne peut pas attendre que l'être soit déjà cristallisé dans ses options : c'est trop tard.

J.B. : Vous ne croyez pas à la transformation extérieure comme capable d'améliorer le monde. Pour vous, c'est « la transformation de l'attitude de l'homme devant la Réalité qui peut tout changer ». Son évolution n'est donc pas teilhardienne ; elle est celle de sa conscience ?

B.N. : Oui, sans aucune hésitation. Tout le problème, c'est l'équilibre entre l'univers extérieur que nous avons sondé très à fond, et l'univers intérieur que nous avons négligé.

J.B. : Vous faites souvent allusion à la vie intérieure. « Sans la rencontre avec soi-même, dites-vous, on ne peut désapprendre l'appropriation, sortir de son endormissement. » Mais vous ne dites rien de ses modalités pratiques. Est-ce seulement par respect du choix de chacun ?

B.N. : Bien entendu. Pour moi, le véritable maître, c'est le maître intérieur, et les voies vers ce maître intérieur sont multiples. Elles ont toujours existé, depuis la nuit de l'humanité ; ce ne sont pas les voies qui manquent, mais les voyageurs.

J.B. : Il est dans votre mythologie intellectuelle un symbole gnostique intéressant, l'Ouroboros. Vous le mentionnez pour expliquer que l'univers, lui aussi, se mord la queue, puisqu'il est en mesure de se créer et de s'organiser lui-même et par lui-même. Il existe en lui une « dynamique autoconsistante ». Votre concision de scientifique ne nous en dit pas plus. Mais si cela est exact, est-il encore nécessaire de supposer, au-dessus de la Nature naturante et de la Nature naturée, l'existence d'un Démiurge, d'un Dieu ? Ou ce Dieu est-il seulement immanent ?

B.N. : Je pars d'une évidence ; mais comme toute évidence, elle est souvent occultée. C'est que la science ne peut ni infirmer, ni confirmer la notion de Dieu ; cela, par définition et par sa méthodologie, qui délimite déjà les domaines de son approche, les champs de son investigation. C'est donc une imposture que d'affirmer ou nier Dieu à partir de la science. Je dirai plus : c'est aussi une imposture de dire, à l'heure actuelle, qu'il s'agit, concernant Dieu, d'une hypothèse ; parce que, si l'on parle d'une hypothèse, cela veut dire que l'on se donne un champ d'où l'on puisse juger ces notions. Or, la science n'est pas ce champ ; elle donne des points de repère, mais, par elle-même, la science est impuissante à répondre à cette question. Un scientifique, fondé sur ce qu'il comprend de ce qu'il fait, sur son attitude, sur son expérience, peut avoir justement une approche. Personnellement, je m'interroge devant cette fabuleuse intelligence que je vois se manifester de l'infiniment petit à l'infiniment grand, que je ne ressens absolument pas comme une simple projection de notre cerveau. À mes yeux, il ne s'agit là ni d'une transcendance, ni d'une immanence ; j'aimerais parler plutôt d'une transcendance immanente.

J.B. : Vous avez déjà évoqué la question de l'origine chrétienne de la science. Pouvez-vous nous en dire plus ? Comment le dogme de la Trinité a-t-il pu constituer le terreau favorable à cette naissance ?

B.N. : Quand j'ai fait cette hypothèse, je me croyais seul sur cette voie ; et j'ai découvert, par un ami, qu'il existait déjà une étude d'Alexandre Kojève qui portait exactement ce titre : *Origine chrétienne de la science moderne*, où il étudiait le dogme de l'Incarnation. Il ne pouvait être en aucun cas suspecté de sympathie à l'égard du christianisme. C'est assez paradoxal, mais la résistance à mon hypothèse viendrait plutôt des milieux ecclésiastiques ; et je crois comprendre pourquoi : si nous acceptons cette idée, nous devons assumer aussi la responsabilité de ce que l'on fait de cette science, à notre époque.

Je rejoins par cette question l'hypothèse : pourquoi la science moderne est-elle née en Occident ? Question déjà posée par Joseph Needham, qui se demandait comment il se faisait qu'une civilisation aussi développée que la chinoise, où tout était en place pour la naissance d'une science, n'a pas donné lieu à celle-ci. Je crois que la réponse est à la fois simple et complexe. La pensée de l'Extrême-Orient ne supportait pas la séparation sujet-objet, la coupure, l'idée que l'on puisse avoir en face de soi une nature que l'on peut connaître, essayer de dominer ; et cela, la religion chrétienne l'a permis.

J'ai essayé personnellement d'explorer un texte du IVe siècle, attribué à Athanase, et fondateur du dogme de la Trinité, où l'on voit que si l'on fait la lecture du texte à la lumière d'une logique binaire, c'est une absurdité totale... Si l'on tente d'appliquer une logique d'un tiers inclus enrichi, généralisé, le texte devient tout à fait cohérent. C'est ce que j'ai montré lors d'un congrès à Munich, en 1993.

J.B. : Glorieuse illustration du tiers inclus au plan métaphysique, la Trinité n'est-elle pas « la seule chose qui vaille vraiment la peine d'être cherchée en ce monde », comme vous le dites à propos du tiers secrètement inclus – ce monde qui est en train d'éclater sous nos yeux dans des révolutions insensées et des hystéries collectives ? Cela me rappelle la phrase de Paul Florensky affirmant qu'il n'y a pas pour l'humanité d'autre choix que la Trinité ou la folie.

B.N. : Le schéma logique que j'ai élaboré dans ma précédente réponse, et qui est une généralisation de la logique du tiers inclus fondé sur l'inclusion des niveaux de réalité, est compatible avec le dogme de la Trinité. Mais il est plus général dans le sens où ce dogme en tant que texte peut être lu d'une manière cohérente ; mais ce n'est pas la seule interprétation possible. Le schéma que j'ai proposé peut s'adapter aussi bien aux religions polythéistes. De mon point de vue, le choix n'est pas vraiment entre la Trinité et la folie, mais entre la folie d'une pensée binaire et la liberté du tiers inclus.

J.B. : Vous dites des traditions qu'elles sont à dépasser, et des dogmes religieux, qu'ils ne sont que « momifications cachant le cadavre ». Vous voyez dans la valeur numérique du rapport entre le temps de vie de l'homme et le temps de vie de l'humanité la preuve que l'homme a été créé « à l'image de Dieu ». Que voulez-vous dire par là ?

B.N. : C'est une question d'échelle. Il y a effectivement une différence entre l'échelle du temps de l'humanité et l'échelle du temps de vie de l'être individuel que nous sommes. Cela me fait penser à ce qui s'est passé au tout début du Big-Bang, quand les existences embryonnaires, les germes, les quarks, les leptons, les messagers portaient en eux-mêmes toute une information qui allait se développer dans l'apparition des planètes, des galaxies, de notre univers physique. Autrement dit, tout ce qui s'est passé dans un temps infiniment bref – les « trois premières minutes » – fut déterminant pour toute l'évolution cosmique. Je crois qu'on peut faire cette analogie : dans l'économie cosmique, l'humanité répond à une certaine nécessité, tandis que les êtres individuels du début du Big-Bang échappent par eux-mêmes à cette nécessité d'ordre physique. C'est là que je trouve la racine de la liberté de l'être individuel d'échapper à cette nécessité dans le physique.

J.B. : Vous dites encore que le génie du christianisme est de « donner un corps au tiers secrètement inclus », et que la langue de Jésus en est la langue ; « c'est pourquoi il a été crucifié ». Vous faites allusion à l'Eucharistie et au baptême. D'autre part, je n'oublie pas votre ascendance roumaine, et que la Roumanie, tout comme l'Irlande, a échappé au « philosophisme scolastique » et à l'abstraction qui ont dénaturé le christianisme occidental, pour leur préférer le « christianisme cosmique », relié au concret et à l'immémorial. Ma question est aussi abrupte qu'indiscrète : vous rattachez-vous vous-même au christianisme ?

B.N. : Oui, tout à fait. Je me rattache à l'orthodoxie par ma naissance, par mon éducation ; et mon évolution ultérieure ne m'a pas fourni de raisons pour renier cette voie. Je me rattache au christianisme, comme au pays qui est le mien, la France, à une famille, à un corps physique qui est le mien. Mais au centre de moi-même, il y a aussi autre chose, qui n'est ni ceci ni cela, et ceci et cela. Pour moi, l'attitude transreligieuse n'est pas un simple concept, mais une expérience que je vis chaque jour.

J.B. : Sans doute, « l'intérêt de la science par rapport aux différentes religions, c'est qu'elle n'est ni orientale, ni occidentale ». On devine que, pour vous, l'Occident possède assez de gisements : l'alchimie, l'hermétisme, la théosophie telles que les explore un Antoine Faivre, pour pouvoir se passer des apports orientaux. Il est certain qu'il y a du taoïsme dans *Mysterium Magnum* (« la blancheur n'apparaît que par la noirceur... » ; « il n'existe pas de chose si mauvaise qui n'ait en soi du bien... »). Vous ne croyez pas à la relation taoïsme-*bootstrap*, ni à la relation taoïsme-complémentarité, chez Bohr. Vous citez pourtant Lilian Silburn à propos de la discontinuité dans la pensée philosophique de l'Inde... Comment le véritable « cerveau planétaire » qu'élabore l'informatique pourrait-il laisser de côté un domaine infiniment plus vaste que ce « petit cap du continent asiatique » qu'évoquait Valéry, alors que ce domaine ne s'oppose en rien aux aspects transrationnels et transdisciplinaires que vous souhaitez promouvoir ? Attaché à l'idée européenne, craignez-vous une submersion ?

B.N. : Absolument pas. Mes réserves ne concernent que la relation entre l'apparition de la science moderne et la philosophie de l'Extrême-Orient. Mais autrement, je crois même à la nécessité de la transculture. J'irai même plus loin, je dirai que la culture, la sagesse, la philosophie de l'Extrême-Orient nous apportent quelque chose de très spécifique, ce qui nous manque actuellement en ce qui concerne ce que j'ai appelé tout à l'heure la compréhension. Dans les composantes de la compréhension, qui dépassent de loin le savoir, où l'être intérieur est impliqué, je crois que l'Extrême-Orient a énormément de choses à nous apprendre, et que, dans l'avenir, la redécouverte de ces cultures anciennes va jouer un très grand rôle.

J.B. : Vous faites comprendre que vous vous défiez des « pouvoirs » de la technologie – le contraire des « miracles » –, de l' « intelligence artificielle », qui ne sait pas lire entre les lignes, de la machine investissant l'imaginaire. Je suppose que vous ne partagez pas l'enthousiasme que certains vouent à la technique, et qui voient les signes d'un « commencement » dans l'ordinateur composant des poèmes ou dans l'image de synthèse ?

B.N. : La techno-science, par elle-même, n'est ni bonne ni mauvaise. Tout est question de *vision*. Sans vision, il y a nécessairement les pouvoirs qui apparaissent : l'être humain devient objet, devient esclave de ses propres découvertes. En ce sens, il est vrai, je ne partage pas l'enthousiasme facile de certains, qui m'apparaît comme une perversion en ceci qu'elle nous détourne de la vraie question, celle de la redécouverte de la vie intérieure. Cet enthousiasme facile s'est d'ailleurs manifesté chaque fois qu'il y a eu une poussée technologique majeure. À cet enthousiasme-là j'oppose un enthousiasme raisonné. Je crois qu'il y a d'immenses possibilités, par exemple, dans le « cyberespace », qui peuvent améliorer non seulement notre vie extérieure, mais aussi favoriser paradoxalement notre quête intérieure, par un dégagement du temps, pourrait-on dire, qui nous serait gagné par ces serviteurs intelligents que sont les ordinateurs.

Mais là aussi, tout est question de dimension verticale. Ce qui me semble manquer actuellement dans tous les débats sur ces bouleversements technologiques qui vont changer la face du monde (ils sont déjà en train de le faire), c'est l'existence, encore, de cette dimension. C'est un choix de civilisation. Une vision unitaire, planétaire, me semble plus nécessaire que jamais. Ce n'est pas par des approches économiques, politiques, idéologiques, mais par le respect de la vie intérieure ; et c'est, là aussi, le tiers secrètement inclus qui fait défaut.

J.B. : Vous estimez que « le prochain paradigme sera transdisciplinaire, ou ne sera pas », et que, de toute façon, « la nouvelle rationalité aura une naissance difficile ». Est-il possible, selon vous, d'imaginer une spiritualité à venir qui serait dépassement de l'Orient et de l'Occident ?

B.N. : Tout à fait. Une spiritualité prenant en compte la science, une spiritualité prenant en compte toutes les cultures du passé, une spiritualité à la mesure du défi sans précédent de ce siècle, une spiritualité moderne, si j'ose dire, qui correspondrait à une modernité spirituelle. Toute époque de décadence est, dans un certain sens, exaltante : *on peut inventer le nouveau.* Il n'y a pas de modèle ; il y a changement majeur d'attitude ; je le vois comme une sorte de priorité dans le monde où nous vivons.

J.B. : Venons-en, pour terminer, si vous le voulez bien, à diverses citations qui font difficulté. Elles sont souvent brillantes, mais je ne pense pas qu'elles ne sont que cela. Ainsi, que voulez-vous dire quand vous écrivez que « la Nature est un prétexte », et que « le livre de la Nature n'est donc pas à lire, mais à écrire » ?

B.N. : Pré-texte dans le sens : qui précède le texte. Je fais allusion là à l'interaction déjà évoquée entre l'homme et la nature : l'homme intervient dans l'histoire de l'univers, et son intelligence joue justement le rôle de *re-lier* ce qui se passe dans cet univers.

J.B. : « La vision quantique est plus matérialiste que le matérialisme et plus religieuse que la religion ? »

B.N. : Dans la science actuelle, il existe une notion de matière infiniment plus raffinée, plus complexe que la définition du XIXe siècle. Il y a d'abord cette notion de degrés de matérialité, qui enrichit d'un coup le champ de notre exploration et de notre pensée. Dans ce sens-là, oui, la vision quantique est plus matérialiste que le matérialisme. Plus religieuse que la religion : c'est une allusion à une conviction intime, fondée sur ma connaissance, que la nature a pour fonction de *re-lier*. Dans cet inconnu perpétuel qui est dans la nature, il y a une fonction de relation, d'unité, qui se traduit par l'unité entre l'infiniment petit et l'infiniment grand ; qui nous donne un regard plus global, par rapport à un regard qui découperait un paysage bien fixé par les textes, par les dogmes.

J.B. : En quoi la science contemporaine prédit-elle l'inconnu « à partir, certes, de ce qui est connu », mais aussi « à partir de ce qui est inconnu » ?

B.N. : La nature est source perpétuelle d'inconnu ; et nous, scientifiques, allons perpétuellement à sa rencontre. Cette source, je la vois se manifester dans l'absence de théories complètes et dans cet aspect d'ouverture traduit par l'aspect gödelien de la nature et de la connaissance.

J.B. : Lorsque vous déclarez que c'est le singe qui descend de l'homme, pensez-vous aux hommes d'aujourd'hui comparés à leurs ancêtres ?

B.N. : Non ! Je fais simplement allusion au principe anthropique, d'ailleurs mal nommé, qui montre qu'il y a comme une sorte de boucle entre l'infiniment petit et l'infiniment grand ; qu'il y a une cohérence étonnante, des fenêtres extrêmement étroites, par lesquelles cet univers a pu apparaître. Par exemple, une toute petite altération d'un paramètre dans le monde quantique détruit la possibilité d'avoir des planètes, des galaxies, et, à la limite, des éléments lourds qui sont la condition de la vie. Et cette cohérence pose question.

J.B. : « Je me cherche partout où je ne suis pas ? »

B.N. : Cela me semble évident. Je mettrais volontiers une pancarte avec cette inscription sur les autobus qui sillonnent Paris. Nous nous cherchons toujours ailleurs qu'en nous-mêmes : nous nous cherchons dans l'univers, dans le passé, dans l'avenir, dans les objets du désir de la société de consommation ; en ce sens, nous sommes légion, chacun d'entre nous. Et je dirai même que cette multiplicité de personnages privés de centre et d'unité, ce peut être là le fondement de cette société de consommation.

J.B. : Ces éclaircissements étaient nécessaires, et je vous en remercie. Mais il y a aussi ce qui m'apparaît comme autant de contradictions. Par exemple, n'y en a-t-il pas une entre l'idée que « tout retour à une religion ou philosophie du passé est aujourd'hui nocif », et l'idée qu' « il ne s'agit pas d'exclure mais bien de redécouvrir toutes les traditions du monde » ? D'une part, vous notez que la Tradition apporte le sens de la permanence, d'autre part, qu' « on ne peut pas faire du nouveau avec de l'ancien », ce qui suppose rupture avec cette permanence. Vouloir rompre avec le passé est forcément antitraditionnel.

B.N. : Je fais ici allusion à l'avènement de l'être. Je n'ai pas la vision d'un pôle géographique ou historique de la Tradition. Pour moi, l'ancrage de l'être et la Tradition sont par définition transhistoriques, transtemporels. La transcendance n'est pas de ce monde, mais elle est avec ce monde ; elle est en nous. Donc, la Tradition est toujours liée au présent qui intègre le passé mais ne peut jamais retourner au passé.

J.B. : Vous ne croyez guère au principe anthropique, ce « *bootstrap* du pauvre », qui pose l'existence d'un univers spécialement conçu pour l'apparition de l'homme, selon un projet prédéterminé. Par exemple, l'homme n'est pas le centre du monde. Cependant, à l'inverse de nombreux astrophysiciens, vous pensez que la Terre est probablement le seul astre habité de l'univers. Et même, en vous référant aux Anciens, vous avez exprimé l'idée que « la Terre est le centre de l'univers ». Lequel des deux en vous faut-il croire ?

B.N. : Les deux !... Il s'agit d'une lecture sur deux niveaux de réalité différents. Le principe anthropique n'est qu'un cas particulier du principe d'interdépendance universelle, du principe du *bootstrap* qui est apparu en physique des particules. Dans les *Théorèmes poétiques*, il s'agit d'un tout autre niveau que le niveau physique. J'évoque là le niveau extrêmement mystérieux qui est celui de la conscience. Je pars d'un principe copernicien qui donne un centre par la conscience, laquelle, selon nos connaissances, n'existe que sur cette terre ; mais cette affirmation se fait à un autre niveau de réalité.

J.B. : « Nous sommes nés dans une tombe étoilée », dites-vous joliment. On pense aux mosaïques du mausolée de Galla Placidia, à Ravenne. La seule nouveauté de l'univers est l'apparition de l'homme, lequel permet à l'univers de devenir vivant. En quoi l'homme peut-il le vivifier ?

B.N. : Par sa conscience. Selon les estimations scientifiques, il faut au moins une galaxie pour créer les conditions de la vie sous sa forme embryonnaire. On peut se poser la question : combien de galaxies pour l'apparition de la conscience ? Imaginons un seul instant cet univers physique sans conscience : ce serait quelque chose d'absurde, de grotesque, je dirais, à la limite, d'obscène. C'est dans ce sens que je pars du fait que l'être humain permet à l'univers de devenir vivant, fondé sur ce que je sais de la science et de la Tradition. L'univers m'apparaît comme une sorte de maison d'accueil de la conscience ; et sur le plan strictement physique, la conscience semble complètement inutile, non nécessaire ; tandis que cette même économie cosmique réclame la cohérence de l'ensemble physique, du quark à la galaxie. Mais peut-être – autre hypothèse –, sur un autre plan, la conscience répond, elle aussi, à une nécessité tout aussi naturelle que l'apparition des planètes.

J.B. : Enfin, n'y a-t-il pas contradiction entre ces deux propositions : « Le problème des problèmes est qu'il y aura toujours des problèmes » ; d'autre part, tandis que le nihiliste assure : « Il n'y a pas de clé à l'énigme », vous lui répondez : « Il n'y a pas de clé parce qu'il n'y a pas d'énigme. »

B.N. : Comme tout théorème poétique, celui-ci peut se lire à plusieurs niveaux en fonction de sa propre expérience. À l'un de ces niveaux, le mental crée des problèmes, des énigmes, de la complexité, comme une distance entre l'homme et la nature, l'homme et la réalité. Le mental remplace sans cesse des énigmes par d'autres énigmes, et l'on peut imaginer ce processus continuant jusqu'à la fin des temps. Mais à un autre niveau, celui de l'expérience intérieure, s'il y a rencontre de soi-même avec soi-même, il n'y a plus d'énigme ; il y a tout simplement la lumière éblouissante, inoubliable, de l'Évidence absolue.

J.B. : On ne saurait oublier les paradoxes amusants ou provocants, et ne laissant jamais dans l'indifférence. Tenons-nous-en à ces trois.

D'abord, « le Diable est le plus grand allié de Dieu... ; la conversion du Diable serait une catastrophe cosmique ».

B.N. : Tout est question de place. Sans la contradiction, il ne peut y avoir de tiers secrètement inclus. La fusion dans l'Un non différencié placerait d'emblée dans le monde de l'ennui total ; et quelle pire catastrophe cosmique que l'ennui ou la tombe étoilée ?

J.B. : « Il n'y a pas de vie après la mort ; il y a la vie après la vie, et la mort après la mort. »

B.N. : Je n'ai aucun commentaire à faire, car il s'agit d'une expérience, non d'une théorie.

J.B. : Et ce merveilleux aphorisme : « L'homme est plus qu'un abîme : une nuance. »

B.N. : Je crois que c'est une bonne conclusion à notre entretien !

# BIBLIOGRAPHIE


## Sheikh Hādj Adda Bentounès

### *Portraits*

M. Lings : *Un saint musulman du xx^e^ siècle : le Cheikh Ahmad al-Alawi*, Éditions Traditionnelles, 1967. Seuil, 1990.

J. Cartigny : *Cheikh al-Alawi. Documents et Témoignages.* (Dr Carret, M. Becque, Abd al-Karim Jossot, Dr Probst-Biraben). Les Amis de l'Islam, Drancy, 1984.

### *Autour du soufisme*

T. Burckhardt : *Du soufisme*, Derain, Lyon, 1951.

M. Lings : *Qu'est-ce que le soufisme?* Seuil, 1977.

E. de Vitray-Meyerovitch : *Anthologie du soufisme*, Sindbad, 1978.

S. H. Nasr : *Essais sur le soufisme*, Albin Michel, 1980.

F. Skali : *La Voie soufie*, Albin Michel, 1985.

M. Chodkiewicz : *Le Sceau des saints. Prophétie et sainteté dans la doctrine d'Ibn Arabī*, Gallimard, 1986.

Cheikh Khaled Bentounès : *Le Soufisme, cœur de l'Islam*, La Table Ronde, 1996.

## Lanza del Vasto

### *Poésie*

*Le Chiffre des choses*, Laffont, 1941. Denoël, 1942. 1953.

### *Voyages*

*Le Pèlerinage aux sources*, Denoël, 1943. (Disponible aux éditions Gallimard [Folio], et du Rocher.)

*Vinōbā, ou le nouveau pèlerinage*, Denoël, 1954. (Disponible aux éditions Gallimard [Folio], et du Rocher.)

## *Essais*

*Judas*, Denoël, 1938. (Disponible aux éditions Gallimard [Folio], et du Rocher.)
*Principes et préceptes du retour à l'évidence*, Denoël, 1945 ; Le Rocher, 1996.
*Les Quatre Fléaux*, Denoël, 1959 ; Le Rocher, 1993.
*Approches de la vie intérieure*, Denoël, 1963 ; Le Rocher, 1992.
*L'Homme libre et les Ânes sauvages*, Denoël, 1969.
*Pour éviter la fin du monde*, Le Rocher, 1991.
*Pages d'enseignement*, Le Rocher, 1993.

## *Exégèse*

*Commentaire de l'Évangile*, Denoël, 1951 ; Le Rocher, 1994.
*La Montée des âmes vivantes*, Denoël, 1968 ; Le Rocher, 1996.
*La Trinité spirituelle*, Denoël, 1970 ; Le Rocher, 1994.

## *Théâtre*

*La Marche des rois*, Laffont, 1947.
*La Passion*, Grasset, 1951.
*Noé*, Denoël, 1965.
*David Berger,* Éditions Lion de Juda, 1987.

## *Cahiers*

*Le Viatique*, Denoël, 1970 ; Le Rocher, 2 vol., 1991.

## *À propos de Lanza del Vasto*

J. Madaule : *Qui est Lanza del Vasto ?* Témoignages de L. Dietrich, R. Daumal, R. Christoflour et G. Thibon. Denoël, 1995.
A. de Mareuil : *Lanza del Vasto*, Seghers, 1966.
J. Biès : « Lanza del Vasto », *in Littérature française et Pensée hindoue*, C. Klincksieck, 1973/1992.
J.-M. Varenne : *Lanza del Vasto, le précurseur*, Retz, 1976.
R. Doumerc : *Dialogues avec Lanza del Vasto*, Cerf, 1980.
C.M. Rocquet : *Les Facettes de cristal*, Le Centurion, 1981.
D. Berger : *Lanza del Vasto*, Éditions des Béatitudes, 1987.

## Gandhi

### Œuvres

*La Jeune Inde,* Stock, 1924.
*Autobiographie, ou mes expériences de vérité,* Presses universitaires de France, 1950.
*Leur civilisation et notre délivrance,* Denoël, 1957.
*Tous les hommes sont frères,* Gallimard, 1969.

### Autour de Gandhi et de la non-violence

R. Rolland : *Mahātmā Gandhi*, Stock, 1924.
E. Privat : *Aux Indes avec Gandhi*, Attinger, 1934.
C. Drevet : *Pour connaître la pensée de Gandhi*, Bordas, 1946.
*Hommage à Gandhi*, *France-Asie*, nº 32, 1948.
L. Corman : *La Non-Violence dans la conduite des peuples et la conduite de soi-même*, Stock, 1949.
P. Régamey : *Non-Violence et conscience chrétienne*, Cerf, 1958.
L. Massignon : *Parole donnée*, Julliard, 1962.
O. Lacombe : *Gandhi, ou la force de l'âme*, Seuil, 1964.
S. Lassier : *Gandhi et la non-violence*, Seuil, 1970.

## Jacques Brosse

### Récits

*La Chemise rouge*, Plon, 1960.
*Exhumations*, Plon, 1962.
*Autobiographie d'un enfant*, J. Corti, 1993.

### Essais

*L'Ordre des choses*, Plon 1959 ; Julliard, 1986.
*L'Homme dans les bois*, Stock, 1976.
*La Magie des plantes*, Hachette, 1979 ; Albin Michel, 1990.
*Les Arbres de France*, Plon, 1987.
*Mythologie des arbres*, Plon, 1989.
*Le Chant du loriot, ou l'Éternel Instant*, Plon, 1990.
*Les Fruits*, Bibliothèque de l'Image, 1995.

*Inventaire des sens*, Grasset, 1965.
*Cinq Méditations sur le corps*, Stock, 1967.

### *Témoignages*

*L'Expérience du rêve*, Grasset, 1969.
*Mahabalipuram, tout le monde descend*, Fayard, 1973.
*Satori. Dix ans d'expérience avec un maître zen*, Albin Michel, 1984.

### *Biographies*

*Le Génie adolescent*, avec Y. Fauvel, Stock, 1966.
*Cocteau*, Gallimard, 1970.
*Alexandra David-Neel*, Retz, 1978 ; Albin Michel, 1991.

### *Voyages*

*La Découverte de la Chine*, Bordas, 1981.
*Les Tours du monde des explorateurs (1764-1843)*, Bordas, 1983.
*Terres promises*, Julliard, 1985.

### *Histoire*

*Histoire de la chrétienté d'Orient et d'Occident*, Albin Michel, 1995.

### *Entretiens avec Jacque Brosse*

J. Biès : *L'Arbre et l'Éveil*, Albin Michel, 1997.

### *À propos du zen*

D. T. Suzuki : *Essais sur le bouddhisme zen*, 3 vol. Albin Michel, 1954/1972.
A. W. Watts : *Le Bouddhisme zen*, Payot, 1969.
*Psychothérapie orientale et occidentale*, Fayard, 1974.
T. Merton : *Zen, Tao et Nirvāna*, Fayard, 1970.
T. Deshimaru : *Le Bol et le Bâton*, Albin Michel, 1986.
*La Pratique du zen*, Albin Michel, 1992.
*Zen et vie quotidienne*, Albin Michel, 1992.
E. de Smedt : *Zen et christianisme*, Albin Michel, 1990.

## Étienne Perrot

*La Voie de la transformation d'après C.G. Jung*, Médicis, 1970.
*C.G. Jung et la Voie des profondeurs*. Ouvrage collectif. Revue *Présence*, Genève, 1977 ; La Fontaine de pierre, 1980.
*Coran teint. Le Livre rouge*, La Fontaine de pierre-Dervy, 1979.
*Les Rêves et la Vie*, Dervy, 1979.
*Les Trois Pommes d'or*, La Fontaine de pierre-Dervy, 1981.
*La Consolation d'Isaïe*, La Fontaine de pierre-Dervy, 1982.
*Des étoiles et des pierres*, La Fontaine de pierre-Dervy, 1985.
*De Dieu aux dieux*, Éditions J. Renard-Le Dauphin, 1989.
*Chroniques de la vie libérée*, Éditions J. Renard-Le Dauphin, 1990.

### *Traductions*

*Le Yi King. Livre des Transformations*, Médicis, 1968.
*Atalante fugitive*, de Michel Maïer, Médicis, 1969.
*Le Rosaire des philosophes*, Médicis, 1973.
*Tao Te king*, Médicis, 1974.
*C.G. Jung. Son mythe en notre temps*, de M. L von Franz, Buchet-Chastel, 1975.
*Nombre et temps*, de M.L. von Franz, La Fontaine de pierre-Dervy, 1978.

### *Œuvres de C.G. Jung*

*Aspects du drame contemporain*, Georg – Buchet-Chastel, 1948.
*Problèmes de l'âme moderne*, Buchet-Chastel, 1960.
*Présent et Avenir*, Buchet-Chastel, 1962.
*Ma vie. Souvenirs, rêves et pensées*, Gallimard, 1973.
*Commentaire sur le Mystère de la Fleur d'Or*, Albin Michel, 1979.
*Psychologie et orientalisme*, Albin Michel, 1985.
*Mysterium Conjunctionis*, Albin Michel, 2 vol., 1980-1982.

### *À propos de C. G. Jung*

E. A. Bennet : *Ce que Jung a vraiment dit*, Stock, 1973.
E. G. Humbert : *Jung*, Éditions universitaires, 1983.
W. Mc Guire et R. F. C. Hull : *C. G. Jung parle. Rencontres et interviews*, Buchet-Chastel, 1985.
B. Hannah : *Jung. Sa vie et son œuvre*, Dervy, 1989.
A. Stevens : *Jung L'œuvre-vie*, Éditions du Félin, 1994.

## Émile Gillabert

*Saint Paul*, ou *Le Colosse aux pieds d'argile*, Métanoïa, 1974.
*Paroles de Jésus et Pensée orientale*, Métanoïa, 1974.
*Moïse et le phénomène judéo-chrétien*, Métanoïa, 1976.
*Évangile selon Thomas*. Traduction et commentaire d'É. Gillabert, P. Bourgeois et Y. Haas, Métanoïa, 1979 ; Dervy, 1985.
*Jésus et la Gnose*, Dervy, 1981.
*Le Procès de Jésus à la lumière de la Gnose*, Dervy, 1986.
*L'Évangile, voie de la Connaissance*, Dervy, 1987.
*Judas, traître ou initié*, Dervy, 1989.

### *Autour de l'Évangile de Thomas*

H. G. Puech : *En quête de la gnose*, vol. 2 : *L'Évangile selon Thomas*, Gallimard, 1978.
J. M. Sevrin : « L'Évangile de Thomas, un enseignement gnostique », *in Cahiers bibliques*, 21, 1982.
J. Doresse : *L'Évangile selon Thomas*, Plon, 1957 ; Le Rocher, 1988.
R. Kasser : *L'Évangile selon Thomas. Présentation et commentaire théologique,* Delachaux et Niestlé, Neuchâtel, 1961.
F. Quéré : *Les Évangiles apocryphes*, Seuil, 1983.
J.Y. Leloup : *L'Évangile de Thomas.* A. Michel, 1986.

## Frithjof Schuon

### *Métaphysique*

*De l'Unité transcendante des religions*, Gallimard, 1948. Seuil, 1968.
*Sentiers de Gnose*, La Colombe, 1957. La Place Royale, 1987.
*L'Ésotérisme comme principe et comme voie,* Dervy, 1977.
*Résumé de métaphysique intégrale*, Le Courrier du Livre, 1985.

### *Perspectives doctrinales*

*L'Œil du cœur*, Gallimard, 1950. L'Âge d'homme, 1995.
*Images de l'esprit : Shintō, Bouddhisme, Yoga*, Flammarion, 1961. Le Courrier du Livre, 1982.
*Comprendre l'Islam*, Gallimard, 1961. Seuil, 1976.
*Forme et substance dans les religions*, Dervy, 1975.

*Le Soufisme, voile et quintessence*, Dervy, 1980.
*Christianisme-Islâm. Visions d'œcuménisme ésotérique*, Arché, Milan, 1981.
*Approches du phénomène religieux*, Le Courrier du Livre, 1984.

## *Anthropologie*

*Perspectives spirituelles et faits humains*, Cahiers du Sud, 1953. Maisonneuve-Larose, 1989.
*Castes et Races*, suivi de : *Principes et critères de l'art universel*, Derain, Lyon, 1957. Arché, Milan, 1979.
*Les Stations de la Sagesse*, Buchet-Chastel-Corrêa, 1958.
*Regards sur les mondes anciens*, Éditions Traditionnelles, 1968.
*Logique et Transcendance*, Éditions Traditionnelles, 1970.
*Du Divin à l'humain*, Le Courrier du Livre, 1981.
*Avoir un centre*, Maisonneuve-Larose, 1988.
*Racines de la condition humaine*, La Table Ronde, 1990.
*La Transformation de l'homme*, L'Âge d'homme, 1995.

## *Autour de Frithjof Schuon*

J. Borella : « Frithjof Schuon, ou l'ésotérisme aujourd'hui », *in La Place Royale*, n° 19, 1988.
S. H. Nasr et W. Stoddart : *Religion of the Heart*, Foundation for Traditionnal Studies, Washington, 1991.

## *Autour de la* Philosophia perennis

A. Huxley : *La Philosophie éternelle*, Plon, 1948. Seuil, 1977.
R ; Guénon : *Symboles fondamentaux de la science sacrée*, Gallimard, 1962.
L. Benoist : *L'Ésotérisme*, Presses universitaires de France, 1963.
G. Vallin : *La Perspective métaphysique*, Dervy, 1977.
H. Stéphane : *Introduction à l'ésotérisme chrétien*, Dervy, 1979.
*René Guénon et l'actualité de la pensée traditionnelle*, Actes du Colloque international (1973). Arché, Milan, 1980.
A. Faivre : *Accès de l'ésotérisme occidental*, 2 vol., Gallimard, 1996.
E. Edelmann : *Éclairs d'Éternité*, Table Ronde, 1990.
E. Lemoine : *Theologia sine metaphysica nihil*, Éditions Traditionnelles, 1991.

## Jean Herbert

### *Essais*

*Spiritualité hindoue*, Albin Michel, 1947.
*La Notion de vie future dans l'hindouisme*, Adyar, 1949.
*La Mythologie hindoue. Son message*, Albin Michel, 1953.
*Le Yoga de l'Amour. La geste de Krishna*, Albin Michel, 1975.
*L'Hindouisme vivant*, Laffont, 1975.
*Ce que Gandhi a vraiment dit*, Stock, 1969 ; Marabout, 1975.
*Réflexions sur la Bhagavad-Gītā vue dans son contexte*, Dervy, 1976.

*Introduction à l'Asie*, Albin Michel, 1960.
*Aux sources du Japon, le shintō*, Albin Michel, 1964.
*Les Dieux nationaux du Japon*, Albin Michel, 1966.
*Dieux et sectes populaires du Japon*, Albin Michel, 1967.
*La Cosmogonie japonaise*, Dervy, 1977.
*La Religion d'Okinawa*, Dervy, 1981.

### *Traductions*

(Éditions Albin Michel)

Gandhi : *Lettres à l'āshram*, 1948.
Swâmi Vivekânanda : *Les Yogas pratiques*, 1948.
*L'Enseignement de Ramakrishna*, 1948.
Swāmi Sivananda Sarasvati : *La Pratique de la méditation*, 1950.
Shrī Aurobindo : *La Bhagavad-Gītā*, 1951.
Swāmi Rāmdās : *Carnet de pèlerinage*, 1953.
D.T. Suzuki : *Essais sur le bouddhisme zen*, 3 vol., 1954-1956.
Swāmi Vivekānanda : *Entretiens et causeries*, 1955.
Shrī Aurobindo : *La Vie divine*, 4 vol., 1955-1959.
Lama Anagarika Govinda : *Les Fondements de la mystique tibétaine*, 1960.
Shrī Aurobindo : *Le Guide du yoga*, 1970.
*L'Enseignement de Ramana Maharshi*, 1972.
*L'Enseignement de Mā Ananda Moyī*, 1974.
Shrī Aurobindo : *La Pratique du yoga intégral*, 1976.
  *Métaphysique et psychologie*, 1976.
  *Expériences psychiques dans le yoga*, 1977.
  *Réponses*, 1978.
S.H. Nasr : *Essais sur le soufisme*, 1980.

(La plupart de ces ouvrages ont été réédités par Albin Michel en collection de poche.)

### *À propos des sages de l'Inde contemporaine*

*Shrī Rāmakrishna* :
R. Rolland : *La Vie de Rāmakrishna*, Stock, 1929.
D. G. Mukerji : *Le Visage du silence*, Attinger, 1932.
S. Lemaître : *Rāmakrishna et la vitalité de l'hindouisme*, Seuil, 1959.
*Rāmakrishna*, Vedānta, n$^{os}$ 16-17. Centre Védantique, Gretz, 1960.
*Rāmakrishna, l'homme et son message*, Planète plus, 1970.

*Swāmi Vivekānanda* :
R. Rolland : *La Vie de Vivekānanda et l'Évangile universel*, Stock, 1930.
Nivedita : *Vivekānanda tel que je l'ai vu*, Albin Michel, 1952.
Swāmi Nikhilānanda : *La Vie de Vivekānanda*, La Colombe, 1956.

*Ramana Maharshi* :
A. Osborne : *Rāmana Maharshi et le sentier de la connaissance de soi*, Attinger, 1957.
H. Hartung : *Présence de Ramana Maharshi*, Cerf, 1980. Dervy, 1987.

*Ma Ananda Moyī* :
B. Dhingra : *Visages de Ma Anandamayi*, Cerf, 1981.

*Mahātma Gandhi* :
Voir Bibliographie *Lanza del Vasto.*

*Shrī Aurobindo* :
Voir Bibliographie *Satprem.*

## MARIE-MAGDELEINE DAVY

### *Études médiévales*

*Guillaume de Saint-Thierry : Deux traités de l'amour de Dieu*, Vrin.
*Guillaume de Saint-Thierry : Deux traités sur la foi*, Vrin.
*Initiation médiévale : la philosophie au XII*$^{e}$ *siècle*, Albin Michel, 1980.
*Bernard de Clairvaux*, Le Félin, 1990.

### *Essais*

*Essais sur la symbolique romane*, Flammarion, 1955.
*L'Homme intérieur et ses métamorphoses*, L'Épi, 1974.
*Le Désert intérieur*, Albin Michel, 1983.

*Introduction au message de Simone Weil*, Plon, 1954.
*Un philosophe itinérant : Gabriel Marcel*, Flammarion, 1964.
*Nicolas Berdiaev, l'homme du huitième jour*, Flammarion, 1964.

*Henri Le Saux, le passeur entre deux rives*, Cerf, 1983.

*L'Oiseau et sa symbolique*, Albin Michel, 1992.
*Tout est noces*, Albin Michel, 1993.
*La montagne et sa symbolique,* Albin Michel, 1996.

### *Récits et nouvelles*

*Le Berger du soleil*, Buchet-Chastel, 1965.
*Muni. Récit d'une expérience d'intériorité*, Retz, 1985.
*La Danse de l'amour et de l'humour*, Présence, 1988.

### *Mémoires*

*Un itinéraire. À la découverte de l'intériorité*, L'Épi, 1977.
*Traversée en solitaire*, Albin Michel, 1989.

### *Direction et articles*

*Encyclopédie des mystiques occidentale et orientale*, Laffont, 2 vol., 1972 ; Seghers, 4 vol., 1977.

### *Henri Le Saux*
### *Christianisme et hindouisme*

H. Le Saux : *La Rencontre de l'hindouisme et du christianisme*, Seuil, 1966.
*Intériorité et révélation*, Présence, 1982.
*La Montée au fond du cœur*, O.E.I.L., 1986.
*Souvenir d'Arunāchala*, L'Épi, 1990.
B. Griffiths : *Expérience chrétienne, mystique hindoue*, Cerf, 1985.
M. Maupilier : *Les Mystiques hindous chrétiens*, O.E.I.L., 1985.

### *Nicolas Berdiaev et l'orthodoxie*

N. Berdiaev : *Le Nouveau Moyen Âge*, Plon, 1927 ; L'Âge d'homme, 1985.
*Esprit et Liberté*, « Je sers », 1993.
*Royaume de l'esprit et royaume de César*, Delachaux-Niestlé, 1951.
J. L. Segundo : *Nicolas Berdiaev*, Aubier, 1963.
A. Klimov : *Nicolas Berdiaeff*, Seghers, 1967.
O. Clément : *Berdiaev. Un philosophe russe en France*, Desclée de Brouwer, 1991.

### *Simone Weil entre hellénisme, christianisme et hindouisme*

S. Weil : *La Pesanteur et la Grâce*, Plon, 1947.
*La Connaissance surnaturelle*, Gallimard, 1951.
*Intuitions préchrétiennes*, La Colombe, 1951.
*Lettre à un religieux*, Gallimard, 1951.

G. Kempfner : *La Philosophie mystique de Simone Weil*, La Colombe, 1960.
B. Halda : *L'Évolution spirituelle de Simone Weil*, Beauchesne, 1964.
J. M. Perrin, J. Daniélou : *Réponses aux questions de Simone Weil*, Aubier, 1964.
F. Heidsieck : *Simone Weil*, Seghers, 1967.
G. Fiori : *Simone Weil. Une femme absolue*, Le Félin, 1987.
« Simone Weil. Le grand passage », *Question de*, n° 97, 1994.

## Satprem

### *Romans*

*L'Orpailleur*, Seuil, 1960.
*Par le Corps de la Terre*, ou *Le Sannyasin*, R. Laffont, 1974.
*Gringo*, R. Laffont, 1980.

### *Essais*

*Srī Aurobindo*, ou *L'Aventure de la conscience*, Buchet-Chastel, 1964.
*La Genèse du surhomme*, Buchet-Chastel, 1974.
*Mère*, R. Laffont, 3 vol. : *Le Matérialisme divin*; *L'Espèce nouvelle*; *La Mutation de la Mort*. 1977.
*Le Mental des cellules*, R. Laffont, 1981.
*La Vie sans mort*, en collaboration avec L. Venet, R. Laffont, 1985.
*La Révolte de la Terre*, R. Laffont, 1990.

### *À propos de Satprem*

F. de Towarmicki : *Sept jours en Inde avec Satprem*, R. Laffont, 1991.
Shrī Aurobindo : *L'Évolution future de l'humanité*, Presses universitaires de France, 1962.
*L'Idéal de l'unité humaine*, Buchet-Chastel, 1972.
*Le Cycle humain*, Buchet-Chastel, 1973.
*La Manifestation supramentale sur la Terre*, Buchet-Chastel, 1974.

P. B. Saint-Hilaire – G. Monod-Herzen : *Le Message de Sri Aurobindo et son āshram*, Pondichéry, 1947.
G. E. Monod-Herzen : *Sri Aurobindo*, Cahiers du Sud, 1954.
*Hommage à Sri Aurobindo*, *Synthèses*, n° 235 – Bruxelles, 1965. (Textes de G. Germain, O. Lacombe, J. Masui, G. Monod-Herzen, P. B. Saint-Hilaire, Satprem).
R. Sailly : *Sri Aurobindo, philosophe du yoga intégral*, A. Maisonneuve, 1970.
N. K. Gupta : *L'Idéal de Sri Aurobindo*, Stock, 1980.
*Sri Aurobindo et l'avenir de la Révolution française*, Buchet-Chastel, 1989 (Textes rassemblés par C. Deloze, C. et L. Baldo, S. Brelin, M. Etevenon, D. Terlizzi).
G. Mourgue : *Sri Aurobindo et Teilhard de Chardin*, Buchet-Chastel, 1993.

### *La Mère*

*Entretiens* (1929-1958), Sri Aurobindo Ashram, Pondichéry, 6 vol., 1967-1972.
*Agenda* (1951-1973), Institut de recherches évolutives, Paris, 13 vol., 1978-1982.

## Arnaud Desjardins

## (Éditions de la Table Ronde)

### *Initiations à l'Orient*

*Ashrams. Les Yogis et les Sages*. 1962.
*Yoga et Spiritualité. L'hindouisme et nous*, 1964.
*Les Chemins de la Sagesse*, 3 vol., 1965-1973.
*Le Message des Tibétains*, 1969.
*Monde moderne et sagesse ancienne*, 1973.
*En relisant les Évangiles*, 1990.
*Zen et Vedanta*, 1995.

### *À la recherche du Soi*

*Adyatma-yoga*, 1977.
*Le Védanta et l'Inconscient*, 1978.
*Au-delà du moi*, 1979.
*« Tu es Cela »*, 1980.

## *Méthodes et pratiques*

*Un grain de sagesse*, 1981.
*L'Audace de vivre*, 1989.
*Approches de la méditation*, 1989.
*La Voie du cœur*, 1991.
*Pour une mort sans peur*, 1991.
*Pour une vie réussie*, 1992.
*La Voie et ses pièges*, 1992.

## *Autour d'Arnaud Desjardins*

D. Desjardins : *De naissance en naissance*, 1977.
*La Mémoire des vies antérieures*, 1980.
*Mère, sainte et courtisane*, 1983.
*Le Défi d'être*, entretiens avec G. Farcet, Dervy, 1990.
*La Stratégie du OUI*, 1993.
*La Route et le Chemin*, 1995.

G. Farcet : *Arnaud Desjardins*, ou *l'Aventure de la Sagesse*, La Table Ronde, 1987.
J. P. Calvet : *Arnaud Desjardins. Le Baladin et la Sagesse*, La Table Ronde, 1989.
G. Farcet.-A. Desjardins : *Confidences impersonnelles*, Critérion, 1991.
D. Teundroup.-A. Desjardins : *Dialogue à deux voies*, La Table Ronde, 1993.

## *Swāmi Prajñānpad*

*L'Art de voir. Lettres à ses disciples*, L'Originel, 1988.
*Les Yeux ouverts. Lettres à ses disciples*, L'Originel, 1989.

S. Prakash : *L'Expérience de l'Unité. Dialogues avec Swāmi Prajñānpad*, L'Originel, 1986.
D. Roumanoff : *Svāmi Prajnānpad* ; 3 vol., La Table Ronde, 1989-1990 : *Manque et plénitude*, *Le quotidien illuminé*, *Une synthèse Orient-Occident*.
R. Srinivasan : *Entretiens avec Swāmi Prajñānpad*, L'Originel, 1990.
F. Leboyer : *Portrait d'un homme remarquable : Swāmi Prajñānpad*, Critérion, 1991.

## *Varia*

V. Loiseleur : *Anthologie de la Non-Dualité*, La Table Ronde, 1981.
E. Edelmann : *Métaphysique d'un passant*, La Table Ronde, 1982.
J. Vigne : *Le Maître et le Thérapeute*, Albin Michel, 1991.

## Christiane Singer

(Éditions Albin Michel)

### *Romans*

*Les Cahiers d'une hypocrite*, 1965.
*Vie et mort du beau Frou*, 1965.
*Chronique tendre des jours amers*, 1976.
*La Mort viennoise*, prix des Libraires, 1979.
*La Guerre des filles*, 1981.
*Histoire d'âme*, prix Albert-Camus, 1989.
*Une passion*, 1992.
*Rastenberg*, 1996.

### *Essais*

*Les Âges de la vie*, 1984.
*Du bon usage des crises*, 1996.

## Basarab Nicolescu

### *Ouvrages*

*Nous, la particule et le monde*, Le Mail, 1985. Ouvrage couronné par l'Académie française.
*Théorèmes poétiques*, Rocher, 1994.
*L'homme et le sens de l'Univers*, Essai. Philippe Lebaud Éditeur, 1995.
*La Transdisciplinarité,* Rocher, 1996.

### *Contributions*

*L'Homme et ses trois éthiques*, de S. Lupasco, Rocher, 1986.
*Le Psychanalyste, le Physicien et le Réel*, Poïesis, 1987.
*La Science face aux confins de la connaissance*, Le Félin, 1987.
*L'Homme, la Science et la Nature. Regards transdisciplinaires*, Le Mail, 1994.
*Sciences et imaginaire*, Albin Michel, Cité des sciences et de l'industrie, 1994.

## *Sur Jacob Boehme*

A. Koyré : *La Philosophie de Jakob Boehme*, Vrin, 1971.
*Jakob Boehme*, Albin Michel, *Cahiers de l'Hermétisme*, 1977.
*Jakob Boehme*, Actes du Colloque de Chantilly, Vrin, 1979.
P. Deghaye : *La Naissance de Dieu*, ou *La Doctrine de Jakob Boehme*, Albin Michel, 1985.
A. Faivre : *Accès de l'ésotérisme occidental*, 2 vol., Gallimard, 1996.

## *Science et imagination*

J. Hadamard : *Essai sur la psychologie de l'invention dans le domaine scientifique*, Gauthier-Villars, 1978.
G. Holton : *L'Imagination scientifique*, Gallimard; 1981.
G. Durand : *Les Structures anthropologiques de l'imaginaire*, Bordas, 1981. *L'Imagination symbolique*, Presses universitaires de France, 1984. *L'Imaginaire. Essai sur les sciences et la philosophie de l'image*, Hatier, 1994.
I. A. Maréchal : *Sciences et imaginaire*, A. Michel, 1994.

## *Vision scientifique et vision spirituelle*

R. Abellio : *La Structure absolue*, Gallimard, 1965.
S. Lupasco : *Les Trois matières*, 10/18, Gallimard, 1970. Cohérence, 1982.
F. Capra : *Le Tao de la physique*, Tchou, 1979.
I. Prigogine – I. Stengers : *La Nouvelle Alliance*, Gallimard, 1979.
G. Durand : *Science de l'homme et Tradition. Le Nouvel esprit anthropologique*, Berg International, 1979. Albin Michel, 1994.
E. Laszlo : *Le Systémisme, vision nouvelle du monde*, Pergamon Press, 1981.
B. d'Espagnat : *À la recherche du Réel*, Gauthier-Villars, 1981.
E. Morin : *Science avec conscience*, Fayard, 1982.
M. Cazenave : *La Science et l'Âme du monde*, Imago, 1983.
C. Morazé : *Les Origines sacrées des sciences modernes*, Fayard, 1986.

# TABLE DES MATIÈRES

Cet ouvrage, publié
sous l'égide de Kiron,
centre d'art, de culture et de communication
au groupe Palladium,
a été réalisé par la
Société Nouvelle Firmin-Didot
Mesnil-sur-l'Estrée
pour le compte de Philippe Lebaud Éditeur
en octobre 1996

KIRON

*Imprimé en France*
Dépôt légal : novembre 1996
N° d'impression : 35864